A BRIEF HISTORY
— OF —
AMERICAN UNIVERSITIES

美国大学小史

程 星 著

2018年·北京

图书在版编目(CIP)数据

美国大学小史/程星著.—北京:商务印书馆,2018
ISBN 978-7-100-16235-7

Ⅰ.①美… Ⅱ.①程… Ⅲ.①高等教育—教育史—美国 Ⅳ.①G649.712.9

中国版本图书馆CIP数据核字(2018)第132659号

权利保留,侵权必究。

美国大学小史
程 星 著

商 务 印 书 馆 出 版
(北京王府井大街36号 邮政编码100710)
商 务 印 书 馆 发 行
北 京 冠 中 印 刷 厂 印 刷
ISBN 978-7-100-16235-7

2018年10月第1版　　开本787×960 1/16
2018年10月北京第1次印刷　印张23

定价:59.00元

序

我认识程星博士是1994年夏天，应邀到美国参加院校研究会（AIR）第34届国际年会时。经周川教授事前的介绍，我拜访了程星博士。他当时正在一个地区的教育机构从事管理工作，热情地陪我参观了一所社区学院，使我对美国社区学院有一点直接的感受。据我所知，他在美国东部、西部几所大学，长期从事教学、研究、管理、服务等工作，对美国大学的认识与了解不是只从资料上间接得来，而是有自己的亲历与体验。因而，这本《美国大学小史》，不是一般按年代顺序的编年史，而是讲故事、探真谛，寓宏观于细节，由偶然见必然，娓娓说道美国大学"成长的烦恼"的历史故事。例如，叙述麻省理工学院和斯坦福大学在接受政府投资、企业投资与学术自主中徘徊，从而向应用型转变、面向市场、解构研究型的情节，成为面向地方的应用型大学先驱；"军人复员法案"原为维持社会秩序，让老兵进入大学读书，但"无意之中冲垮了大学高耸而又神秘的学术门槛，为高等教育大众化做出铺垫"。

作者在国际性事务上，历练甚深；对中国文化传统，修养精湛，才情洋溢，文笔流畅，发表了许多独特见解。当然，某些论点，并非所有读者都能同意，我就有所保留。但正如作者在"前言"中所说:"给读者讲一些故事(当然是真人真事),然后学古人作画,留白,给读者一些思考的余地。"

潘懋元

厦门大学教育研究院

2017 年 11 月 25 日

目 录

前　　言 ………………………………………………………………… 1

第 一 章　宪法护航：最高法院一锤定音 ……………………………… 9

第 二 章　联邦赠地：出钱不出头的政府 ……………………………… 31

第 三 章　神话哈佛：古典学院的成功转型 …………………………… 51

第 四 章　学术自由：路漫漫其修远兮 ………………………………… 75

第 五 章　加州模式：多元巨型大学之蓝图 …………………………… 97

第 六 章　改革先锋："外行"弗莱克斯纳 …………………………… 117

第 七 章　通识教育：人类文明的朝圣之旅 ………………………… 137

第 八 章　科技立国：政府如何进入象牙塔 ………………………… 161

第 九 章　老兵新传：无心插柳成就高教大众化 …………………… 181

第 十 章　军工起家：大学如何走出象牙塔 ………………………… 201

第十一章　国防教育："斯普尼克1号"的刺激 …………………… 221

第十二章　明星陨落："穷人的哈佛"之兴衰 ……………………… 241

第十三章　体坛风云：学霸间的角力 ………………………………… 265

第十四章　权力通道：秘密社团的魔力 ……………………………… 289

第十五章　走进历史现场：纠结、烦恼与成长 …………………… 313

参考文献 ··· 335

索　引 ··· 343

［附录］ 美国历史与美国大学发展大事记 ························ 355

后　记 ··· 361

前　言

现代研究型大学以其无与伦比的创造力，成为美国人在20世纪献给人类最伟大的礼物之一。美国顶尖大学至少到今天为止还是我们建设一流大学的征途上无法绕行的丰碑。对于丰碑，我们常常不自觉地会去仰视，因而看到较多的是轮廓。然而，任何丰碑都是由一块块砖石砌成的，每一块砖石都有其纹理线条，有其来龙去脉。时光的流水会冲淡砖石上与生俱来的细节，细节的消失会影响我们对于丰碑的认识，而认识的偏差则会误导我们对于丰碑的临摹。

正是基于这种考量，我开始了本书的写作。我对美国大学发展史一直有兴趣，但没有接受过正规的史学训练，所以在此不敢以史家自居。我对自己的基本要求是，尽可能站高一些，努力地平视而非仰视美国大学这座丰碑，将其发展史上的重要事件当成一块块砖石加以考察。在考察过程中，详尽搜集二手的（偶尔幸运，也有一手的）史料，用以描述乃至还原历史事件发生时的场景和当事人的言行举止。

带着这样的视角看美国大学，我有了一点豁然开朗的感觉。哈佛、伯克利、哥伦比亚，原来这些带着光环的名字背后有许多鲜为人知的故事。只是当我们从高等教育史上念到关于这些大学的成长记事时，就像从远处欣赏一幅幅油画，画面上原本粗糙以至狂野的笔画已经消失，剩下的是一片和谐——一种由于距离而产生的和谐。究其原因，我想，我们今天看到的关于美国大学历史的著述大多是编年史，作者将大学发展的历程按照时间顺序收集排列。这样的叙事虽然条理清晰，却也容易给人太多的因果联想。更加糟糕的是，很多史家的叙述是先得知果，然后才去追溯因，这样一来，所有的冲突都已经有了完满的解决方案，所有的悬念早已变得清澈见底。由于预先知道答案，任何细节只要不符合事前设定的逻辑还可以随时删除。

只有当我沉浸到卷帙浩繁的史料中才开始发现，美国大学的演进其实并没有一个事前拟定的草稿，更不遵循任何假想的逻辑作线性的延伸。相反，很多历史事件的发生、包括那些对于今天大学产生深刻影响的事件，还常常带着一些偶然性。这些看似偶然的事件往往是当时诸多社会力量各自按照自己的意愿进行角力的结果。换言之，美国大学在其成长过程中充满纠结、烦恼乃至痛苦。从学校、教授、学生，到政府、企业、国家，大学内外最不缺的就是问题——有的有解，有的无解；正是这些成长的烦恼，构成了一部美国大学的活的历史。正如意大利著名史学家克罗齐（Benedetto Croce）所说："一切历史都是当代史。"既然是当代史，那么我们今天看到的美国大学也不仅是一个时代的切片，其中贯穿着深沉的历史积淀。据此，这部《小史》要说有什么使命的话，那便是帮助今天的读者准确把握历史的经纬。我在研究和写作过程中试图呈现的是历史砖石上的细节，努力摆脱的是那些连接砖石的人为的、假设的黏合剂，那些想象之中的因果关系。

说到历史的经纬,这部《小史》和常见的编年史还有一个区别,即编年史是以时间为经、专题(topic)为纬,而《小史》则正相反,以专题为经、时间为纬。在这里,"专题"可以是曾经发生过的某段史实,也可以是大学经常面临的一个问题或"issue"(这个英文词最接近本意的中文翻译也许是"纠结")。这个专题或"issue"必须在大学成长的过程中具有重要意义,甚至是里程碑式意义——比如学术自由、大学科研、校际体育或学生社团。我在选取这些"专题"时颇费心机,试图在每一章节确立这样一个"专题",看它们随着大学的演进如何在各个时代呈现不同的面貌,又如何塑造着大学的性格。有趣的是,当我不按常理出牌,将"时间"与"专题"的经纬在本书的叙述中加以颠倒后,奇迹出现了。原来被时间割裂的专题碎片突然变得有头有尾,而原本被专题割裂的时间顺序却变得有点支离破碎。结果是,美国大学的成长在《小史》中不再秩序井然,而是一个充满喧嚣与骚动、有时甚至有点随心所欲的过程。[①] 很多"专题"或"issue"在经历了铺垫与高潮之后也不如好莱坞大片一般以皆大欢喜结局。如果这样的一部美国大学成长史让那些习惯于仰慕丰碑的读者感到失望了,那么对不起,欢迎来到美国大学。

首先让我们看一下当代世界大学的格局和美国大学置身其中的地位。对于什么是世界一流大学的问题,我们尽可以仁者见仁,智者见智,但被引用最多的三大排名体系所推出的世界大学前十名却显示出一些惊人的类同。其一,名列世界前十的大多是美国大学:上海交大排名中有八所,泰晤士报排名中有六所,QS 排名

---

① 尽管如此,为了帮助读者了解每一个"议题"所产生的历史背景与时间顺序,我还是在书末编制了美国历史和书中提到的大学发展史上的重大事件对照表,希望能给那些习惯于编年史的读者提供一些阅读上的方便。

中有五所是美国大学；其二，名列前十的美国大学除加州大学伯克利分校外全是私立大学。[①] 据此，将私立大学比作美国大学丰碑的尖顶，想来读者不会有太多异议。

为什么美国大学能在这群雄并起的世界大学排行榜上创出如此辉煌的成绩？今人多以财富多寡论大学，所谓有钱好办事，殊不知一个国家高等教育的法理机制对于院校的发展、特别是在大学系统的草创时期关系重大——它起的是护航作用。因此，我们关于美国大学的成长故事就不从1636年美国第一所古典学院——哈佛学院的创办说起了。不仅是因为编年史家早已把这个故事说滥，最主要的是创办哈佛这件事本身对于后来美国大学的发展也没有太多可以诠释的意义。倒是1819年马歇尔大法官为"达特茅斯学院诉伍德沃德"一案撰写的判词对美国大学此后二百年的兴盛至关重要；它奠定了私立大学的法理基石，也为公立大学的健康成长编织了一张保护网。

顺着这个思路往下走，我们不难发现，美国的大学成长过程中

---

① 上海交大排名2016：http://www.shanghairanking.com/；泰晤士报排名2015-16：https://www.timeshighereducation.com/world-university-rankings/2016/world-ranking#!/page/0/；QS排名2015-16：http://www.topuniversities.com/university-rankings/world-university-rankings/。具体排名如下：

排名	上海交大排名2016	泰晤士报排名2015-16	QS排名2015-16
1	哈佛大学	加州理工学院	麻省理工
2	斯坦福大学	牛津大学	哈佛大学
3	麻省理工	斯坦福大学	剑桥大学
4	加州大学伯克利分校	剑桥大学	斯坦福大学
5	剑桥大学	麻省理工	加州理工学院
6	普林斯顿大学	哈佛大学	牛津大学
7	加州理工学院	普林斯顿大学	伦敦大学学院
8	哥伦比亚大学	伦敦帝国学院	伦敦帝国学院
9	芝加哥大学	苏黎世联邦理工学院	苏黎世联邦理工学院
10	牛津大学	芝加哥大学	芝加哥大学

贯穿始终的一个关键词是"竞争"。从古典学院到现代研究型大学，美国各种各类的大学一直是在同一个平台上竞争，而且这种竞争受到宪法的保护。与此相比，在政府主导的大学系统里，往往有一个教育部高高在上为他们分配角色和资源，因此一所学校的高低优劣早就在政府办公室里内定了。由于美国大学之间的竞争是全方位的，从财源到人事到生源到课程设置，没有人给大学任何指令，所以一所大学如何善用这么多的自主权也就成为他们能否生存、发展、巩固、最终胜出的关键所在了。结果是，哈佛凭借其巨额的校务基金（endowment）成为面面俱到的综合性大学的旗舰，小小的加州理工学院（Caltech）则理直气壮地在理工领域里做大做强；州立大学如加州大学伯克利分校、密歇根大学等能够通过与各自的州政府的合作成为一流名校，而威廉姆斯学院（Williams College）、斯瓦斯莫尔学院（Swarthmore College）等小型文理学院也能因专注本科教学而受到美国最顶尖学生的青睐。重要的事情说三遍：在这里，关键词是竞争、竞争、竞争。

有竞争就有优胜劣败。于是，当美国有一大批学校在世界大学的排行榜上高歌猛进，同时却有更多的学校在找米下锅，为了生存天天"以泪洗面"。他们的教学质量也许不差，但他们由于无法在科研、生源、师资、捐赠、声誉甚至体育等领域里的竞争以至厮杀中脱颖而出，于是必须另辟蹊径，通过创新来吸引眼球。换言之，对于金字塔塔尖以下绝大多数的美国大学来说，竞争根本不是为了更上一层楼，而是为了能在塔里待下去。随着高等教育大众化时代的来临，连上帝一般的政府都无法让大学要水有水，要光有光。于是乎，打着"国际化"的旗帜走向世界也成为一些大学的生存战略。毕竟，经过国内残酷竞争的洗礼，美国的大学即便是压在金字塔底层，也有他们的三拳两脚，而且他们作为先行者毕竟比很多国外新起的大学多了一点历练。他们在高等教育市场上竞争的经验，对今天还在政府羽翼的庇护下享受舒适的大学来说，早晚会有用。因为，如果至今还在指望政府口袋里的钱能够让他们成为世界一流，他们怕是已经输在起跑线上了。

随着中国经济的起飞和综合国力的增强，近年来中央及地方政府在世界一流大学的建设上投入巨大，我们的大学排名也随之呈现几何级数的飞跃。不管我们是否愿意承认，改革开放40年来中国大学的发展和进步很多方面是以美国大学为范本的。因此，当我们检视当今中国大学的现状时，用"成也萧何、败也萧何"来形容，相信人们不会有太多异议。成者自然洋洋得意，至于是否愿意归功于美国人另当别论；败者的心情则比较复杂：自怨自艾算是比较理性的思考了，搞得不好就开始骂娘了——有的直接骂美帝坑人，有的责怪那些留学归来的领导挟洋自重，有的则骂高等教育研究者一知半解，误人子弟。

作为高教研究队伍中的一员，我接受最后一骂，因此借此书作为我将功补过的实际行动之一。前不久我应邀就美国大学的某个管理问题作讲座，在问答环节中一位教授举手发问："您讲了半天究竟想说明什么？您对于国内大学管理的建议是什么？"教授对我的不满溢于言表，我也一时语塞。回来以后思考良久。多少年来我们写论文都必须有一个"结论"或"建议"，否则好像任务没有完成似的。最糟糕的是，很多学者刚刚搜集了一点资料或数据就急于发表，其"结论"或"建议"自然有欠思考。这种情况在研究或介绍国外大学时难免以偏概全，说他们不是故意算是客气的了。换了医学或工程方面论文的话，这种研究是要死人的。有鉴于此，我在做大学管理研究时偏爱的方法是，就自己的研究加上多年在国外从事管理的经历，给读者讲一些故事（当然是真人真事），然后学古人作画，留白，给读者一点思考的余地，也让那些拿来主义者能够根据自己的实际情况作一点因地制宜式的改造,以免生搬硬套。因此,和我在前几本书中的态度一样,我在这本书里的自我定位还是讲故事。

其实,英文中"story"这个词并无贬义:不光历史学家需要讲故事,连统计学家都需要讲故事。如果您发表一篇论文,用了高深的数学原理或大量的统计分析,却无法自圆其说,行内人就会发问:"您要讲的是一个什么样的故事?"(What's your story line?)但不知为什么,"story"这个英文词一翻成中文就自动降格了——讲故事的人和江湖艺人取得同等待遇。事实上,教育研究中的"讲故事"是一种经验与历史的叙述,这种研究方法的目的不是"证明"什么原理,而是旨在"发现":"教育经验的叙事探究便不仅仅为经验的呈现方法,也成为了教育意义的承载体,更构成了一种开放性意义诠释的理论方式。"[①]而当代高等教育研究的主流是,研究者将大量的资源包括研究者的精力和时间,用于收集数据(或用今天的时髦语言叫大数据),并通过一些看似十分"科学"的统计方法来证明一些先入为主的概念或理论。这类研究虽然必要,我自己在这个领域就做过很多类似的工作,但这种"数据—证明—理论—数据"的循环是不够的。教育研究的实践性质决定了我们的工作必须提供某种实践性的智慧,而这种智慧必须来自历史经验的叙述。阅读者从叙述中追寻先行者的脚印,并通过自己的实践经验加以诠释,进而上升到理论。当然,这是专业研究人员或教育实践者需要做的事。至于一般读者大众,他们通过鲜活的历史叙述能获取知识、智慧甚或娱乐,作者或研究者的任务才算完成。

于是乎,我决定在本书中继续开我的"故事会",只是我的

---

① 丁钢:《教育经验的理论方式》,《教育研究》2003第2期,第22-27页。

story line 不在于冲突的双方谁是谁非，谁胜谁负，也没有人为的高潮让读者为之动容甚至潸然泪下，更没有为好学的读者事先设定寓意以求得醍醐灌顶般的效果。我的叙事的目的是将读者带进历史的现场，通过细节的描述帮助他们"亲历"每一个"专题"在不同时代的变奏，体验故事的主人公如何以其有限的智慧突破时代的局限、努力把握并重新演绎"议题"的艰难历程。

也不知道这样的研究方法或态度，是否对学术有任何贡献。唯一可以聊以自慰的是，我的前几本"故事"书"收视率"好像还不算差。这样一想也就释然了。学界不以为然，至少还有大众捧场吧！其实呢，我们需要的是一种知之为知之、不知为不知的态度，多研究问题，多搜集资料，在资料不齐或研究不透时也可以发表，将阶段性的成果与读者分享。但是，少作结论，特别是在提出建议时务必三思，再三思。

以此与高等教育界同人共勉。

第一章　宪法护航：最高法院一锤定音

　　我们的先人以虔敬之心创办了诸多伟大的慈善事业，用以纾解人类的苦痛，并将上帝的赐福在人类生命的沿途播撒。不仅如此，从某种意义上说，这个案例关乎每一位有产者的财产将有可能被剥夺。问题其实非常简单：我们是否允许州议会将不属于他们的东西归为己有，改变其原有的功能，并按照自己的意志挪作他用？

　　　　　　　　　　　　　　　　　　　　——丹尼尔·韦伯斯特

引自 Francis Lane Childs（1957），"A Dartmouth History Lesson for Freshmen"，*Dartmouth Alumni Magazine*, December. https://www.dartmouth.edu/~library/rauner/dartmouth/dartmouth_history.html.

约翰·马歇尔（1755-1835） 美国政治家、法律家，曾任众议院议员（1799-1800）、国务卿（1800-1801）和首席大法官（1801-1835）。马歇尔在首席大法官任期内对达特茅斯一案的判决不仅为美国私立大学的生存打造了一具护身符，也为在接下来的二百年美国大学的发展编织了一张保护网。

（插图：程黛曦）

一

1818年3月10日，美国首都华盛顿。

联邦最高法院正在听取"达特茅斯学院诉伍德沃德"[①]一案的上诉。有幸在场的人们多少会有点见证历史的感觉，但这段历史对于未来美国所具有的意义，却让我们等到二百年后的今天才得以充分理解。那天坐在法官席上的是美国最负盛名的大法官之一约翰·马歇尔（John Marshall），而站在辩护席上为达特茅斯学院出庭的则是该校校友丹尼尔·韦伯斯特（Daniel Webster），一个以才华横溢、辩才滔滔且仪表堂堂而名闻遐迩的律师。最让人难忘的大概是他的辩词了——用回肠荡气、催人泪下来形容，不算过分：

> 这个案例不仅仅关乎一个微不足道的学校，它与我们大地上的每一所学院息息相关。不仅如此，它和举国上下的每一个慈善机构息息相关。我们的先人以虔敬之心创办了诸多伟大的慈善事业，用以纾解人类的苦痛，并将上帝的赐福在人类生命的沿途播撒。不仅如此，从某种意义上说，这个案例关乎每一位有产者的财产将有可能被剥夺。问题其实非常简单：我们是否允许州议会将不属于他们的东西归为己有，改变其原有的功能，并按照自己的意志挪作他用？法官先生，你可以毁掉这个小小的学校；它弱不禁风，任你摆布！我知道这只是我们国家文明的地平线上一点飘忽的烛光。你尽可以扑灭它：但你一旦决定扑灭它，你得把此事进行到底！你必须将那些伟大的科学的烛光一盏一盏地全部扑灭，尽管这些烛光在这过去的一个多世纪里已经照遍大地！是的，法官先生，如我所说，这是一个

[①] Dartmouth College v. Woodward, 17 US 250 - Supreme Court 1819.

微不足道的学院，可它却集万千宠爱于一身！①

法庭记录当然无法保存如此精彩的演讲。所幸此案关系到当时所有私立学院的命运，于是耶鲁学院便派了一位年轻的教授乔安塞·古德里奇（Chauncey A. Goodrich）去华盛顿出席旁听。身为修辞学教授的古德里奇不仅详细记录了韦伯斯特的辩词，还为我们描述了他在结束其辩护时法庭上动人的情景。②

此刻韦伯斯特压制已久的情感终于开始流露。他的嘴唇微微颤动，坚毅的脸颊亦随涌动的感情而战栗；他的眼眶含着泪水，声音有些哽咽。看得出他已使尽全身力气，试图把握住自己，不因情感的决堤而失去男人的气概。韦伯斯特稍作停顿，整理了一下自己的情绪，将目光定在马歇尔大法官脸上，继续说道：

法官先生，我不知道别人怎么想，但是，我自己，当我看到母校四面楚歌，如凯撒在元老院中被人千刀万剐，我岂能袖手旁观，等着她伸手向我召唤："你也是我的儿啊！"

马歇尔大法官瘦高的身子微微前倾，好像生怕漏掉只言片语。他脸颊上刀刻般的皱纹似被情绪所扩张，眼中饱含泪水。而坐在他旁边的华盛顿（Bushrod Washington）大法官则如大理石一般严峻，前倾的身子流露出焦虑与困惑。面对这样的律师，其他大法官即便不能完全同意其观点，却无法不为此融情、理、义于一炉的辩词而动容。

那么，"达特茅斯学院诉伍德沃德"究竟是一桩怎样的案件呢？故事需要从达特茅斯学院的历史讲起。③

---

① Dartmouth College v. Woodward, 17 US 250 - Supreme Court 1819.
② Childs, https://www.dartmouth.edu/~library/rauner/docs/pdf/FAQ_DC_History.pdf.
③ 以下叙述取自 M. A. Olivas（1997），*The Law and Higher Education: Cases and Materials on Colleges in Court,* 2nd edition. Durham, NC: Carolina Academic Press, pp.31-36；任东来、陈伟、白雪峰等：《美国宪政历程：影响美国的25个司法大案》，中国法制出版社2004年版。

达特茅斯学院由一位虔诚的牧师艾利扎尔·惠洛克（Eleazar Wheelock）于1769年创立。由于当时北美还是英国的殖民地，惠洛克在英王任命的新罕布什尔州总督约翰·温特沃斯（John Wentworth）的帮助下取得了国王乔治三世签署的特许状，在新罕布什尔州建校。根据特许状，学院建立了用于募捐的信托基金，并设立了由12人组成的董事会。1779年艾利扎尔·惠洛克去世，校长一职由其子约翰接任。

约翰·惠洛克在接任后的二十年间为建设校园、改善办学环境呕心沥血，也参与了学院的课程设计。但他同时也是一个刚愎自用的人，视学院为囊中私物，颐指气使。1805年，学院教堂需要任命一位新的牧师。惠洛克罔顾传统，坚持自己的任命权，与教堂成员产生尖锐对立。当他求助于董事会时，后者不仅没有支持他，反而对其行为给予警告。恼羞成怒的惠洛克于是到处散发匿名小册子，攻击董事会成员，将学院内部的纠纷变成新罕布什尔州人人皆知的政治丑闻。董事会在查出匿名小册子的作者后，根据学院特许状所赋予他们的权力，解除了惠洛克的校长职务，并任命弗兰西斯·布朗（Francis Brown）为新校长。

惠洛克哪肯就此善罢甘休？他跑到州长和州议会告状，指控学院董事会挪用资金资助乡村传教活动、浪费公款、干涉教学，等等，要求州政府干预，为他伸张"正义"，恢复职位。州议会于是派了调查组去学校考察，但州议会还没等收到调查报告，就在新任州长威廉·普鲁默（William Plummer）的授意下，根据惠洛克的一面之词，于1816年6月27日通过了一项改变达特茅斯学院性质的法案。

这项法案首先修改了达特茅斯学院在殖民地时期建校时所取得的特许状，将私立的达特茅斯学院改为州立的达特茅斯大学。原先12人组成的董事会被扩大为21人，另由州长任命一个25人的监事会（Board of Overseers）来管理大学，并规定监事会对学校董事会的任何决议拥有否决权。惠洛克被任命为达特茅斯大学校长，但他好运不长，上任不到一年就去世了；校长一职由他的女婿威廉·艾伦（William Allen）接任。

布朗校长和学院董事会拒绝接受州议会的决议，于是，在接下来的三年里新罕布什尔州同时存在两个达特茅斯：达特茅斯学院和达特茅斯大学。达特茅斯大学根据州法案强制收缴达特茅斯学院的全部财产，包括大印及文档，并占据了学院的校址。达特茅斯学院被迫搬进了一栋私宅（即今天的罗琳教堂Rollins Chapel所在地）。学院唯一没有丢失的是他们的学生：达特茅斯学院有95名学生却没有校舍，达特茅斯大学只有14名学生却占据了整个校园。

这里不能不提的一个名字是威廉·伍德沃德（William Woodward），达特茅斯学院的秘书兼司库，是他卷走学院的大印及文档，投奔了新成立的达特茅斯大学。学院董事会要求伍德沃德归还财物遭到拒绝，于是向州法院提起诉讼，控告伍德沃德非法侵占学院财物，并连带控告州议会破坏具有契约效力的特许状，擅自修订法案，剥夺学院合法财产。令人玩味的是，伍德沃德在此扮演的实在是一个小得不能再小的角色，但他却因为这场影响深远的官司而青史留名（尽管不算是美名）！反观韦伯斯特，作为代表达特茅斯学院的出庭律师为后来美国高等教育的健康发展立下汗马功劳，却几乎被历史的尘土湮没，出了法律圈子就"名不见经传"了！

达特茅斯学院的诉讼在新罕布什尔州法院毫无悬念地败诉了。法院认为美国独立后建立的新政府继承了英国殖民当局的一切权力与责任，而作为民意机构的州议会有权修改英王授予的特许状。因此，将私立的达特茅斯学院改为公立大学就变得天经地义了！

布朗校长和学院的董事会当然不会接受这样的判决。他们聘请了校友、也是当时美国最有名的律师之一丹尼尔·韦伯斯特帮助上诉。1818年3月10日联邦最高法院正式开庭听取"达特茅斯学院诉伍德沃德"一案的辩论,于是便有了前述精彩的一幕。

为了平息法庭上下由韦伯斯特掀起的情感波涛,马歇尔大法官宣布延迟判决。一年后的2月2日,最高法院就此案做出判决,以5票赞成、1票反对、1票弃权宣告达特茅斯学院胜诉。

二

早在殖民地时期,美国古典学院的创立者其实并无公立或私立的概念。尽管最早的三个学院——哈佛(Harvard College,1636年建校)、威廉与玛丽学院(The College of William and Mary,1693)和耶鲁学院(Yale College,1701)——为各自所属的教会所建,但当地政府从土地到财务等各方面都给予很多支持。比如说,马萨诸塞州议会(Massachusetts General Court)在1652年和1653年给哈佛捐赠2000英亩土地和100英镑税款。弗吉尼亚州政府也曾对威廉与玛丽学院多方资助。正因为此,州政府也曾毫无顾忌地干涉学院事务,包括解雇校长和关闭学院。[①]

其实,只要存在任何可能,几乎所有的政府都会有一种主导大学事务的冲动——古今中外,概莫能免。试想,无论教育在一个社会中以何种方式进行,它都具有一种影响千秋万代的潜能,尽管真正能做到这一点的教育系统在历史上并不多见。也许,正如不想当将军的士兵不是好士兵,不想"万岁万万岁"的政府也不会是好政府——至少它们尚未对自己的统治及其背后的理念建立起足够的自信。因此,通过教育影响以至改变未来是每一个政府的良好愿望。

从这个角度看,在这刚刚过去的一千年间,大学作为人类教育

[①] M. A. Olivas(1997), *The Law and Higher Education: Cases and Materials on Colleges in Court,* 2nd edition. Durham, NC: Carolina Academic Press, p.30.

的最高形式,受到政府关注并不奇怪。然而,如何与大学打交道,却是考验政府理念、智慧与能力的一块试金石。早年牛津大学的师生由于追求一种自由以至放荡的生活方式,和镇上的居民产生尖锐对立,于是"镇与礼服"(Town and Gown)就成为大学与所在地居民和政府关系的一个象征。[①]当时的牛津镇政府做了什么我们已经不太清楚,但也许正是他们的不作为给了这场冲突一个最佳的结果:它催生了另一所著名的大学——剑桥大学。[②]只是在此后绝大多数的类似冲突中,大学的遭遇就不尽如人意了。

不尽如人意的原因是现代大学从一开始就必须仰赖政府或当权者的支持。13至14世纪欧洲大学主要是根据教皇训令或皇帝的敕令(或西班牙皇家特许状)建立。[③]大学多在罗马和阿维尼翁这样的城市建校,贴近政教合一的政府权力所在之地当是考量之一。而后来那不勒斯、法兰西、波西米亚、奥地利和葡萄牙等地大学的选址,除了地理、经济或文化等因素外,追随教廷或政府的权力所在也是一个重要因素。那时的统治者亦需要用大学培养的有知识的奴才来装点自己的朝廷。

1200年巴黎大学学生与市民发生冲突,遭到巴黎市长的镇压,大学师生便上诉国王腓力二世(Philip Augustus),后者随之给大学颁发特权证书,承认巴黎大学的学者具有司法豁免权,以侵犯学生权利的名义监禁了参与事件的市长。[④]18世纪牛津大学医学生为

[①] "镇与礼服"(Town and Gown)指早期英国大学城如牛津、剑桥中城镇居民(town)和大学师生(gown)的冲突和对立。礼服(gown)原为神职人员所穿的黑袍,后来演变成大学里代表学术身分的袍服,由四方帽、流苏、学位袍和垂布组成。

[②] 1209年牛津大学一名学者与当地居民发生纠纷,杀死一名妇女。愤怒的市民冲进大学抓人并绞死两名学生。牛津大学的一批师生不得已逃到剑桥,组建学者协会。后来,国王亨利三世于1231年向协会颁发了特许令,赋予其教导机构成员的权利,剑桥大学才正式确立其作为大学的地位。

[③] 宋文红:《欧洲中世纪大学的演进》,商务印书馆2010年版,第115-116页。

[④] 同上书,第151-152页。

了了解人体结构需要解剖尸体,但他们得到尸体的唯一办法是盗墓,为此和当地居民发生很多纠纷。①大革命后的法国政府通过行政手段,使得医学院取得死在政府所办的大医院里穷人的尸体成为可能。结果是,1815年后欧洲许多医学院的学生,包括英国的学生,跑到巴黎去学医,利用法国这项在政府庇护下实施的政策来提高医疗教育的水平。②

正因为政府对于早期大学来说如此重要,大学对于政府的要求自然不敢怠慢。于是乎,洋洋得意的政府便真的以为大学离开它就不行,而政府的颐指气使和大学的逆来顺受也因此成为常态。1582年苏格兰王国的爱丁堡大学经国王詹姆斯六世特许建立时规定,爱丁堡市议会有权任命大学的所有教授和管理职位。结果是,尽管爱丁堡大学在18世纪时是当时欧洲重要的学术重镇,但它也是公认的腐败中心。比如说,大学解剖系主任一职由蒙罗(Monro)一家三代承传,而著名哲学家大卫·休谟(David Hume)申请爱丁堡大学的教职竟遭到市议会的否决。③

假如说19世纪之前政府对于大学事务的这种"参与"以至干涉还勉强可行的话,那只是因为当时的大学毕竟只是教学机构,其教学范围也大致不出神学、法律、医学和哲学(后来进而分化为逻辑、伦理、形而上学、自然哲学和数学等学科)这四大传统领域。当时大学的任务是将已知的知识传授给学生,为他们毕业后在教堂、法院和医院谋取职务作准备。

可是,普鲁士的教育部长威廉·洪堡(Wilhelm von Humboldt)于1810年创办柏林大学,创立了研究型大学的模式,彻底颠覆了欧

---

① Graham Midgley(1996), *University Life in Eighteenth-Century Oxford*. New Haven and London: Yale University Press, p.147.

② L. Brockliss,(2000), "Gown and Town: The University and the City in Europe, 1200-2000". *Minerva*, Volume 38, Issue 2, pp.157-158.

③ Ibid., p.155.

洲的大学传统。洪堡模式最具颠覆性一个理念是自由——探索的自由、学术交流的自由、学生选课的自由。换言之，大学从此不再仅仅是传播知识的场所，更是创造新知识的地方。柏林大学教师的任务是双重的：除了从事教学外还要参与研究，而且学生也可以直接参加研究工作。这种教育理念实施的前提是：当大学一旦鼓励教学和研究相结合，政府则必须从管理上给予大学比较大的自由度。试想，大千世界无奇不有，政府怎能一方面要求大学教授探索未知世界，另一方面又为这种探索设下框框套套呢？历史有时就是这么吊诡：最先提出让政府远离大学的居然就是这个代表政府来管理大学的教育部长！

但没有谁比大学更明白，政府可不是好缠的主：你不能招之即来，挥之即去。当大学需要政府遮风挡雨的时候，它不一定在场；可一旦它在场，别指望它仅仅为你鼓掌。政府干预大学事务的一个常用的理由是：为了人民的利益。当新罕布什尔州议会通过议案将达特茅斯学院改组成为达特茅斯大学，他们的理由是：这虽然是一所私立学院，但它建立的目的是为了公众的利益。州议会作为民意机构，理所当然地代表公众的利益，因此有权按照他们所认为的更加合理的方式来管理这所学院，包括接管学校财产，任命董事会成员、校长，决定教学事务，等等。这种新政府"以人民的名义"接管大学的做法历史上不仅多见而且普遍，欧洲的大学（不管建校时多么独立、私立）今天多为国立，就是明证。

三

虽然美国早期古典学院的建立基本上是以欧洲大学为模本，但其后的发展却并未遵从欧洲的模式。"达特茅斯学院诉伍德沃德"是一个转折点：它标志着美国古典学院走向独立，并开始确立其学术自主的性格。而马歇尔大法官对于美国大学发展的贡献是,他并未直接干预大学的办学模式,而是将达特茅斯一案的论证定在契约问题上。他指出,英国王室给达特茅斯学院颁发的特许状是一种契约,因此,这件诉讼可以分成两个问题来考虑:(1)达特茅斯学院的特许状是否受到美国宪法的保护?(2)新罕布什尔州议会的行为是否构成毁约?

马歇尔进而追问:教育无疑是全民关心的问题。假如一所大学由政府出资创办,政府当然有权将其置于自己的直接管理之下,其管理人员亦顺理成章成为公务人员,他们对政府负责。没人会对此有任何异议。但达特茅斯学院是这样一所学院吗?难道政府可以随意将教育机构收归己有?假如可以的话,依此推论,每一名教师不都应该成为公务人员吗?而社会给大学的捐款岂不成了公共财产?再往前推,岂不是州议会的意愿而非捐助人的意愿,就可以成为法律?[①]

马歇尔的这些问题对于当时美国的高等教育机构,不仅重要而且及时。美国殖民地时期的高等院校大多由宗教团体或慈善家创办,经英国王室或殖民地立法机关特许,由院校自己的董事会管理,不必听命于政府。但在独立战争以后,政府干涉早期教会大学或私立学院的事件频发。作为美国独立后历史上第一桩关于高等教育的诉讼案,达特茅斯一案直接关系到私立院校的自主权与生存权。

通过对达特茅斯学院特许状的认真研究,马歇尔认为,特许状已经将管理学院的权力完整地授予董事会,包括任命教师、拟定工资、设计课程,以至任命空缺的董事职位,等等。董事会作为"法人"(corporation)所具有的权力应当"永远继续下去",无人可以

[①] L. Brockliss (2000), "Gown and Town: The University and the City in Europe, 1200–2000". *Minerva*, Volume 38, Issue 2, pp.31–36.

擅自改变。换言之，根据美国宪法第 1 条第 10 款的规定[①]，既然特许状构成契约，州的立法机构就无权制定法律去破坏契约。因此，达特茅斯学院在殖民地时期取得的特许状同样受到美国宪法保护。

马歇尔特别强调，私立院校和所有慈善机构一样，他们是依据捐赠者的意愿建立的，而捐赠者的意愿是通过董事会得以贯彻执行的。当新罕布什尔州议会决定将董事会从 12 人增加到 21 人，并按照自己的意愿任命董事，此时，1769 年通过特许状设立的那个机构便已不复存在。这个新的机构哪怕是比原来的机构更好、更合理，但这已经不是原来的机构了；原初捐赠者的意愿被改变了，当初的契约也遭到了破坏。当捐赠者财产的法定监管人——董事会的权力遭到践踏，这意味着人们的私有财产遭到践踏。通过马歇尔的解释，宪法契约条款所包含的"财产权"包括了法人的权利。"各种形式的产权，不管是个人的还是法人的，也不管来自契约还是来自市场，都可以得到宪法契约条款的保护。"[②] 从这个意义上说，新罕布什尔州议会的所作所为侵犯私有财产，构成毁约，违背美国宪法。

正因为此，马歇尔大法官在达特茅斯诉讼案提出的核心概念至为重要："一旦一个法人团体已经成立，它就享有处理自身事务、拥有资产和永久生存下去的权力。"[③] 这个判决实际上赋予了私立大学一种许可，使得他们有可能在得到法人特许状之后在自己的董事会下运行，不用担心政府、立法机构或其他权力当局通过指派董事、撤回特许状或是其他危害学校自治的行为来进行干预，也不用考虑大学会因为冒犯了政府官员而受到惩罚。

这个保护私立大学财产权和管理权的判决还有更深一层的意

[①] 宪法第 1 条第 10 款规定："无论何州……不得通过任何褫夺公权之法案、追溯既往之法律或损害契约义务之法律……"

[②] 任东来、陈伟、白雪峰等：《美国宪政历程：影响美国的 25 个司法大案》，第 54 页。

[③] A. Cohen（1998），*The shaping of American higher education: Emergence and growth of the contemporary system*. San Francisco: Jossey-Bass, p.60.

义,即马歇尔大法官强调的契约神圣性的观念。如果说学术自由是现代大学的一个核心理念的话,那么洪堡的贡献是通过柏林大学建立了研究型大学的机制并传扬了学术自由的理念,而马歇尔大法官则通过达特茅斯诉讼案为大学的独立和自治护航,以此奠定了大学学术自由的法理基础,并开了一个国家用宪法来保护大学免于政府的政治干预的先河。因此,最高法院推翻新罕布什尔州法院的判决,认定达特茅斯学院胜诉。从这个意义上看,马歇尔大法官的裁决从法理上为美国私立大学的未来发展扫清了障碍。

据说马歇尔大法官的判词是所有最高法院判决中被下级法院引用最多的一个案例;它几乎成为所有宗教、教育、慈善以至商业机构免受州立法机构干涉的一具护身符!在接下来的二百年中,每当大学遭遇政府,这具护身符都坚不可摧、战无不胜。所以,私立大学之所以能够成为美国大学这座丰碑的顶峰,马歇尔大法官功不可没。

四

马歇尔大法官对达特茅斯一案的判决不仅为美国私立大学的生存打造了一具护身符,也为在接下来的二百年里所有大学(包括公立大学)的发展编织了一张保护网。只是这个判决并非法力无边,更难在纷繁复杂的诉讼中产生一锤定音的效果。但是,因为最高法院接手达特茅斯案并从宪法的高度进行论证,各级法院从此在涉及高等教育的案例时往往有一种如履薄冰、如临深渊的感觉。大学的象牙塔,本来就高深莫测;一旦发生法律纠纷,最高法院的地位极其敏感:它既要保证大学的独立和自治不受到损害,又要为受到不公正待遇的一方伸张正义。

1972年最高法院接连受理两宗涉及教授被解雇的案件,情节相似,结果却相反。

1968年大卫·罗斯得到他第一份教职——在威斯康星州立大学奥什科什分校(Wisconsin State University at Oshkosh)担任政治科学助理教授。这个职位是一个为期一年的合同,从1968年9月1日至1969年6月30日。1969年2月1日奥什科什分校校长通知罗斯,这份合同在期满后学校将不会和他续签。按照威斯康星州的法律,大学教员只有在得到连续四年合同续签后才能被认定为"永久雇员"从而得到终身教职(tenure)。因此,学校有权随时解雇像罗斯这样尚未取得终身教职的教员。罗斯向地区法院提起诉讼,控告大学侵犯了他宪法第十四修正案所赋予的权利,即"不经正当法律程序(due process of law),不得剥夺任何人的生命、自由或财产"。他的理由有二:一是大学解雇他是因为他曾经发表言论批评校方;二是大学没有给他任何解雇的理由。前者侵犯他的言论自由,后者则是未经正当法律程序。[1]

从1959年至1969年,罗伯特·辛德曼(Robert Sindermann)一直在得克萨斯州立学院系统任教,先是在两个不同的学院任教六年后,他于1965年被敖德萨专科学院(Odessa Junior College)聘为政府和社会科学教授。虽然他每年都必须和学院续签合同,但他连续四年成功续约,而且还一度担任系主任的职务。1968-69学年,辛德曼当选学院教师工会主席,在专科是否应当升本的问题上与校董会的意见发生分歧。作为工会主席,他也曾应召去州议会听证,因此误了一些课。1969年5月,校董会决定不再与他续约,并发布新闻稿批评他对抗学校,却没有给出任何不再续约的理由,也没有给他听证或答辩的机会。辛德曼向联邦地方法院提起诉讼,认为不续约是校方对他作为工会主席反对校方意见的报复,而且

---

[1] Board of Regents of State Colleges v. Roth, 408 U.S. 564(1972).

不举行听证也侵犯了他宪法第十四修正案所赋予的权利。①

这两个案件的共同之处在于，当大学教授被解雇后，他们首先会以言论自由来挑战校方的决定，将原因归结于自己的言论冒犯校方。其次他们也会以宪法第十四修正案所赋予的权利要求得到"正当程序"的保护。换言之，涉及解雇教授的案例往往被无限地上纲上线，提高到宪法的层面，结果是不管最高法院是否情愿，他们都不得不介入大学事务。

关于言论自由的争论，我们会在本书第四章中专门叙述。在此，由于罗斯和辛德曼在他们的控诉中都不约而同地动用了宪法第十四修正案，因此最高法院在听取这两个案例时都对两位教授的"自由利益"（liberty interest）或"财产利益"（property interest）是否受到侵犯以及他们是否应当享受"正当法律程序"进行考量。在罗斯一案中，最高法院认为，大学并未侵犯教授的宪法权利，因为大学在与后者签订一年的工作合约时并没有给他续约的许诺，他也不应当有理所应当的指望。因此，他没有"财产利益"上的损失，学校当然也没有义务在解约前为他举行听证。辛德曼的案例则不同。由于之前他已经在年度续约的条件下工作多年，因此法院认为教授可以合理地假设他的合同会得到续签。一旦终止，他的"财产利益"会受到损害，因此他享有"正当法律程序"赋予的权利，而学校则有义务对他说明合约终止的原因，并给予他一个申辩的机会。

显然，在罗斯和辛德曼这两个案例中，最高法院走的是一条狭窄的平衡木：一边是受到宪法第十四修正案保护的公民的"生命、自由或财产"及其应得的"正当法律程序"；另一边则是大学在教授的聘用和解雇问题上所具有的独立的、不受外来非学术势力干预的权利。而在"加州大学董事会诉巴基案"②中，最高法院面对

---

① Perry v. Sindermann, 408 U.S. 593（1972）.

② Regents of the University of California v. Bakke, 438 U.S. 265（1978）.

大学招生政策问题，被迫再走独木桥：诉讼的一方是宪法第十四修正案"平等保护条款"（Equal Protection Clause）或 1964 年民权法案（Civil Rights Act of 1964）第六条反歧视条款所保护的公民权利（即接受联邦资助的项目不得以种族或肤色为由排斥任何人），另一方则是大学为达到某种既定的目标（在此是为社会上处于弱势的少数族裔提供教育机会）而制定招生政策的权力。

加州大学戴维斯分校医学院设有两个招生委员会：正常招生委员会和特殊招生委员会。走正常途径的申请人大学平均分数（GPA）必须达到 2.5，其中大约 1/6 的入选者能够参与面试，再通过医学考试、推荐信、个人陈述等其他条件接受挑选。但是，假如申请人在申请表上标明自己属于"经济或教育上的弱势群体"的话，他们就由特殊招生委员会审理。一旦被确认为少数民族或特困家庭的申请人，上述所有要求都可以相应降低。特殊招生委员会每年从众多申请人中挑选 16 名录取，招满为止。1971-1974 年间，共有 44 名申请人通过正常途径进入医学院，63 名少数族裔的学生通过特殊途径被录取，没有任何家境贫困的白人通过这个途径被录取。[1]

巴基（Allan P. Bakke）在 1973 年和 1974 接连两年申请戴维斯医学院均被拒，而成绩远低于他的少数族裔学生却被录取。巴基于是将加州大学告上州法院，声称大学拒绝他的申请是基于他的白人族裔身分，因此违反了宪法第十四修正案"平等保护条款"及 1964 年民权法案第六条反歧视条款。鉴于巴基案在公众心目中的重要性，美国最高法院同意受理此案，但大法官们的观点却发生严重分歧。九名大法官提交了六份意见，而鲍威尔（Lewis F. Powell, Jr.）大法官执笔的裁决得到来自两个不同阵营的四名法官分别赞成他意

---

[1] Regents of the University of California v. Bakke, 438 U.S. 265（1978）.

见中的不同部分。

美国是一个多民族国家,各民族由于历史原因在教育背景上存在巨大差异。虽然美国通过南北战争结束了南方庄园里实行多年的蓄奴制度,但解放了的黑奴并未在一夜之间取得和白人完全平等的地位。中小学教育上的种族隔离在有些地区甚至存留至今,教育资源的分配极不平均。因此,从1960年代起,随着美国民权运动的兴起,政府开始积极推行平权政策以保护少数族裔、特别是黑人和女性的权益不受侵犯。1965年9月24日约翰逊(Lyndon B. Johnson)总统颁布第11246号行政命令,正式推出"肯定性行动"(Affirmative Action),要求国防工程承包商雇用工人时,不得考虑种族、宗教信仰和籍贯;大学招生则必须考虑少数族裔、女性等弱势群体不因历史原因而受到歧视及不公平待遇。在医学和法学等领域,大学还有一个特别的考虑,即少数族裔的群体和地区需要本族裔的毕业生为他们提供一些特殊的服务,因此政府要求公立大学招收少数族裔的学生,以满足未来社会的特殊需求。

最高法院的裁决包含了两个"未超过半数的最多票数"(plurality)。有四位大法官认为加州大学戴维斯分校医学院的特殊招生政策其实是对种族实行配额,违反宪法第十四修正案"平等保护条款",因此判定大学应当录取巴基;另外四位大法官则赞成鲍威尔"肯定性行动"可以在大学招生中使用的意见,认为将种族作为招生审查过程中的一个因素加以考虑符合大学对于学生群体多元化的追求,也符合政府制定的种族平等政策。由于鲍威尔大法官对于大学招生考虑种族因素的支持,最高法院的最终意见推翻了加利福尼亚州最高法院有关学校招生时不得考虑种族因素的判决。然而,由于这个意见是基于"未超过半数的最多票数",它也为日后更多以"肯定性行动"为争论焦点展开的大学招生诉讼案敞开大门。

2003年最高法院接连受理两宗涉及大学招生的案件,情节相似,结果却相反。

在"格鲁特诉鲍林杰案"[1]中,密歇根大学法学院为了追求学生族群多元化拒绝了白人女子格鲁特(Barbara Grutter)的申请。最高法院在审理此案时重温了25年前鲍威尔大法官在巴基一案中肯定的学生族群多元化的原则,因而接受了密歇根大学拒收格鲁特以增加少数族裔的理由。但是,在"格拉兹诉鲍林杰案"[2]中,密歇根大学同样是为了追求多元化,但其做法却不为大法官们接受。大学在录取本科生时采用了一个评分制度,即申请人必须在学术及其他方面的分数达到100才有录取的可能,但若申请人属于某个特定的族裔就可以自动先得20分。这就意味着少数族裔的申请人只需80分就可以入学。

在大法官们眼里,这两个案例的根本区别在于,为了增加少数族群以实现学生族群多元化,法学院在考虑格鲁特的申请时对于申请人的个人资质进行考察,同时加入了对于少数族裔身分的考量。但是,大学在考虑格拉兹(Jennifer Gratz)的本科申请时没有对于个人的资质进行考量,而是将少数族裔作为一个群体资格给予优待。这和最高法院在巴基一案的判决时反对种族配额制度的意见是一脉相承的。所以,同样是以"肯定性行动"为依据在大学招生中追求多元化,最高法院判定密歇根大学在格鲁特一案中胜诉、在格拉兹一案中败诉。法院的结论是,种族作为一个外加的因素("plus" factor)可以在录取决定时加以考虑,唯一的条件是大学必须对申请人的所有资历作出个别的、综合的考察,而不是不加分析地给予某个族群特殊待遇或配额处理。

---

[1] Grutter v. Bollinger, 539 U.S. 306(2003).
[2] Gratz v. Bollinger, 539 U.S. 244(2003).

五

为什么说达特茅斯一案的意义让我们等了二百年才得以充分理解呢?

假如说马歇尔大法官在达特茅斯一案中从政府与私立大学的契约着手,保证了大学从管理到学术上的自主独立,那么其后二百年中最高法院在处理涉及政府与公立大学关系的案例时也基本遵从了马歇尔法官对待大学的态度与方法。其实,今天重温最高法院在处理巴基、格鲁特和格拉兹等案例时,大法官在他们的判词中所表现的犹豫、纠结和谨慎,让人惊讶:原来这些在常人眼中一言九鼎的大法官在大学聘用教授和招收学生等看似琐碎的案例中居然有如此之多的顾忌;他们对于大学及其自主权利之敬畏亦跃然纸上。

格拉姆与戴蒙德两位学者在研究美国研究型大学的兴起时,将过去二百年间美国大学的兴起与欧洲大学的衰落作了对比,让人唏嘘。[1]19世纪末20世纪初,欧洲现代高等教育系统逐渐形成。然而,一个不可忽略的事实是,这些脱胎于相对独立的中世纪大学在现代民族国家的形成过程中逐渐被政府"招安",成为教育部管辖之下的大学。结果是,高等教育政策等同于政府的政策,高等教育系统成为政府官僚系统的一部分,连大学教授都列入公务员编制。大学成为未来社会中产阶级和专业人士的预备学校,于是"学而优则仕"便顺理成章地成为精英大学选拔人才的标准。

---

[1] H. D. Graham & N. Diamond (1997), *The Rise of American Research Universities: Elites and Challenges in the Postwar Era*. Baltimore, MD: The Johns Hopkins University Press, pp.12–13.

政府管大学最大的好处是：中央拨款，国家掌控，管理集中，政策划一。在这样的体制格局中，教育部里执掌生杀大权的官员对于大学有一种代行上帝之职的感觉。他们可以根据"国家"的需要给大学分配角色，让 A 大学成为工程大学，B 大学成为农业大学，等等，并人为地给不同大学划出录取分数线，在大学系统里复制出一个官僚体制的金字塔。这种集中管理的体制还有一个好处，即便于质量控制。官员们可以根据"国家"的需要制定出很高的学术与教学标准，让不同大学以此为据订出自己的发展规划，由政府根据既定的培养目标来分配资源。最后，政府会将其赋予大学的使命和后者执行政府意愿的绩效加以对比评估，或奖励、或惩处，或追加投资、或削减科目。总之，在政府的统一领导下，大学各司其职，效率极高，教学与研究的质量亦无可厚非。法国的大学校（Grande École）、英国的牛津剑桥、日本的东京大学，以及德国的慕尼黑、海德堡、图宾根等名校的光环之所以能够历久不衰，政府的资助与管控是一个重要原因。

在这样高度集中的体制内，大学必须时时参照政府的要求来调整其教育政策和资源分配，但他们无需担心来自其他大学的竞争或威胁。正如种姓等级与生俱来，个人无法通过努力加以改变，那么安于现状当是最佳选择。大学在政府的统一管理之下相互之间的竞争被调到最低。

回首当年美国，独立不久，百废待兴，却不惜动用宪法来保护那些当时看来完全不成气候的私立学院：这样的豪气（或是傻气），在当今不惜一掷千金、立志举全国之力办几所好大学的人看来，也该叹为观止吧。那么，二百年前契约神圣观念的推行与今天美国私立大学在世界排行榜上傲视群雄，两者之间究竟有什么必然联系呢？

由于达特茅斯诉讼案"赋予了个人和团体积极创立各种规模、

各种形式和各种信仰的学院而不受任何限制的权力"[1]，诸多慈善或社会团体深受鼓舞。他们祭起马歇尔大法官授予的契约神圣性之尚方宝剑，创立了一大批学院以满足大众对高等教育的需求。仅在1861年美国内战之前，俄亥俄州就建立了43所学院；田纳西州，46所；佐治亚州，51所；密苏里州，85所。[2] 这些学院中的大多数并未能经得住时间的考验，但幸运存留的学院却也得以保留他们与生俱来的各种特点，没有人逼着他们按照政府指定的某种模式削足适履。

当然，这种百花齐放式的大学管理模式能够在美国行得通，起码需要两个前提条件：一是法理基础，以此保证政府干预大学的原始冲动在任何情况下都无法得逞；二是大学的自律，因为公众对于大学质量的管控建基于他们对于管控者的信心或信任。一旦大学失信于民，政府就会成为大学质量唯一可信的仲裁者，而从质量监督到全面接管之间真的只有一步之遥。也许这就是为什么当今世界上大多数国家的大学尤其是一流大学都是由政府管控——谁出钱谁掌权，天经地义。从这个角度看，达特茅斯诉讼案对于今天美国大学的意义就更加彰显了：若无宪法保驾护航，今天美国的一流大学如哈佛或约翰·霍普金斯亦当是公立的。

---

[1] M. A. Trow (1989), "American Higher Education: Past, Present, Future". *Studies in Higher Education,* 14 (1), pp.5-22.

[2] A. Cohen, (1998), *The Shaping of American Higher Education: Emergence and Growth of the Contemporary System.* San Francisco: Jossey-Bass, p.60.

第二章　联邦赠地：出钱不出头的政府

　　我们需要建立一个教育系统来满足普通人受教育的需求，以此提升他们在社会上的地位。教育应当是应用的，当然也必须是学术的；它不应为少数特权者所垄断，而应是每一个希望而且能够学习的人都能享受的权利。

——乔纳森·特纳

A. P. Appleby（2007）, *Milestones in the Legislative History of U.S. Land-Grant Universities*. http://cropandsoil.oregonstate.edu/system/files/u1473/land-grant.pdf, p.3.

贾斯丁·莫里尔（1810-1898） 众议院（1855-1867）和参议院（1867-1898）的佛蒙特州代表。莫里尔最有名的贡献是以他名字命名的联邦赠地法案。法案要求各州将出卖联邦赠地所得款项通过投资设立永久基金，为农工学院的建立和发展提供资金。

（插图：程黛曦）

一

美国能够动用宪法武器来保护早期的私立高等教育,那么它的公立大学是否也有这样的好运呢?说来难以相信,虽然美国建国后的前六届总统都支持建立国立大学,而且其中的四位总统还曾经向国会提交过这样的请求,但直到今天,国立大学之于美国人来说还是一个不可企及的梦。

早在1788年美国开国元勋之一本杰明·拉什(Benjamin Rush)就提出设立联邦国立大学的建议。拉什本人于1760年毕业于普林斯顿大学的前身新泽西学院,后来远赴爱丁堡大学学医并成为医学博士(M. D.)。[1]学成回国后,拉什投身美国独立战争,并曾与华盛顿并肩作战。1776年他代表宾夕法尼亚签署《独立宣言》,并成为建国后成立的第一所学院狄金森学院(Dickinson College)的创办人。然而,他高远的志向并未止于创办一所私立学院。他认为刚刚建立起来的共和国的教育事业必须具有两个基本功能:一是学以致用,二是热爱国家。在他看来,"如果要将(美国的)使命付诸实施,那么这个新的国家必须教导年轻人懂得共和的责任与原则。"[2]因此他希望尽快建立联邦大学,并要求将来在联邦政府任职的公职人员都必须是这个大学的毕业生。

乔治·华盛顿总统也在他提交国会的报告中提议设立国立大学,认为这有利于国家统一。建国之初,华盛顿对于新生的合众国由于不同族群的理念不同而陷入分裂以至内战的可能性忧心忡忡,

---

[1] David Hawke(1971), *Benjamin Rush: Revolutionary Gadfly*. Indianapolis: Bobbs-Merrill.

[2] D. B. Madsen(1966), *The National University, Enduring Dream of the USA*. Detroit, MI: Wayne State University Press, p.17.

因此他希望通过国立大学来统一人们的思想。他的呼吁情真意切，今天读来都令人动容：

> 我们骄傲的国家已经存在许多令人敬仰也能学以致用的高等教育机构，但它们赖以运行的资金毕竟有限，难以聘任不同知识领域中最优秀的教授。（因此，）对于酝酿中的（国立）大学来说，这些学院是很好的辅助机构。建立一所（国立）大学有很多考量，将我们的同胞所持的原则、观点或态度加以整合，并为来自各个层次的部分青年提供一种共同的教育，这样的动机值得关注。在这些方面我们的公民之间变得越和谐，合众国的长治久安就越有希望。而且，这样一所国立大学的主要目标应当是为我们的青年提供政府管理科学方面的教育。[①]

在门罗（James Monroe）总统执政期间，国会的代表委员会甚至通过了一项议案，要求动用国库的结余和闲置土地来建立一所国立大学。[②] 然而，在1791年通过的宪法第十修正案中规定："本宪法未授予联邦、也未禁止各州行使的权力，保留给各州行使，或保留给人民行使之。"因为宪法没有将教育的权力授予联邦政府，所以大学的管理就只能由各州自行其是。换言之，假如国会要通过议案建立国立大学，那它首先必须出台宪法修正案。尽管门罗总统和国会的很多议员都认为修正宪法非常必要，最后却因为众议院的反对而遭到搁置。有时历史就是这么随意：这个后来用以为私立大学护航的宪法，此刻却成为设立国立大学的不可逾越的障碍。

---

① G.Washington (1796), Washington's eighth annual message to Congress. The papers of George Washington: Documents. Philadelphia, PA: Retrieved from http://gwpapers.virginia.edu/documents/union/state8.html.

② G. Thomas (2015), *The Founders and the Idea of a National University*. New York: Cambridge University Press.

当然,开设国立大学的建议并没有因为国会的反对而销声匿迹;相反,这个想法不断以各种版本被提出,却总是在三个问题上无法取得一致而作罢:一是大学的使命,二是大学的资金来源,三是大学的管控权。令人回味的是,这些在当时看似冥顽不化的议员们对于国立大学所投的反对票,居然在穿越了二百年的迷雾后放射出智慧的光芒。科恩教授在《美国高等教育通史》中指出:

> 如果建立了国立大学,它将会对高等教育产生显著影响。它将会成为一个指向标,制定出大学的课程标准、学位标准、教授资格认证标准,或许还制定出入学标准。没有国立大学,各大学可以任意发展,自由选择那些著名大学的办学模式。由于不受国家教育部门的干预,任何规则都能引导大学的发展。[1]

也正是因为国立大学的缺失,联邦政府少了一个参与大学政策制定的途径或借口,连示范或指引的机会都无处可寻。再加上联邦最高法院通过达特茅斯诉讼案,限制了州政府对于私立学院的权力,结果是,美国两级政府的手脚都被绑住了。大学的自治从法律上再次得到确认,而多元化的办学模式及其管理成为美国大学最大的特色。

假如我们同意,美国大学在当今世界的辉煌很大程度上可以归功于其先行者早期成功地抵挡了政府干预的冲动,那么,我们也必须承认,这实在是一个险胜。拉什、华盛顿等开国元勋关于建立国立大学的动机之高尚毋庸置疑:为了新生共和国的统一与繁荣、为了集国家之有限财富来更好地培养下一代,等等。但是,这种理想与动机越是崇高,开办国立大学的理由就越是充分,而最终索性由

---

[1] A. Cohen(1998), *The Shaping of American Higher Education: Emergence and Growth of the Contemporary System.* San Francisco: Jossey-Bass, pp.60–61.

国家出面一手包办大学的冲动也就变得更加难以阻挡。假如当时没有反对派的声音、或他们的声音不能通过投票在国会得到正当表达,那么,几乎任何执政者都可以动用行政权力,顺理成章地就那三个难倒了国立大学鼓吹者的问题进行填空:大学的使命——国家的稳定与繁荣;大学的资金来源——国库;大学的管控权——当然是政府教育部。

所幸,历史没有假如。

二

然而,不设国立大学并不等于不设公立大学。只是当宪法第十修正案遭遇达特茅斯诉讼案,我们突然发现政府在高等教育这个领域里的地位极为尴尬。它既不能插手私立大学的经营和管理,更无权按照自己的意愿开办国立大学。已有的私立学院如哈佛、威廉与玛丽(William and Mary College)和耶鲁脱胎于早期殖民地学院(colonial colleges),其目的是培养牧师和公职人员。国王学院(King's College)虽然没有那么浓厚的宗教色彩,而且在建国后很快连名字都改成了带有革命色彩的"哥伦比亚"(即哥伦比亚大学的前身哥伦比亚学院),[1] 以示对美国新生共和政体的支持,但其毕业生很少进入医学、工程、建筑和教师等国家经济建设亟需的领域,而是大多数选择传教或经商。[2] 在这里,尽管开国元勋们所建议的建立国立大学的路径已经被宪法堵死,但他们为此提出的理由却随着新生共和国的发展变得更加急迫。这时,一个极具原创性的想法呼之欲出:有的州已经急不可耐地开始了一场注定在日

---

[1] 1896年,学校董事正式决定使用"哥伦比亚大学"作为这所学校的新名字。

[2] R. A. McCaughey(2003), *Stand, Columbia: A History of Columbia University in the City of New York, 1754–2004*. New York: Columbia University Press, p.113.

后影响深远的实验。①

乔纳森·特纳（Jonathan Baldwin Turner）1805年出生在马萨诸塞州的一个农场里。22岁那年，他来到康涅狄格州求学，在一所预科学校学习两年后进入耶鲁学院。可他学业尚未结束就收到伊利诺伊学院的聘书，并在耶鲁校长的亲自劝说下接受了聘任。特纳自己虽然毕业于耶鲁这样的贵族文理学院，却从1830年代就开始呼吁为劳工阶级创造就学机会。1850年5月13日他在伊利诺伊教师学院（Illinois Teachers Institute）发表了题为"为劳工阶级开设州立大学的倡议"的讲演，不仅提出要在伊利诺伊州为农工阶级建立州立大学，而且认为合众国的每一个州都应该建立这样的大学。特纳的建议包括三个基本目标：（1）建立学院公开招收务农、从商与从艺的劳工，为他们提供价格低廉的教育协助；（2）设计实用和职业的课程项目以满足劳工的需求；（3）联邦政府将其所持有的大量土地捐赠出来以资助这些学院。②

特纳的观点得到了包括《纽约时报》在内的许多媒体的报道和响应。在接下来的十年中，特纳给伊利诺伊州的国会议员们写了无数信件，提供各种材料，力陈他关于为劳工阶级建立大学的主张，并要求他们在国会提出议案，在各州通过赠地来支持州立大学。1851年他在伊利诺伊州工业联盟（Illinois Industrial League）大会上讲演，就自己的主张作了进一步的说明：

> 所有的社会都可以分为两个阶级——职业阶级和劳工阶级。今天的学院为人口中的极少数职业阶级提供良好的文理

---

① 以下关于乔纳森·特纳和莫里尔法案的故事取自 John R. Campbell（1995），*Reclaiming a Lost Heritage: Land-Grant and Other Higher Education Initiatives for the Twenty-first Century*. Ames, IA: Iowa State University Press.

② A. P. Appleby（2007），*Milestones in the Legislative History of U.S. Land-Grant Universities*. See http://cropandsoil.oregonstate.edu/system/files/u1473/land-grant.pdf.

教育（liberal education），而为大多数人提供教育的学院则无处可寻。（我们的）社会已有足够的智慧理解为什么教师需要教育，却还没有意识到工人也需要教育。我们需要建立一个教育系统来满足普通人受教育的需求，以提升他们在社会上的地位。教育应当是应用的，当然也必须是学术的；它不应为少数特权者所垄断，而应该是每一个希望而且能够学习的人都能享受的权利。[1]

1852年，伊利诺伊州的国会议员叶芝（Richard Yates）被他说动了。在他的请求下，特纳草拟了一份关于建立工业大学（industrial universities）的议案。可惜的是，叶芝自己在下一年的选举中落选了，所以这份议案从未见到天日。

1857年特纳又写信给伊利诺伊州的参议员特朗巴尔（Lyman Trumball），希望他能将此议案提交国会。特朗巴尔虽然支持这个议案，但感到国会内部对于联邦政府赠地的主张并不太热心，因为国会已经对新近加入联邦的州给予很多支持，再提出新的要求也许会自讨没趣。特朗巴尔认为这样的提案由最早加入联邦的那些州的议员提出较有把握。根据特朗巴尔和伊利诺伊州其他议员的建议，特纳找到了新任的佛蒙特州议员贾斯丁·莫里尔（Justin Smith Morrill），将他草拟的通过联邦赠地支持建立州立大学的议案以及所有与此相关的信件、文件、论文等交给后者，希望他能够向国会提交议案。

1857年12月14日，莫里尔经过一番犹豫后终于答应特纳的请求，将议案正式提交国会。可是，议案先在众议院受阻，后来又在参议院受阻，最后在1859年当两院终于一致通过后，又遭到布坎南

---

[1] A. P. Appleby (2007), *Milestones in the Legislative History of U.S. Land-Grant Universities*. See http://cropandsoil.oregonstate.edu/system/files/u1473/land-grant.pdf, p.3.

(James Buchanan)总统的否决。

特纳虽然失望却并不准备放弃。他找到当时正在竞选总统的亚伯拉罕·林肯,并得到他的许诺:"如果当选,我会签署你的关于州立大学的提案!"他又找了林肯的竞选对手道格拉斯(Stephen A. Douglas)参议员,并得到同样的许诺。至此特纳才算松了一口气,他的努力曙光初现。

1861年6月道格拉斯参议员给特纳写信索取他的州立大学议案,由他在下一届国会亲自提交。可是,特纳还没有来得及将文件寄出,就得到了道格拉斯参议员在芝加哥突然去世的噩耗。

好事多磨。

直到1862年,通过联邦赠地支持建立州立大学的议案由莫里尔再次提交国会,并在参众两院得以顺利通过。这次提案能够通过大致有两个原因:一是时值南北战争爆发,当年激烈反对提案的南方议员们此时已经离开国会;二是战时军队急需训练,因此莫里尔在提案中加入要求联邦赠地学院除了农工科目外,还需教授军事技术的条款。1862年7月2日,亚伯拉罕·林肯(Abraham Lincoln)总统签署了这份以莫里尔命名的法案。至此,特纳为之奔走多年的心愿最终得以实现。

三

1862年国会通过、林肯总统签署的《莫里尔法案》(Morrill Act 1862),又称"第一个莫里尔法案",规定按照各州的国会议员数量划拨土地,每一名国会议员可得3万英亩的联邦土地,用以建立至少一所教授农业和机械工艺的学院之用。法案也特别提到,赠地学院不应排斥科学与古典研究的科目,亦应包括军事研究。用今天的话说,赠地学院的建立旨在支持各州(或当地)的经济发展。法案也要求赠地学院必须为社会各阶级或阶层提供高等教育的机会。

其实,联邦政府通过《莫里尔法案》给各州赠的不是地而是钱。法案要求各州将出卖联邦赠地所得款项通过投资设立永久基金,为农工学院的建立和发展提供资金。① 有的东部州土地有限,无法找到这么大的一块地来执行莫里尔法案,于是他们就将眼光转向西部。比如说纽约州的联邦赠地就来自威斯康星州,而这片土地上的木材资源为康奈尔大学此后的发展提供了丰富的资金来源。在此还需要说明的是,赠地学院并不都是公立大学。1862年建校的康奈尔大学就是一所私立学院,为了得到赠地资金的支持,同意设立农工科目。这就是直到今天康奈尔的农学院、兽医学院和工学院仍在美国大学中稳执牛耳的原因所在。其他学校如麻省理工学院、布朗大学和耶鲁大学谢菲尔德科学学院(Sheffield Scientific School)也都曾受到联邦赠地的资助。虽然此前州立大学在有些州已经存在,但绝大多数州在得到联邦赠地后没有将钱用在现有的州立学院,而是借此机会建立了一批新的大学。加州大学(1868)、普渡大学(1869)、俄亥俄州立大学(1870)、阿肯色大学(1871)等大学的前身都是在《莫里尔法案》资助下成立的赠地学院。最终一共有 48 个学院在第一个莫里尔法案的资助下成立。

《莫里尔法案》得以实施来之不易。由于美国宪法将管理大学的权力给了各州政府而非联邦政府,一般美国人因此对于来自联邦政府的任何关于教育问题的想法与措施都会表示出一种怀疑、起码是不信任的态度。因此,莫里尔的提案受到国会很多议员的反对,与其说是因为其教育目的,不如说是资助手段。一位来自亚拉巴马州的议员将莫里尔的提案称为"(有史以来)国会所收到的

---

① Committee on the Future of the Colleges of Agriculture in the Land Grant System, National Research Council(1995). "Colleges of Agriculture at the Land Grant Universities: A Profile". *National Academy of Sciences*, p.2.

最为巨大、邪恶和危险的提案之一"①。

然而，正是由于联邦政府无法直接推行任何教育政策，《莫里尔法案》为此另辟蹊径。1887年国会通过《哈奇法案》（The Hatch Act）为联邦赠地学院提供资金建立农业试验站。这个法案原是为鼓励赠地学院从事农产品的高效生产、营销和利用方面的研究，更是从联邦政府的层面对赠地学院担负起与民生相关的应用研究提出要求并提供支持。随着南北战争的结束和工业革命的兴起，美国需要大学为经济建设提供各种研究支持，而通过国会拨款而非行政指令来影响大学的发展，从此成为美国政府与大学关系的一个重要特征。从这个意义上说，《莫里尔法案》的影响是里程碑式的。

《莫里尔法案》的另一个衍生品是对后来美国经济影响深远的合作推广运动（Cooperative Extension）。早在1853年一些教授农业专业的学院就有教授开始举行农业技术推广会，通过教育农民将科学研究和新知识传播到农业实践过程中去。后来这一活动在赠地学院发展成为由不同学科的专家为农民组织的更大规模的沟通和学习活动。《哈奇法案》为赠地学院提供资金进行农业方面的研究，而塔斯科奇学院（Tuskegee Institute，现在的 Tuskegee University）作为一所赠地学院则在1890年代积极开展合作推广，用今天的话说就是带着农业技术下乡。共有1000名塔斯科奇学院的学生在美国的28个州及古巴、牙买加、波多黎各和巴巴多斯乃至非洲推广农业技术。这场运动最大的受益人无疑是农民，特别是黑人农民。比如说1892年2月在塔斯科奇学院举行的首届黑人

---

① D. Staley（2013），"Democratizing American Higher Education: The Legacy of the Morrill Land Grant Act". *Origins: Current Events in Historical Perspective*, vol. 6, issue 4. See http://origins.osu.edu/article/democratizing-american-higher-education-legacy-morrill-land-grant-act.

农民大会（Negro Farmers Conference）就吸引了五百多名参与者，将农业技术合作推广运动推向一个新的高潮。1914年国会通过《史密斯-莱福法案》（Smith-Lever Act）正式建立"合作推广系统"，由农业部和各州的赠地学院合作并提供资助。威尔逊总统（Thomas Woodrow Wilson）将这个法案成称是"（美国）政府在成人教育方面所采取的最重要、影响最为深远的措施之一"[①]。

1890年通过的第二个《莫里尔法案》则是联邦政府在美国高等教育发展中推行种族平等政策的一个范例。第一个《莫里尔法案》要求各个州通过联邦赠地建立学院为劳工阶级提供教育机会，但当时在南方各州仍然实行种族隔离政策，非裔美国人根本无法进入这些赠地学院，当然也就无法从联邦政府的政策中受益。1866年至1890年，南方诸州为非裔美国人建立了一些教师培训学院，其性质虽与赠地学院相似，但不能得到《莫里尔法案》提供的资助。

面对这样的现状，82岁高龄的莫里尔参议员在时隔28年后重披战袍，在国会推出第二个莫里尔提案。新的《莫里尔法案》要求，联邦政府停止资助任何以种族为由拒绝录取非裔学生的赠地学院，但可以用赠地款项建立单收白人或黑人的学院，条件是联邦赠地款项必须在州内的白人和黑人学院之间平均分配。这样的提案遭到部分国会议员反对的力度不难想象，莫里尔参议员为此提交了12次之后才获得通过。

以今天的眼光来看第二个《莫里尔法案》，我们不难体会当时联邦政府在高等教育政策上的无奈及其深邃的智慧。政府无力也不想强迫现有的赠地学院接收黑人学生，因为种族隔离毕竟还是当时社会处理种族关系的主流方法。然而，面对这样大是大非的

[①] M. M. Comer, *et al.*（2006），"Cooperative Extension and the 1890 Land-Grant Institution: The Real Story". *Journal of Extension, Volume 44*, Number 3. See http://www.joe.org/joe/2006june/a4.php.

问题，特别是解放了的黑奴如果无法接受高等教育，不但有损社会公正，而且对于南北战争后美国脆弱的经济也是有百害而无一利。所以，在那些容许以种族为条件录取学生的州，"1890赠地法案"让联邦政府能够建立一批专门服务黑人及其他有色人种的赠地学院，即后来所谓的"1890赠地学院"。只要我们不以今人的标准去苛求古人，那么这样的法案不能不说是一种十分明智的妥协。这种妥协避害就利，在不直接干预州立大学录取政策的前提下争取黑人及其他少数民族教育权利的最大化，仅从公共政策研究的角度看也闪烁着智慧的光芒。

共有17个州利用这一联邦拨款建立了"1890赠地学院"，包括今天的亚拉巴马农工大学（Alabama A&M University）、佛罗里达农工大学（Florida A&M University）、林肯大学（Lincoln University）、西弗吉尼亚州立大学（West Virginia State University）等。此后一个世纪内，联邦政府还以第二个《莫里尔法案》的模式，通过立法继续为州立大学提供资金，如以1966年的"赠海学院"法案（Sea Grant Colleges）推动海洋研究、1988年的"赠空学院"法案（Space Grant Colleges）推动空间研究，等等。1994年建立的29所美国原住民学院则为印第安人提供了接受高等教育的机会，被称为"1994赠地学院"。

四

从1862年的《莫里尔法案》开始，联邦政府通过赠地为各州的大学提供了一系列的资助，但并未直接干预大学的管理，甚至没有对赠地学院的发展提出任何直接的要求。有趣的是，美国的邻居加拿大的大学系统与美国公立大学一样，也是由省政府而不是联邦政府管理的。这种公办大学的模式当今世界除美加之外不算太多，却也不罕见。然而，加拿大大学的发展却是全然不同的另一番景观。

前不久接待了一位来自加拿大的大学副校长。在得知我曾在美国大学任职多年后，他对自己那所在加拿大也算不上一流的大学作了这样的描述："因为加拿大的大学都是公立的，所以我们的大学水平和质量都比较均匀，不像美国大学那么参差不齐。"作为副校长，在外人面前稍稍抬高一点自己大学的地位，这话本无可指责。只是用加拿大的均匀来比对美国的多元，却有点得不偿失：其本意是颂其长，实则揭其短。

加拿大的公立大学模式和美国有两个根本区别。一是在加拿大公立大学统领全局，而私立大学从规模到影响都小到可以忽略不计。在政府主导下，一般大学之间质量固然比较均匀，但世界一流的佼佼者却不多。[1] 反观美国，不管公立还是私立，都有一大批学校在世人眼中常带光环，在科研与教学等各方面引领潮流。因此，美国大学的所谓"参差不齐"从管理体制上看，不但不是他们的缺点，也许反而是他们如此优秀的原因所在。二是加拿大虽然与美国类似，公立大学的"老板"或"金主"是省政府而非联邦政府，教育经费却基本来自联邦政府，只是由省政府转交。[2] 政府买单，大学自然较少为柴米油盐而操心（近年来情况有点变化，美国大学的捐款模式也开始影响加拿大的大学）。这与美国各州在发展公立大学上因地制宜、百花齐放完全不可同日而语。美国大学不管公立还是私立都得自筹资金——政府管饭但不管饱。自己筹钱最大的好处是花的时候不必看政府的脸色行事，因此美国大学

---

[1] 我知道这话会得罪人，毕竟多伦多大学、英属哥伦比亚大学等都是一流大学。况且加拿大虽然地大，人口还不及美国的加州，因此他们在高等教育上的成就实属不凡。

[2] Martin Trow (1983), "Federalism in American Higher Education", in Arthur Levine ed., *Higher Learning in America, 1980-2000*, 39-66. Baltimore, MD: Johns Hopkins University Press.

（包括公立大学）的自主性都相对较高。结果是，将美国的州立大学与加拿大的省立大学放在一起比较，两者在学术独立、科技创新及世界影响等方面都不在一个级别上。

那么，对于美国的州立大学如此偏颇的颂扬是否会对加拿大的省立大学有失公允呢？美国除了那些让人念兹在兹的名牌私立大学而外，其公立大学究竟是怎样的一个面貌呢？美国"全国教育统计中心"发表的数据表明，2014年美国大学共有超过2000万（20,375,789）各级各类的在校学生，而州立大学就容纳了其中的72%（14,745,558）。1700多万（17,292,787）的大学本科生中有77%（13,244,837）在州立大学求学。[1]州立大学如此巨大的体量，却在全球排行榜上一点也不逊色，其中的佼佼者如加州大学伯克利分校（UC Berkeley）、密歇根大学（University of Michigan）、弗吉尼亚大学（University of Virginia）、华盛顿大学（University of Washington）等完全可以从科研实力、教学质量等任何方面与剑桥（University of Cambridge）、东京（University of Tokyo）、海德堡（Ruprecht-Karls-Universität Heidelberg）等国外名牌大学平分秋色。需要指出的是，美国的公立大学既不是从1862年《莫里尔法案》通过才开始建校，也不是唯有赠地学院才是公立的（美国也有国立的大学，但限于军事院校，比如海军、空军学院等）。只是由于绝大多数的公立大学都是州立的，所以我们今天谈到美国的公立大学一般指州立大学。

那么，为什么讨论公立大学却将如此之多的笔墨花在其中一小部分的赠地学院上呢？从上面的叙述我们不难看出，美国公立大学之所以能在今天的世界大学排行榜上傲视群雄，早年联邦政府

---

[1] U.S. Department of Education, National Center for Education Statistics, Integrated Postsecondary Education Data System（IPEDS）, Spring 2014 and Spring 2015, Fall Enrollment component.

以及国会就赠地学院所作的一系列立法行为功不可没。以1862年的《莫里尔法案》为起点，美国国会通过的一系列资助高等教育的法案不仅为大学后来的发展奠定了坚实的法制和财政基础，而且还在教育的理念和哲学上开了风气之先。

19世纪可以说是欧洲高等教育的转型期。在这重要的一百年中，欧洲中世纪大学的文理、宗教和住宿学院等传统精英模式逐渐转变成融教学和研究为一体的大学；而德国的大学则率先向以研究为主导的现代研究型大学迈进。然而，不管这些古老的学院如何蜕变，欧洲的大学似乎始终难以舍弃他们的精英情结。1852年纽曼大主教在爱尔兰都柏林讲演，推行他以牛津为代表的英国古典大学的理想。追随英国大学绅士的教育模式，纽曼强调人文教育（liberal education）与有用知识（useful knowledge）的区别与分离，[1]反对19世纪20年代后期在都市里出现的充满活力的新大学。而在大西洋彼岸的美国，建国后的大学也一直在英国的牛津剑桥学院模式和德国的研究型大学模式之间举棋不定。在这样的背景下，特纳关于"为劳工阶级开设州立大学的倡议"无疑是石破天惊的。

今人研究美国大学的发展，往往从1810年诞生于德国的柏林洪堡大学（Humboldt University of Berlin）谈起，因为这种以科研为大学核心的理念直接导致了约翰·霍普金斯（Johns Hopkins）、芝加哥（Chicago）等美国研究型大学的崛起，并影响了20世纪世界大学发展的走向。但是，洪堡所倡导的研究型大学的理念和后来美国研究型大学的着眼点还是有点不同。洪堡曾经说过："正如小学教育教师必不可少，中学教育教师可有可无，大学教师则不再是教师、学生也不只是学生。学生必须在教授的监管与支持下从事

---

[1] John Newman（1996），*The Idea of a University*, ed. Frank M. Turner, New Haven: Yale University Press, pp.265-81.

自己的研究工作。"① 这种以学生研究作为大学教育主要方式的思想在今天的美国大学主要是用于研究生教育,而19世纪美国大学在向研究型大学转型时,最纠结的可能还是如何组织本科教育。因此,特纳及其大学面向劳工的思想对大学本科的招生和课程设计起到了关键性的影响。

也许因为特纳自己是从耶鲁学院走出来的,他对传统的小型精英学院能为当时方兴未艾的工业革命提供多少人才帮助并未抱任何幻想。因此,他提出要为务农、从商与从艺的劳工提供实用和职业的课程项目,其实是在探索一条小型文理学院之外的大学发展模式。这种新的模式包含两个基本元素:Access 和 Practicality,② 前者可译为"通道"或"机会",要求在以培养精英为目的的小型文理学院之外为社会中下层所有成员另开一条通道,让包括劳工在内的大众也有接受高等教育的机会;后者强调大学教学内容的"应用性",因为通道一旦打开,进入大学就不再是富家子弟的特权,学生的学习目的也不限于自身的修养和人文知识的熏陶。特纳的过人之处在于,他早在美国经济起飞的前夜就预见到未来大学将要承担的使命,以及为了不辱使命而应有的担当。而他关于政府赠地的设想更是将"通道"和"应用"这两个元素与政府的功能绑在一起,为未来大学新模式的可行性或可操作性找到稳固、可靠的后台。这个后台之所以稳固原因只有一个字:钱。政府的钱来自纳税人;只要后者首肯,钱不是问题。

在这里,我们开始看到美国建国之初大学教育先行者在制度

---

① Christopher Clark(2009), *Iron Kingdom: The Rise and Downfall of Prussia, 1600–1947,* 1st edition. Belknap Press, p.333.

② D. Staley(2013), "Democratizing American Higher Education: The Legacy of the Morrill Land Grant Act". *Origins: Current Events in Historical Perspective,* vol. 6, issue 4. See http://origins.osu.edu/article/democratizing-american-higher-education-legacy-morrill-land-grant-act.

设计上的神来之笔。他们一方面鼓吹学术独立、大学自治,不惜动用宪法来保卫"各种形式和各种信仰的学院而不受任何限制的权力";[①] 另一方面,他们并未幼稚到相信大学能够仅仅通过民间集资、独立经营就能生存发展。扩大招生,为劳工提供高等教育的机会,这样的事只有政府能办到,而提高大学课程的应用性,也必须与当地的经济建设挂钩。由此可见,特纳通过政府赠地办州立大学的主张,确是一石两鸟的绝招:既为劳工开拓了接受高等教育的机会(access),又在农业、机械和军事等方面对新型大学的课程设置提出具体要求(practicality)。从法理上看,政府在赠完地、给过钱之后,并没有收到大学的邀请参与管理决策,大学有权决定政府给的钱怎么花。换言之,政府出钱但不出力。这样的机制从另一个方面保证了大学的独立与自主。

因此,1862年的第一个《莫里尔法案》对于当代美国大学的真正意义在于,它所开启的政府与大学关系的模式,沿用至今,有效地保证了政府在不损害大学自主权的前提下推行其重要政策的权力和途径。

毋庸置疑,今人论及美国大学的成功,教授在学术与科研领域所作的贡献为第一考量,而将这一点完全归功于大学追随洪堡大学及其以科研为中心的模式并不十分准确。的确,很多科学家强调,对于自然界纯粹的、不含功利的好奇心才是他们研究的原动力,但不可否认的是,更多的研究起源于研究者对于解决现实问题的愿望,而这些"愿望"不仅要求研究者"接地气",了解社会与经济发展的需求,而且需要经费的支持与落实。从这个角度看,赠地法案瞄准农业、机械等领域的科研需求,在南北战争之后百废待兴的时代背景下,既满足了各州政府发展当地经济的迫切需求,又为

[①] M. A. Trow(1989),"American Higher Education: Past, Present, Future". *Studies in Higher Education,* 14(1),pp.5-22.

大学科研的布局及资源配置指明了方向。

后来一百年内国会陆续通过的各种相关法案，包括1887年国会通过《哈奇法案》（The Hatch Act）为联邦赠地学院提供资金建立农业试验站，1914年国会通过《史密斯-莱福法案》（Smith-Lever Act）正式建立"合作推广系统"，等等，都是大学在联邦政府推动和资助下从事与当地经济发展有关的科研项目的极佳案例。

《莫里尔法案》的实施对于美国高校里另一个挥之不去的问题——少数民族政策也产生了深刻的影响。本来种族平等问题在任何一个多民族国家都不是一个轻松的话题，况且高等教育作为现代社会中社会流动的主要途径，理所当然地受到广泛关注。但由于联邦政府无权干涉大学的日常管理，更无法对大学的招生政策或录取标准指手画脚，因而第二个《莫里尔法案》就体现了联邦政府在高等教育发展中推行种族平等政策的一个极具创意的策略。政府停止资助任何以种族为由拒绝录取非裔学生的赠地学院，但允许各州用赠地款项建立单收白人或黑人的学院，而且规定联邦赠地款项必须在州内的白人和黑人学院之间平均分配。这种以联邦资助为杠杆推行政府意图的策略后来成为政府与大学沟通的有效途径。从这个意义上看，联邦赠地法案对于美国大学日后发展的意义与影响怎么评价都不会太过分。

第三章　神话哈佛：古典学院的成功转型

假如说上天赋予美国人任何特殊的使命，世界要求我们行使任何独具的功能，那就是利用非同寻常的有利条件，在这片广渺的土地上为这个迥异、丰富、多元的人群解决他们自由的大学里面碰到的各种问题。我们的确需要培养学者、艺术家、诗人、历史学家、小说家、工程师、医生、律师、神学家和演说家，但首先我们必须培养一批独立、自立的自由人，他们先要能够帮助、指引并管理他们自己。

——查尔斯·艾略特

H. Hawkins（1972），*Between Harvard and America: The Educational Leadership of Charles William Eliot*. Oxford University Press, p.154.

1933年对于德国、美国以及我本人都非同寻常：希特勒登上权力的顶峰，罗斯福成为美国总统，我当上了哈佛校长。

——詹姆斯·柯南特

E. Shin（2015），*VERITA$: Harvard's Hidden History*. Oakland, CA: PM Press, p.42.

艾略特（1834-1926） 1869-1909年任哈佛校长。今天我们看到他所有的照片都像是为制作硬币而拍摄的——一律以左脸对人。原来他的右脸上有一块丑陋的胎记，小时候受尽小伙伴的欺凌。艾略特执掌哈佛四十年，打破了古典课程在美国大学的垄断并代之以选修制度。他对于哈佛研究生教育的改革，特别是对于专业学院的改革，在美国大学制度建设的过程中具有里程碑式的意义。

（插图：程黛曦）

一

在高等教育领域里,哈佛是一个神话。与牛津、剑桥相比,它的历史不算古老;与约翰·霍普金斯相比,它甚至算不上是美国最早的研究型大学。然而,今天的美国大学,从公立到私立,哈佛的影子无处不在。文理学院、专业学院、录取制度、选修制度,学术独立、教授终身制、"不发表就走人",等等,许多我们今天习以为常的大学制度都可以追溯到历史上的哈佛,或者更准确地说,哈佛历史上三位具有远见卓识的校长。

1986年,历史学家史密斯(Richard Norton Smith)为哈佛大学写了一本校史《哈佛世纪》,作为庆祝母校350周年的礼物。然而,这位骄傲的校友献给母校的却不全是溢美之词。史密斯认为,哈佛的历史并不如它所夸耀的那么悠久。事实上,直到南北战争前夕,哈佛至多是一所为波士顿上流社会子弟开设的礼仪学校。而新英格兰的上流社会对于孩子的要求并不高,哈佛的博雅教育(liberal arts)让他们日后成为牧师和地方法官是绰绰有余了。[1]

1869年艾略特(Charles William Eliot,1869-1909年任哈佛校长)接任校长前的哈佛是怎样一种情形呢?史密斯写道,埃佛里特(Edward Everett)从驻英国大使的位置上离任后来到哈佛,但他在校长任上三年(1846-1849)过得很不开心。本想回到母校一展宏图的埃佛里特发现,自己完全被学生的纪律问题绊住了脚,每天除了调解一些猥琐不堪的纠纷之外居然无事可做。[2] 当时,

---

[1] R. N. Smith(1986), *The Harvard Century: The Making of a University to a Nation*. New York: Simon and Schuster, p.13.

[2] S. E. Morrison(1958), "The Harvard Presidency". *New England Quarterly*, December.

哈佛法学院的文凭几乎等同于你在学校的居住证明。而在哈佛取得一个硕士学位的条件是，你只须在三年内维持"一个良好的道德品质"，加上能够支付五美元的学费，就可以从学校领得一张文凭用来点缀你的办公室。日后成为著名哲学家和心理学家的詹姆斯（William James）回忆他在哈佛念书时的一场期末考试，老师只问了一个问题："如果你能回答这个问题，你就能回答所有的问题。现在告诉我，你有一个怎样的家庭、家中的日常起居是怎样一个情形？"① 1860年代的哈佛从名声到规模，都不如阿默斯特学院（Amherst College）和联合学院（Union College）。

这一切在艾略特成为校长后开始发生变化。爱默生（Ralph Waldo Emerson）曾经将一所大学比作一个人在夕阳下被拉长的影子。艾略特任职40年（1869–1909），将自己全部的理想与抱负都投入了哈佛大学的管理与改造，以至他的人格与精神成为哈佛校园里无处不在的投影。他从一开始就带着一种使命感：

> 假如说上天赋予美国人任何特殊的使命，世界要求我们行使任何独具的功能，那就是利用非同寻常的有利条件，在这片广渺的土地上为这个迥异、丰富、多元的人群解决他们自由的大学里面碰到的各种问题。我们的确需要培养学者、艺术家、诗人、历史学家、小说家、工程师、医生、律师、神学家和演说家，但首先我们必须培养一批独立、自立的自由人，他们先要能够帮助、指引并管理他们自己。②

在此我们可以听到，爱默生《美国学者》（The American Scholar）

---

① R. N. Smith（1986）, *The Harvard Century: The Making of a University to a Nation.* New York: Simon and Schuster, p.37.

② H. Hawkins（1972）, *Between Harvard and America: The Educational Leadership of Charles William Eliot.* Oxford University Press, p.154.

讲演中自信、独立的呼吁在艾略特关于大学的理想中得到回应。而这种独立精神之培育从一开始就不仅仅关乎个人修养,而是与美国能否挣脱欧洲传统思想的束缚、创造出属于自己的物质与精神文明直接相关。因此,哈佛在艾略特带领下,跟随着南北战争后国家重建、经济起飞的脚步,将大学绑在国家发展的战车上,呼啸前行。艾略特在哈佛的所作所为从未以独善其身为目标,更不唯欧洲大学之马首是瞻,而是在美国这个不设国立大学的国度,义不容辞地承担了国立大学所必须承担的使命,也因此成就了自身的事业与声誉。历史学家德沃托(Bernard Augustine DeVoto)如此定义哈佛:这是"一个共和国之中的共和国,一个包容各种宗教的教堂,一个所有阶级的精英汇聚而成的阶级"[1]。

艾略特虽然出身于波士顿一个富商家庭、哈佛世家,但他的童年并不幸福。[2] 今天我们看到他所有的照片都像是为制作硬币而拍摄的——一律以左脸对人。原来他的右脸上有一块丑陋的胎记,为此受尽小伙伴的欺凌。因此,说他的个人主义是与生俱来的,一点也不夸张:在玩伴和书斋之间他宁选后者。父母巨大的书房里有属于他的书架,里面摆满狄更斯和司各特的小说。进入埃佛里特当校长的哈佛学院纯粹是家庭习惯使然,除了学点拉丁文加上不时地受点体罚之外,父亲并未指望他能得到更多。

艾略特在大学期间努力逃避希腊文等指定课程,尽可能多修数学。一个偶然的机会他得到化学教授库克(Josiah Cooke)的青睐并得以进入他的化学实验室,成为哈佛第一个通过实验方法学习

---

[1] R. N. Smith (1986), *The Harvard Century: The Making of a University to a Nation*. New York: Simon and Schuster, p.11.

[2] 关于艾略特的身世见 J. A. O'Connor (1970), *Charles Eliot: An Historical Study*. Dissertations. Loyola University Chicago Paper 1046, http://ecommons.luc.edu/luc_diss/1046. 和 R. N. Smith (1986), *The Harvard Century: The Making of a University to a Nation*. New York: Simon and Schuster.

化学的学生，这在当时的哈佛可是绝无仅有的经验。1853年艾略特以他那届学生中名列第二的成绩从哈佛毕业，但他对自己的评价是"僵硬、怪诞、阴郁、毫无魅力"。一年后艾略特应聘回到哈佛成为数学助教，被学生叫做"老人艾略特"，却得到聘任他的校长沃尔克（James Walker）的赏识。沃尔克作为校长没有太多的想象力，却欣赏这个年轻人的行事风格，也因此接受了他的若干改革建议，比如在实验室里上科学课程，允许学生在宿舍里点瓦斯灯，等等。1858年艾略特被聘为哈佛的首位助理教授并主管劳伦斯科学实验室。但是，他的合同五年期满后没有得到续约。大学将这个职位给了一位比他资历深的化学家。失去工作的艾略特于是带着全家去了欧洲，在马尔堡大学（University of Marburg）学习科学方法，并考察欧洲的大学系统。

1865年艾略特带着欧洲大学的科学训练以及对德国研究型大学的景仰回到美国。此时内战的枪炮声已复归平静，而工业革命的隆隆机声则是震耳欲聋。艾略特加入了刚成立不久的麻省理工学院（MIT）。1868年他毫不犹豫地接受了哈佛的邀请回去当校长。对母校、对大学教育、乃至于对整个美国教育系统，他有太多的想法、太多的抱负需要实现，而哈佛适时地为他提供了一个施展身手的平台。

二

今人回顾艾略特执掌哈佛40年的功过得失，最具争议的应当是：他打破了古典课程在美国大学的垄断并代之以选修制度。人们尽管肯定他顺应时代需求、将现代课程引进大学课堂的功劳，却对他推行的选修制度本身褒贬不一。这一点我们在第七章里将有更详细的分析。其实，只有将他的课程改革放在时代的大背景下，我们方能体会艾略特的良苦用心。经济的高速增长需要医学、工程、科学和商业管理等领域的专门人才，古典课程在哈佛这类古老学院里的垄断使得教授们远离应用学科和科学的研究，而学生们则沉浸在故纸堆中，"不知有汉，无论魏晋"。在艾略特看来，大学课程已经不只是学生学什么的问题，还有一个国家需要什么的问题：

> 一个民族文明程度的高低，从其可供役使的工具的多样性上可以窥见一斑。对于个人来说，心无旁骛，将个人独具的才能发挥到极致是唯一明智的选择。但对于一个国家来说，其智力产品需要的是多样化，而不是统一性。[1]

艾略特在哈佛推出选修制度后之所以受到学生的欢迎和许多其他大学的追捧，除了新制度更加有利于发展各行各业的专门知识、培养专业人才之外，也与19世纪美国资本主义发展的"人尽其才、自由竞争"理念颇为契合。选修制度的实施表明，古典的"绅士教育"已经无法满足背景日益多元的学生对未来职业生涯的需求，而选修制度则对学生根据自身特长选择学业方向表达了充分的信心。当然，正如每一种制度都有其缺陷，选修制度在其实行过程中产生的知识碎片化、课程职业化和学术水准走低等倾向也是不容忽视的。1919年哥伦比亚大学倡导通识教育，是一个矫枉过正的过程。

艾略特对于哈佛的另一个突出贡献是实现了这个古老学院向现代研究型大学的成功转型。但是，人们常常将这笔功劳记在约翰·霍普金斯大学的账上，认为是吉尔曼追随德国大学的模式将约翰·霍普金斯塑造成研究型大学后，才有了哈佛的模仿及其成功。欧康纳在研究艾略特的博士论文中指出，其实早在1874年约

---

[1] R. Hofstadter & W. Smith（1961），*American Higher Education*. Chicago: University of Chicago Press, p.609.

翰·霍普金斯大学建校之前，艾略特就对该校的董事会强调在大学实行研究生教育的重要性。[1] 他认为，只要条件许可，在大学建立研究生系统是一项明智的投资。国家建设需要对一小部分才能超群的人进行深度培训，而不是对一大批才能有限的人作一般性的培训。大学招收研究生还能为本校和外校培养一批高质量的教学科研人才。[2] 在1898年的一次讲演中，他明确提出大学的三个功能："教学、积累大量系统知识和发现新的真理。"[3]

假如说艾略特上任之初还认为哈佛的每个教授都必须是"真正的绅士和天然的教师"[4]，那么他的看法不久就有了根本的改变——"发现新的真理"成为哈佛招聘教授的标准。他在1869年和1890年两次为教授涨薪，并与其他大学争夺人才，有时候挖了友校的教授都不咨询一下本校的同仁。1880年哈佛著名数学家皮尔斯（Benjamin Peirce）去世。在其接班人问题上，艾略特坚持将学术能力作为条件，拒绝了一位老派绅士类的申请人，而将职位给了约翰·霍普金斯大学毕业的第一批博士克雷格（Thomas Craig）。开了这个先例之后，哈佛开始如磁石般吸引了一大批研究型的教授，并很快在研究声誉方面赶上并超过约翰·霍普金斯大学。

哈佛超越约翰·霍普金斯的另一个原因是，不像后者从一开始就专注于研究生院的建设，哈佛从来没有抛弃过本科教育，尽管选修制度的实行耗费了艾略特很多精力。结果是，当约翰·霍

---

[1] J. A. O'Connor（1970），*Charles Eliot: An Historical Study*. Dissertations. Loyola University Chicago Paper 1046, p.40.

[2] H. Hawkins（1959），"Three university presidents testify". *American Quarterly*, 11, Summer, p.99.

[3] C. Eliot（1898），*Educational Reform*. New York: Century, p.223. https://archive.org/details/educationalrefor00elioiala.

[4] Ibid., p.27.

普金斯在研究生教育上取得巨大成功后,却没有一流的本科学生为其研究生院提供一流的生源,加上忽视本科教育还会导致大学在财政上处于劣势,因为研究生需要大量的研究资金来支撑,而本科学费却是每一个大学财政的重要来源。在制度建设方面,艾略特的创举是在1890年建立"文理学院"(Faculty of Arts and Sciences),让同一班教授兼顾以通识教育为培养宗旨的本科教学和以研究创新为宗旨的研究生教育。这个模式很快得到普林斯顿、耶鲁和哥伦比亚等名牌大学的仿效,并在美国很多大学沿用至今。

早在1870年艾略特就听到波士顿一家律师事务所(Ropes and Gray)抱怨说,哈佛法学院"把马萨诸塞州的脸都快丢尽了"[1]。为了尽快改变现状,艾略特当年就将纽约大律师蓝戴尔(Christopher Langdell)请到哈佛担任法学院院长。蓝戴尔对于哈佛法学院最大的贡献在于,他将法律当成一门科学来研究,而不再是像过去那样是可以通过师徒传授的手艺。他在哈佛法学院引进案例法教学,将判例当成医学上的病例那样进行解剖和分析。这种方法非常对艾略特的胃口。具有实验科学背景的艾略特认同蓝戴尔对于法律教学所采取的"科学"方法,即要求学生从事实及其源头出发,而不是通过二手的教材来学习法律。艾略特和蓝戴尔两人逐渐提高入学要求,招聘具有研究能力的法学师资。在他们二人的共同推动下,至1896年,哈佛法学院终于成为现代意义上的研究生院,并带领美国大学的法学院走上了一条专业化的道路:教授不再照本宣科,学生也摆脱了死记硬背课本教条的学习方法。案例法从此成为美国大学法学教育的基本方法。

艾略特在上任后的第一个年度报告中就对哈佛医学院提出严

---

[1] J. A. O'Connor(1970), *Charles Eliot: An Historical Study*. Dissertations. Loyola University Chicago Paper 1046, p.51.

厉批评：哈佛医学院是大学里"设备最差的学系"。他进而指出："整个国家的医学教育系统都需要进行彻底的改革。"① 最初，他的建议受到大学管理层的质疑，但是，一位哈佛毕业生在昆西一家医院因为开错药而导致三位病人接连死亡的重大事故，让所有的反对者闭上了嘴。从 1871—72 学年开始，艾略特对哈佛医学院进行改革，重新设计三年的医学课程，要求学生必须每年通过年度考试才能晋级，不通过所有的规定课程不得毕业。这一系列措施对于美国其他大学的医学院的改革也产生直接影响。②

在法学院、医学院和神学院这类专业学院的改革方面，艾略特另一个开先河的举措是将学士学位作为进入专业学院的先决条件。之前美国大多数专业学院的认知是，这些学院是为那些专注于进入职场的人们提供职业训练的地方，所以录取学生的门槛不应当设得太高。但是艾略特的想法恰恰相反：正应为这些学院课程范围狭窄，学术含量极低，整体教学质量因而流于低下；要提高这些专业学院的质量与声誉，大学必须提高入学门槛，同时增加学费；专业学院应当录取已经取得学士学位的学生，而且是大学毕业生中的佼佼者。为此，艾略特亲自出马去专业学院游说。结果可以预料：哈佛专业学院的申请人数急剧下降。但是，这个下行趋势非常短暂，而且很快就止跌并回升了。艾略特的运气在于，他长达40 年的任期中有幸亲眼看到自己的改革成果。光是提高入学要求这一项改革就花费了艾略特几十年的时间。至 1900 年，艾略特终于在哈佛实现了将本科学位作为进入医学院的基本条件这一理想。学生经过四年通识教育和自然科学的训练，并通过极其严格的考

---

① C. Eliot (1869—1870), Annual Report. *Harvard Graduates Magazine* (1869—1870), p.224.

② J. A. O'Connor (1970), *Charles Eliot: An Historical Study*. Dissertations. Loyola University Chicago Paper 1046, p.56.

试，才能进入医学院学习。

艾略特对哈佛研究生教育的改革，特别是对专业学院的改革，在美国大学制度建设的过程中具有里程碑式的意义。试想，假如哈佛继续追随纽曼大主教的大学理想和牛津、剑桥的精英教育模式，那么今天美国最优秀的大学应当是阿默斯特学院和斯瓦斯莫尔学院（Swarthmore College），其优秀止于本科教育。假如哈佛追随洪堡的大学理想和约翰·霍普金斯的研究型大学模式，那么今天美国大学的研究生教育应当不输德国，却没有一流的本科教育为其后盾。以今日之后见之明看艾略特，生逢美国经济起飞之时，他急于通过改造专业教育来为国家提供经济建设人才之心不难理解；但其难能可贵之处在于远见：人才的质量是艾略特的终极关怀，而确保质量的唯一途径是精英式的本科教育。

三

据说艾略特的一位朋友在他就任校长后预祝他成功，条件是他必须具备一个至今尚未具备的品质。知晓人性？善于判断？赏识学者？艾略特的三个猜测都告失败。朋友给他最后的答案是：耐心。幸运的是，上任时年方四十的艾略特不仅长寿而且长任，所以耐心不是问题。他的继任者罗威尔（Abbott Lawrence Lowell，1909-1933年在任）就没有这样的运气了。罗威尔常为"天不予是家"（53岁才成为校长）而唏嘘不已。史密斯如是评说：艾略特的胜利在于他比敌人活得更长，罗威尔的悲剧在于他比朋友活得更长。[①]

以今天的标准，罗威尔24年的任期也不算短了，但他那种"时

[①] R. N. Smith（1986）, *The Harvard Century: The Making of a University to a Nation.* New York: Simon and Schuster, p.72.

不我待"的急切却贯穿其整个校长生涯。他上任伊始便拿前任最为得意的作品"选修制度"开刀。在罗威尔看来,选修制度使得学生将上课当成"麻烦的礼仪"(an inconvenient ritual),也不会对真正的学术产生敬畏之心。结果是,学术的追求对于本科生来说成了一件不够时髦的事情。作为改革的第一步,从1914届学生开始,哈佛要求每一个本科生必须有一个"研修领域"(concentration)和一组"分布领域"(distribution),即在他们毕业要求的16门课中至少有六门属于同一个学科,另外六门分布在三个不同的学科。罗威尔的理念是:学生必须"每件事都懂一点、一件事懂多一点"(to know a little of everything and something well)。[1] 学生在完成学业前还必须通过毕业考试:一般学生通过两到三个笔试,而荣誉学位的学生还需通过一个口试。这项改革使得哈佛在实施选修制度长达半个世纪之后,第一次给所有学生四年的学术长跑划了一条共同的终点线。这一系列的改革也影响了美国其他大学,今天广泛实行的主修(major)加辅修(minor)或研修领域(concentration),罗威尔的哈佛是始作俑者。

　　罗威尔的下一个举动是向哈佛的势利习气开刀。艾略特推行选修制度的一个前提是学生必须有理想,有追求,能够独立安排自己的学习、选择研究的方向。这个假设虽然适用于部分学生,但艾略特忽略了这样一个事实,即哈佛大多数学生来自美国东部新英格兰的特权家庭。在这个阶层的子弟中间,奉行"绅士得C足矣"("Gentleman's C")的人不算少数。[2] 罗威尔决心在

---

[1] P. C. Kline(1959),"Lowell's Regime Introduced Concentration and House System". *The Harvard Crimson*, December 15. http://www.thecrimson.com/article/1959/12/15/lowells-regime-introduced-concentration-and-house/?page=single.

[2] 即出身优越的学生大学成绩得到"C"就足够了。学术不重要,重要的是成为有教养的绅士。有趣的是,美国前总统小布什就是"Gentleman's C"的典型代表。他从新英格兰贵族高中安多佛学校毕业后进了耶鲁大学,是一个中等"C"级别的学生。2001年当了总统的小布什回到母校,在毕业典礼上说:"对于那些'C'级别的学生,我想说,'你也能成为美国总统'。"得意之情溢于言表。

哈佛铲除这种势利文化。在1909年就职典礼上他就指出:"(哈佛)学院至今未能肩负起国家的使命,将全国各地、各种各类的有志青年都吸引到一起。"[1]1922年在罗威尔的指示下,哈佛成立了一个委员会,专门研究如何改变现有的招生政策,以吸引"我们国家生活中所有群体的代表"。这个委员会在给校长的报告中提出,要在哈佛推行一个"机会均等、无论种族和宗教"的招生政策。[2]

由于历史的原因,以哈佛为代表的名牌大学都集中在东北各州。这些大学大多建于英国殖民时期,学生则来自白人盎格鲁-撒克逊新教徒(WASP)家庭。罗威尔的委员会在美国大学历史上第一次提出以包容为目的的招生政策,具体措施包括:鼓励新英格兰以外的中、西、南部学生报考,传统的生源学校(feeder schools)不再是进入哈佛的主要途径,种族背景、体育能力、性格因素都是哈佛录取新生的考量。

不幸的是,罗威尔领导的这个以包容为目的的改革却未能逃脱他个人的傲慢与偏见。随着学生人数的增加,罗威尔意识到他最讨厌的犹太学生也日益增多。他一开始试图通过简单的犹太招生配额来限制其增长,但这种只看背景不看成绩的政策遭到教授们的抵制。于是,罗威尔将原本旨在增加多元群体的非学术因素用来作为限制犹太学生的工具。我们今天所熟悉的一些录取标准,包括强调个性(Personality)、对校友子弟和体育人才网开一面、通过面试进行筛选、提交个人陈述与推荐信,等等,都可以追溯到

---

[1] R. N. Smith(1986), *The Harvard Century: The Making of a University to a Nation.* New York: Simon and Schuster, p.87.

[2] J. Moscona-Skolnik, Cloak of Meritocracy Harvard's "New Plan" of Admissions and the "Jewish Problem". 2013 Lawrence Lader Prize in Expository Writing. *EXPOSÉ Magazine.* See https://projects.iq.harvard.edu/expose/book/export/html/961636.

罗威尔时代的哈佛。[1] 由于主观标准的加入,哈佛可以名正言顺地拒收犹太后裔,而又无需对此作出解释。结果,哈佛新生中的犹太比例从1925年的接近30%急降至15%,这个比例直到"二战"期间才稍有所松动。[2]

　　罗威尔讨厌的群体中除了犹太人还有同性恋、黑人与妇女。在得知一位资深教授是同性恋后,罗威尔将他叫进自己的办公室,要求他当场辞职。教授说,他将自己的一生都献给了哈佛。他问罗威尔,如果校长您自己像我一样是同性恋,您会怎么办?"我会拿把枪毙了自己。"罗威尔答道。他拒绝给居里夫人颁发荣誉学位,反对男女同工同酬。在一位拜访者提出要求哈佛法学院录取女生时,他用脚踢门来发泄不满;最后不得不正面回答这个要求时,他说:"我直言相告,只要我还是这所大学的校长,这件事就不会发生。"

　　罗威尔在哈佛反势利文化的另一个举措是建立学生住宿系统。随着学生群体的日渐多元化,罗威尔发现学生中的贫富悬殊也开始加大。家境富裕的学生住在哈佛外面奥本山街上的私立宿舍"金色海岸"(Gold Coast),而家境贫寒的学生则住在哈佛大院(Harvard Yard)破旧不堪的宿舍楼,还因为学校食堂(Memorial Hall)在1919年关闭连吃饭都成问题。1927年耶鲁大学校友哈克尼斯(Edward Harkness)向他的母校捐助建立荣誉学院,遭到搁置,于是他来到罗威尔的办公室,表示愿意帮助哈佛。正为无米下锅发愁的罗威尔欣喜若狂,当即答应在哈佛建立他梦寐以求的住宿系统。他的设想是,打破各个学术领域之间的隔离,在学生宿舍

---

[1] J. Karabel (2006), *The Chosen: The Hidden History of Admission and Exclusion at Harvard, Yale, and Princeton*. Boston and New York: Houghton Mifflin, p.135.

[2] R. Unz (2012), "The Myth of American Meritocracy: How corrupt are Ivy League admissions?" *The American Conservative*, December 2012, p.16.

配备一名教授和若干辅导员（resident master and tutors），与学生同吃同住，在饭桌上、客厅里以及宿舍的阅览室进行学术与学科间的交流，并在宿舍开办学术讲座。这个计划一开始受到教授和学生的反对，可罗威尔丝毫不为所动，依然我行我素。当宿舍动工后，他甚至打破了不见媒体的惯例，亲自带着一班记者参观工地，兴高采烈地宣布："我们终于砸烂了'金色海岸'！"

至1931年秋，总共1700个床位都已住上学生，尽管学校并不要求本科生住宿。然而，犹太人和黑人学生被明确告知，宿舍不欢迎他们入住。罗威尔在给一位教授的信中坦陈自己对于黑人学生的看法："我们有义务为黑鬼（Negro）提供我们所能提供的最好的教育，但我并不认为我们需要强迫无法与之和睦相处的人们和他们接触；我也不认为我们需要因为人人平等的理论原则而放弃这个为了大多数学生的利益而设的住宿计划。"

我们在此当然没有必要用今天的标准去苛求罗威尔。史密斯对他的评价恰如其分："这是一个性格多面的人——人格丰富却趣味简单，身为绅士却痛恨'绅士得C足矣'（的势利），狂热的民主理论家却在个人的操守上自信地独断独行。"[①]

四

1932年11月，罗威尔宣布退休。起初，遴选委员会长长的校长候选人名单上并没有柯南特（James Bryant Conant, 1933—1953年在任）的名字。只是在委员会成员和他谈话征求意见时才发现，漏掉这么一位有想法又有能力的候选人将会是多大的一个错误。最后，当其他候选人从名单上一个个被划掉之后，柯南特的名字毫

---

① R. N. Smith (1986), *The Harvard Century: The Making of a University to a Nation.* New York: Simon and Schuster, pp.64–94.

不动摇地被留住了。

　　和他的两位前任不太一样，柯南特出身于新英格兰一个平民家庭，凭着优异的成绩考进哈佛，又以出色的表现取得哈佛大学化学博士学位。"一战"爆发后，柯南特加入美军并参与化学武器的研制，在行业中取得了令人瞩目的成绩。美国化学工业在"一战"后进入一个急速发展的时期，柯南特因此收到很多企业和大学的邀请，但他最后还是决定回到哈佛，从助理教授干起。1928年到1933年是柯南特科研上的丰收时期，他在不同领域发表了55篇论文，这是他从1916年发表第一篇论文之后11年中发表论文的总和。凭着杰出的科研成就，柯南特登上了讲座教授的宝座，并在1931年成为哈佛大学化学系系主任。[1] 据说著名数学家和哲学家怀特海（Alfred North Whitehead）听说柯南特当选哈佛校长后，和他的同事有这样一段对话："管理委员会（Corporation）[2] 不应该选一个化学家当校长。""但艾略特是化学家，也是我们最好的校长啊。"同事答道。"我知道，"怀特海回答说，"可艾略特是个很糟糕的化学家啊。"[3] 此时的柯南特已经不需要证明自己是最好的化学家，但成为最好的校长还面临很多考验。

　　和他的前任一样，柯南特希望将哈佛塑造成一所精英大学。但是，罗威尔校长关于"精英"的概念包含一个人的出身，而柯南特则努力将出身这个因素从他的"精英"概念中除去。他在开国元老杰斐逊（Thomas Jefferson）1813年给另一位元老亚当斯

---

[1] M. D. Saltzman（2003），"James Bryant Conant: The Making of an Iconoclastic Chemist". *Bull. Hist. Chem.*, 28（2），pp.90-91.

[2] 哈佛有两个管理实体：一个是管理委员会（The Harvard Corporation），由校长和哈佛本科生院的资深人士组成，包括校长、财务长和五名资深人士；另一个是监察委员会（The Harvard Board of Overseers），由校友选出的30名委员组成。

[3] M. D.Saltzman（2003），"James Bryant Conant: The Making of an Iconoclastic Chemist". *Bull. Hist. Chem.*, 28（2），p.91.

（John Adams）的信中找到理论依据："我同意您的观点：人们中间存在一种自然贵族。这样的贵族是基于美德和才能。"[1] 杰斐逊作为弗吉尼亚大学的创办人，向弗吉尼亚州议会建议，要在社会上建立一种人才的搜索机制，将"人才"或"自然贵族"从社会的每一个阶层里挑选出来，由弗吉尼亚大学来培养，以此来彻底摧毁根据财富和出身来挑选政府和社会领袖的制度。柯南特写道：

> 每一项事业、每一个行业中都存在着自己的精英，其贵族气派来自他们优异的业绩……你唯有凭借你（事业的）成就和（品格的）完美才能成为美国意义上的贵族成员并赢得这个称号。[2]

柯南特相信教授的首要任务不是保存而是发展知识，因此研究能力与业绩应当成为哈佛选择教授最重要的标准。基于哈佛的教授必须是各个领域中最优秀学者这样一个前提，柯南特最先在哈佛实行了"不晋升即出局"（up or out）的教授升迁制度。这个制度的实施需要两个条件：

一是让天下英雄尽入彀中，即在每一个学术领域里搜罗最优秀的人才，哪怕这样的人身处天涯海角。而要做到这一点，他认为哈佛必须为教授提供最优秀的学生、最优厚的待遇和最理想的学术环境。有人对此提出质疑说，即便哈佛吸引了很多诺贝尔奖得主，但如果这些人拒绝和本科生接触的话，那他们在实验室之外何用之有？柯南特不以为然：光有优秀的教学并不能对年轻学子未来

---

[1] L. Cappon ed.（1959）, *The Adams-Jefferson Letters: The Complete Correspondence between Thomas Jefferson and Abigail and John Adams*. University of North Carolina Press, pp.387–392.

[2] R. N. Smith（1986）, *The Harvard Century: The Making of a University to a Nation*. New York: Simon and Schuster, p.109.

的职业生涯有所提升。①

第二个条件是让那些无法证明自己具有成为一流学者潜质的教授打道回府,哪怕其教学优异。今天大学所流行的"不发表就走人"(publish or perish),柯南特虽然不是始作俑者,但由于哈佛在美国大学中的地位,因此他实行这个政策对其他大学的影响是怎么夸张都不为过的。1939年3月,在没有征求所有教授意见的情况下,柯南特悍然将十位年资不深的教授一起解雇,其中包括教授工会的主席,一位广受学生喜爱的文学批评家。此举在校园掀起轩然大波。学生成立了"学生拯救哈佛教育委员会"来组织抗议活动,教授们则通过各种途径表达不满,甚至要求柯南特辞职。1939年11月7日,哈佛教授大会以140:9的结果通过决议解散柯南特的"教授理事会",并要求大学重新检讨教授在大学管理事务中的作用。眼看已经被逼到了悬崖的边缘,这时柯南特站起来,承认自己的行为失当导致了这样的局面。但是,他请求教授们不要因为他的过错而惩罚哈佛。

"当时(会场的气氛是),哪怕是一根针掉在地上都能把人吓得跳起一尺高。"有当事人回忆道。最后,政府系的一位教授提议暂时搁置议题,给了柯南特一个台阶。有惊无险,柯南特最终得以保住校长的宝座以及校长的教授任命权。②这场危机的直接结果是,四年之后柯南特在哈佛首创"特设专案委员会"(ad hoc committee)对每一位教授的提升及终身教职(tenure)问题进行审议。假如一位教授的科研成果不能在其领域里取得最优的评介,那么委员会就必须拒绝授予终身教职,而该教授在学校的雇佣

---

① R. N. Smith(1986), *The Harvard Century: The Making of a University to a Nation*. New York: Simon and Schuster, p.115.

② Ibid., pp.136–138.

合同亦同时终止。①

柯南特对哈佛进行精英化改造的另一场重头戏是本科招生。上任伊始,他就提议设立"全国奖学金"(National Scholarships),用来吸引新英格兰地区以外平民家庭子弟中的佼佼者。1934年管理委员会通过预算,为中西部学生设立10个奖学金名额,一年之后又为南部学生设立10个奖学金名额。有人为此向哈佛致贺,认为这标志着哈佛终于加入了美利坚合众国!在他任上的第一个年度报告中,柯南特指出:

> 对于未来较之过去更为重要的是,我们应当在全国范围内吸引最有发展前途的学生……我们当能如是说:任何具有杰出才能的人,不管他富可敌国还是身无分文,不管他是来自波士顿还是旧金山,都能在哈佛接受教育。②

他让两位助理乔安赛(Henry Chauncey)和本德(Wilbur Bender)去寻求一种有效鉴别人才的方法,以此为据选拔优秀的平民子弟上哈佛。乔安赛在接受了柯南特交给的任务后,将目光投向当时心理学领域的最新成果——智力测验。1933年年底,乔安赛和本德来到普林斯顿拜访心理学家、学术才能测验(SAT)发明人布里格姆(Carl Campbell Brigham)。他们被后者所做的关于人类智力的研究成果特别是智商测验(IQ)的神奇功能所折服,认为这种对人类智能的科学研究将对未来社会产生深刻的影响。从1934年开始哈佛采用SAT这一考试工具,先用于奖学金得主的选拔,然后推广到大学录取。顺便一提,"二战"之后,美国大学急剧扩张,

---

① C. A. Elliott & M. W. Rossiter(1992), *Science at Harvard University: Historical Perspectives*. Lehigh University Press, p.236.

② R. N. Smith(1986), *The Harvard Century: The Making of a University to a Nation.* New York: Simon and Schuster, p.113.

SAT 终于成为大多数学校认可的最具权威的水平测试工具。1947年,教育测试服务社(ETS)成立,乔安赛成为这个日后影响深远的组织的第一位总裁。这是后话。

五

柯南特是一个很有历史感的人。他当选哈佛校长后在日记中写道:"1933 年对于德国、美国以及我本人都非同寻常:希特勒登上权力的顶峰,罗斯福成为美国总统,我当上了哈佛校长。"[①] 谁知一语成谶,他 20 年的校长任期居然和这两位时代风云人物结下了不解之缘。

的确,在这么一个特殊的时期成为哈佛校长,柯南特身上比他的前任们又多了一重责任。这个责任原本不在他的本职范围之内,但当我们今天回望历史,假定他当时没有担负起这个额外的责任,那么我们几乎可以肯定今天哈佛头上的光环会黯淡许多。

早年的柯南特对美国介入欧洲事务并不热心。他在回忆录中提到,1916 年的总统选举他之所以投了威尔逊(Thomas Woodrow Wilson)的票,完全是因为后者对美国参与"一战"所持的中立态度。柯南特历来崇拜德国大学,早就想去德国做博士后。这个计划在"一战"爆发后当然泡汤了,而他对德国的钦慕之情在反德情绪高涨的哈佛还引起了很多同事的反感。[②] 然而,1917 年 4 月 2 日美国宣布参战,柯南特的态度便发生了根本性变化。他当时只有一个想法,即找到最合适的方式来帮助美国打赢这场战争。他来到首都华盛顿,参与了陆军化学武器部门对芥子气的研发项目。

[①] E. Shin(2015),*VERITAS: Harvard's Hidden History*. Oakland, CA: PM Press. p.42.

[②] M. D. Saltzman(2003),"James Bryant Conant: The Making of an Iconoclastic Chemist". *Bull. Hist. Chem.*, 28(2),pp.86-87.

到战争结束退伍时,他的军衔已经从中尉升到少校。这一段经历让柯南特看到了化学武器在当代战争中的重要性,以及美国军队在这方面的短板。

1930年代,随着纳粹在欧洲的政治和军事活动日益猖獗,哈佛校园也变得动荡不安。1940年《基督教科学箴言报》对哈佛学生进行了一次调查。结果显示,91%的学生不希望美国为了帮助盟国而卷入欧洲战场;62%的学生反对援助盟国,因为这样做可能引火烧身。① 哈佛的领导层内分成主战和主和两派,但此时的柯南特早已抛弃对于纳粹德国的任何幻想。他在1939年开学之初的一个讲演中说:"西方世界已经陷入困境。要制服残暴的势力,惟有施以更胜一筹的暴力,而不仅是引发苦难与仇恨。惟有理性才能战胜非理性,并防止理性在取得胜利的时刻变成它原初意欲摧毁之目标。"在他看来,美国也许是人类抗拒纳粹恐怖的最后堡垒了。之后他在一个全国的广播节目中说:"我不会再含糊其辞;我相信美国必须竭尽全能确保希特勒的完败。"他号召政府立即将美国的战机及其他军用设备提供给盟军。1940年9月24日在新学年开始的一个集会上,柯南特对学生说:

> 我们所面临的最坏的可能性是什么?是战争吗?许多人都这样想,可我却要唱一下反调。战争不是我们面临的最坏的可能;最坏的可能是极权主义的完胜。可以想见这样的完胜将在他们军事上的胜利之后,将我们的共和国也列入其受害者的名单之内。或者,我们将在纳粹系统的强制下,通过绥靖政策,在他们控制了大洋之后成为一个附庸国。②

---

① *Christian Science Monitor*, May 25, 1940.
② R. N. Smith(1986), *The Harvard Century: The Making of a University to a Nation*. New York: Simon and Schuster, pp.138–144.

这年的 6 月 27 日，柯南特已经接受了布什（Vannevar Bush）的邀请，加入由罗斯福总统任命的国防研究委员会（National Defense Research Committee，NDRC），并在一年后成为这个委员会的主席。美国在"二战"中能够动员全国顶尖的科研力量，研制各种先进武器以克敌制胜，柯南特功不可没。特别值得一提的是，在柯南特领导的国防研究委员会领导和监督下，科学家通力合作，成功完成"曼哈顿计划"，赶在纳粹德国之前制造出第一颗原子弹。后来他还参与了一个顾问小组，协助杜鲁门总统作出了在日本首先使用原子弹的决定。[1]

柯南特参与罗斯福政府的决策机构在哈佛校园里引发许多争议。作为哈佛校长，他调动大学的科研力量与政府密切合作，这件事本身已经够离经叛道的了，加上他经常往来于波士顿和华盛顿之间，疏于大学内政，让人诟病。柯南特顺水推舟，对大学进行分权管理，赋予院长们前所未有的权力，并任命巴克（Paul Buck）为哈佛历史上第一位学务副校长（Provost），在他离校期间代行校长职责。

太平洋战争的爆发是柯南特校长生涯的转折点。由于柯南特在罗斯福政府中举足轻重的地位，哈佛也成为美国反法西斯战争的一个重要据点。哈佛从国防研究委员会得到总共 3100 万美元的研究经费，仅次于麻省理工和加州理工；[2] 1942 年哈佛的毕业典礼迎来了战争部长史汀生（Henry Lewis Stimson）和海军部长诺克斯（Frank Knox）两位重量级嘉宾；英国首相丘吉尔（Winston Churchill）1943 年造访哈佛，与柯南特商谈原子能研究问题，更是大大提升了柯南特在这场保卫世界和平的战争中的领袖地位。此

---

[1] P. Keller & M. Keller（2001），*Making Harvard Modern: The Rise of America's University*. Oxford University Press, p.162.

[2] Ibid., p.236.

时,反战学生们口中那个"柯南特先生的战争"(Mr. Conant's War)早已烟消云散,代之而起的是对这位战争领导者的崇敬和他们身为哈佛人的骄傲。[①]

据说被柯南特选为学务副校长的巴克矮胖而又秃顶,和高瘦清癯的柯南特站在一起活脱脱是堂吉诃德和桑丘潘扎再世。今天回顾历史,我们不得不为柯南特那种堂吉诃德式的理想主义所感动。战争初期,希特勒在欧洲战场上摧枯拉朽,对许多美国人包括哈佛人产生震慑作用,加上美国多年奉行门罗主义原则,远离战火成为当时美国的主流思潮。因此,当柯南特在校园里振臂一呼,并全身心地投入反法西斯战争时,他应当做好了成为哈佛最糟糕校长的心理准备。然而,天降大任于斯人,其远见洞识不能见容于凡夫俗子,却能随着时间的推移逐渐放射出耀眼的光芒。柯南特在校园的不作为,说明国家与大学在他心中孰先孰后早已不是问题。而他在国难当头之际毅然选择为国效力,这件事本身已经为大学抢占了道德高地。我们不能想象,假如柯南特当初选择留在校园继续当他的校长,即便他在学术和管理上成就卓著,哈佛又如何能够在战后担当起美国大学的领袖重任?

1953年柯南特接受艾森豪威尔总统任命,担任美国驻德国波恩高级外交官(High Commissioner)。立志按照德国模式改造美国大学,最后自己成为战后德国的改造者之一:柯南特严肃的职业生涯居然在末尾带上了一点戏剧色彩。

从1869年艾略特成为校长到1953年柯南特校长卸任,哈佛在这84年中完成了它从一个地区性的(新英格兰)、精英贵族式的、以教学为主的私立学院向现代研究型大学的华丽转身。艾略特的选修制度帮助哈佛告别了"言必称希腊"的古典式本科教育模式,

---

[①] R. N. Smith(1986), *The Harvard Century: The Making of a University to a Nation*. New York: Simon and Schuster, pp.152-153.

而他对研究生院和专业学院的改造则开启了哈佛向现代研究型大学的转型。从某种意义上说，罗威尔是美国大学多元化运动的先驱。他以学术精英来取代家族精英，将哈佛的大门从地区、阶层和种族等几个方面进一步打开。柯南特踩着他两位前任的脚印，将学术精英的选拔进一步制度化。我们今天习以为常的教授终身制和学生录取制度在他的手中初具规模。更重要的是，经过"二战"的洗礼，柯南特带领大学走出新英格兰——哈佛从此成为美国的哈佛、世界的哈佛。

第四章　学术自由：路漫漫其修远兮

一个学科的教授,特别是研究(型大学的)教授,其职业要求他们对于广为接受的知识进行检验并加以修正,而不是向他人灌输知识,或者像和尚那样存储知识,或者用华丽的词藻对知识进行复述。

——威廉·阿尔斯丁

W. Van Alstyne (1990), "Academic Freedom and the First Amendment in the Supreme Court of the United States: An Unhurried Historical Review". *Law and Contemporary Problems*, Vol. 53: No. 3.

人类尚未在任何教育的领域里穷尽所有的知识,以至新的发现变得没有可能。社会科学领域尤其如此,在那里,几乎没有任何原则是绝对的。在怀疑与不信任的气氛中,学术之花不可能盛开。老师与学生应当永远具有探索的自由、学习与评估的自由、取得新的完善和认知的自由;不然的话,我们的文明就会停滞与灭亡。

——厄尔·沃伦

Sweezy v. New Hampshire, p.250.

马歇尔法官在达特茅斯一案中动用宪法为大学护航,保证大学不必受到政府的颐指气使。至1957年"斯威齐案",最高法院首次以多数派的观点正式阐述了学术自由的价值与内容,并将其纳入宪法第一修正案的保护范围。隶属普通法系的美国法律除了必须遵循成文法律,还应当遵循之前的法院判例。因此最高法院的判决既是一个司法过程,也是一个立法过程。

一

我们在第一章中已经看到,马歇尔大法官在达特茅斯诉讼案中指出,"一旦一个法人团体已经成立,它就享有处理自身事务、拥有资产和永久生存下去的权力。"① 他的判决赋予了大学一种许可,他们因此可以在自己的董事会下运行,不用担心政府、立法机构或其他权力当局的干预,从而确立了美国大学自治的基本原则。由于达特茅斯一案的重要性,人们常常误以为这是美国高等教育史上确立大学自治的第一案。其实,第一次就大学自治问题作出裁决可以追溯到马歇尔大法官在二十多年前的 1790 年听审"布拉肯诉威廉与玛丽学院监事会"(Bracken v. Visitors of William and Mary College)一案。

威廉与玛丽学院于 1693 年 2 月 8 日根据英皇威廉三世和玛丽二世颁发的皇家宪章建校,是英国在美洲殖民地创立的第二所古典学院。② 1775 年,英国军队与 13 个殖民地中寻求独立的"爱国者"③ 之间爆发冲突,引发独立战争。1779 年,英军利用其皇家海军船坚炮利的优势,已经控制从南部萨瓦纳(Savannah)至北部缅因(Maine)的沿海城市。威廉与玛丽学院的教授们大多是英国出生的圣公会教徒(Anglican),本来就对弗吉尼亚爱国者争取独立的事业没有太多认同,有的教授甚至对英国皇家及其在美国的殖民政府表示同情;加上威廉与玛丽学院极其传统的古典课程,早就为

---

① 亚瑟·科恩著、李子江译:《美国高等教育通史》,北京大学出版社 2010 年版,第 56 页。

② 以下关于"布拉肯诉威廉与玛丽学院监事会"一案的叙述主要取自: A. Gajda (2010), *The Trials of Academe: The New Era of Campus Litigation*. Cambridge, MA: Harvard University Press, pp.22-50.

③ 爱国者在美国独立战争期间又称美国辉格党、革命党、大陆会议派,主张 13 个英属殖民地的人民以暴力反抗英国统治。他们在 1776 年 7 月宣布美利坚合众国独立。

弗吉尼亚当地居民所不满，因此，在弗吉尼亚宣布独立后，学院教授大多被扫地出门。校长约翰·卡姆（John Camm）则因拒绝承认新政府而被解职，其职务由独立前学院教授中唯一的爱国者詹姆斯·麦迪逊（James Madison）接任。

麦迪逊校长与后来担任美国总统的麦迪逊同名，两人是堂兄弟。上任伊始，麦迪逊就说服了监事会（Board of Visitors）与他一起在学院推行大刀阔斧的改革。他们在课程中加入现代语言、法律、医学等课程，给予学生选修课程的自由，关闭学院附属的语法学校，并解雇学院人文学教授兼语法学校校长约翰·布拉肯（John Bracken）。这些改革措施得到了校友和监事会成员、弗吉尼亚州州长的托马斯·杰斐逊（Thomas Jefferson）的支持。①1787年布拉肯一纸诉状将监事会告上法庭，要求法院下达执行令（writ of mandamus）②，命令学院监事会按法律程序恢复自己的教授职位。

布拉肯通过律师向弗吉尼亚地区法院提出，根据英皇威廉三世和玛丽二世颁发的皇家宪章，学院由教授、理事会（Board of Trustees）和监事会三方组成。教授只有在经过既定的法律程序证明其犯有严重错误才能被解雇，而监事会解雇教授构成越权。③然而，正是在监事会的权限问题上，马歇尔法官站到了布拉肯的对立面。他认为，学院与其他慈善机构一样，其监事会或理事会具有最终的管理权，法院无权干涉。在涉及布拉肯的决定中，监事会只是行使其正当的权力对学院进行重组并取消其先前的职位。至于这个决定是否正确，法院并无任何理据作出追究或评判。因此，马歇尔法官的判决是：常设法庭不应下达执行令以恢复原告作为学院

---

① W. Rudy（1996），*The Campus and a Nation in Crisis: From the American Revolution to Vietnam*. Madison and London: Associate University Press, pp.32-35.

② 也译训令状，在英美普通法中指有管辖权的法官对下级法院、政府官员、机构、法人或个人下达的要求其履行法定职责行为的命令。

③ Bracken v. Visitors of William & Mary College, 7 Va. 573（1790）.

人文学教授兼语法学校校长的职务。

由此可见,在著名的达特茅斯诉讼案之前近三十年,马歇尔法官已经就学院自治作出过裁决。在他看来,任何外在的机构包括法院都不能凌驾于学院事务之上;学院行政当局在管理学术事务的问题上享有绝对的自主权。然而,表面看来,马歇尔法官对于学院自治的立场三十年未变,但布拉肯诉讼案与达特茅斯诉讼案毕竟有一些区别。在达特茅斯一案中,马歇尔试图保证学院管理对外不受政府的干预,而在布拉肯一案中,他要保证的是学院管理对内能够完全自决,包括解雇教授而不必受到法院的干涉。

如果马歇尔法官对达特茅斯一案的判决动用宪法来为大学护航,永久地保证了大学不必受到政府的颐指气使,那么他对布拉肯一案的判决就带上了时代的局限性。美国殖民地时代的学院虽然脱胎于英国牛津剑桥式的古典学院,但他们在北美大地生根,早已形成自己的特色。在牛津剑桥松散的学院制度中,教授拥有完全的自治权力,因此学院任免教授基本是学术圈子以内的事情。但是,美国古典学院的管理却是由外行组成的董事会或监事会执行,后者拥有任命校长和管理学院日常事务的权力。由这样的行政当局来执行教授任免,就不完全是学术圈子以内的事了。只是当时诉讼双方都还没有意识到学术自由这个问题,他们首先需要解决的是学院如何能够有效抵御来自政府的干预。

二

教授的学术与言论自由在早期的美国大学不受保护,有其历史原因。以哈佛为代表的古典学院从管理到课程都更像是宗教而非学术机构。比如说,1654年哈佛校长邓斯特(Henry Dunster,1640-1654年在任)与当地教堂在是否应当给婴儿洗礼的问题上发生冲突。他坚持洗礼应当在孩子成年时进行，拒绝给自己的新生儿施行洗礼，而且还公开干预教堂对另一个婴儿的洗礼。这种离经叛道的行为直接导致他被迫辞职。[1] 直到1860年，美国私立学院的董事会中还有39%的成员是教堂的牧师。[2]19世纪下半叶围绕达尔文进化论展开的论战也对学院教授的言论自由产生重要影响：持有进化论思想的教授经常受到校方的警告，为此被解雇的事件亦时有发生。南卡罗来纳州哥伦比亚长老会神学院怀疑自然科学教授伍德罗（James Woodrow）接受了进化论，于1884年向董事会施加压力将他解聘。[3]

除了宗教原因外，在当时常人的眼里，学院教授的本职工作就是教书，而且他们的教学还需符合社会普遍接受的道德准则。因此，作为教书匠，学院的教授在那个年代既无学术可做，当然也无自由可言。这一现象到19世纪中叶有所改变，因为德国大学开始影响美国古典学院的发展。德国大学以有目的、有方法的对于真理的独立探索为大学之使命，而执行这一使命的教授就不能是宗教道德的传声筒，而必须是一群能够"究天地之际、通古今之变、成一家之言"的独立的研究者。19世纪初美国掀起留学德国的热潮，很多人学成归来进入学院或大学任教，将德国学术自由的观念（Lehrfreiheit）带进美国校园：

> 一个学科的教授，特别是研究型（大学的）教授，其职业要求他们对于广为接受的知识进行检验并加以修正，而不是向他人灌输知识，或者像和尚那样存储知识，或者用华丽的词藻

---

[1] http://www.harvard.edu/about-harvard/harvard-glance/history-presidency/henry-dunster.

[2] G. R. Stone（2015），"A Brief History of Academic Freedom", in A. Bilgrahmi & J. R. Cole（ed., 2015），*Who's Afraid of Academic Freedom*. New York: Columbia University Press, p.4.

[3] W. P. Metzger（1955），*Academic Freedom in the Age of the University*. Columbia University Press, pp.53-54.

对知识进行复述。他们的功能首先应当是进行批判性的检视：核对常规惯例的真实性，或重新察看（"研究"一词的本义 research 就是重新搜寻）至今可信的事情背后是否存在不可信的东西。其目的是训练他人掌握同样的批判性的技能。如此学科的教授查询原始的、看上去权威的资料是否被误译或误解；他们也会在一个领域里通过实验努力收集数据，通过发表使之致用。……这就是一个学科的教授所应当从事的工作。[1]

只是德国大学更多的是将自由局限于象牙塔之内的学术探究和讨论，对于校园外面的政治问题教授们始终谨言慎行。美国的大学教授则不仅全盘接受了德国的观念，而且坚持将言论自由从学术追求推及更加广泛的社会与政治领域。[2] 当研究成为美国教授在大学的安身立命之本，围绕学术自由产生的种种纠纷就再也没有停息过。

1886 年西南铁路大罢工期间，康奈尔大学教授亚当斯（Henry Carter Adams）应邀在一个集会上就罢工发表自己的看法。他的讲话生动有趣，让听众和在场的记者兴奋不已。三天后，康奈尔大学董事、纽约著名富商塞基（Henry Williams Sage）将《纽约时报》关于亚当斯谈话的报道扔在校长桌上，斩钉截铁地说："此人不能留。他在动摇我们社会的基础。"亚当斯教授因此被大学解雇。[3]

1900 年，斯坦福大学教授罗斯（Edward A. Ross）就大学参与

---

[1] W. Van Alstyne(1990), "Academic Freedom and the First Amendment in the Supreme Court of the United States: An Unhurried Historical Review". *Law and Contemporary Problems*, Vol. 53: No. 3, p.87.

[2] G. R. Stone(2015), "A Brief History of Academic Freedom", in A. Bilgrahmi & J. R. Cole(ed, 2015), *Who's Afraid of Academic Freedom*. New York: Columbia University Press, p.5.

[3] S. L. Bigelow *et al.*(1922), "Henry Carter Adams." *Journal of Political Economy*, Vol. 30, No. 2, pp.201–211. JSTOR, www.jstor.org/stable/1822690.

修建联合太平洋铁路及其雇用中国劳工的问题发表看法,与"大学之母"、斯坦福先生的遗孀(Jane Lathrop Stanford)发生冲突。罗斯随之被大学解雇,引发许多教授的不满与抗议;五名教授从大学辞职以示抗议。罗斯的案例影响之大,直到今天人们仍然理所当然地以此为例,批评以斯坦福太太为代表的社会保守势力对大学教授言论自由的干预。但是,假如我们以马歇尔法官在布拉肯诉讼案中设定的标准来裁决此案,斯坦福太太的行为并非人们想象的那么邪恶,她作为大学董事会主席要求解聘罗斯,甚至没有越权。1900年5月9日,斯坦福太太给乔丹(David Starr Jordan)校长的信中说:

> 斯坦福大学不是政治机器,学校的教授也不应该为政治组织站台表达自己的偏见或喜好。……作为普通公民,每人都可以投票并坚持其选择,但不能允许像罗斯教授那样利用自己(斯坦福大学教授)的地位来影响他人。……我认为他应该被解雇。

在此斯坦福太太指出,解雇罗斯并不仅仅因为他的言论,而是因为他违背了大学不参与党派之争、保持政治中立的基本原则。[①]为大学设立这样的原则即使在今天也不算过分,也许还具有相当大的合理性。但是,大学教授是否可以因言得罪,特别是在他们发表与社会规范或共识不尽一致的言论时,谁有权对之加以评判,以至将其从大学解聘?这个问题不解决,任何学术独立或言论自由都无从谈起。

1913年约翰·霍普金斯大学教授洛夫乔伊(Arthur O. Lovejoy)

---

① W. J. Samuels,(1991), "The Firing of E. A. Ross from Stanford University: Injustice Compounded by Deception?" *The Journal of Economic Education*, Vol. 22, No. 2, p.186. JSTOR, www.jstor.org/stable/1182424.

倡议成立一个全国性的教授联合组织,制定保护教授终身职位的原则以及解聘教授的法定程序。1915年他和哥伦比亚大学教授、著名哲学家和教育家约翰·杜威(John Dewey)一起发起成立美国大学教授协会(American Association of University Professors, AAUP),公布了《关于学术自由和教授任期的原则声明》。[①]声明在阐述了学术权利的基础、学术职业的性质和学术机构的职能之后,提出了实行学术自由的原则,保障教授教学和研究的自由权利,以及在专业领域探讨深奥的和有争议的问题并以个人的名义发表思想观点的自由、就一般的社会和政治问题以体面的、适于教授身分的方式发表意见的自由。为了保证研究和教学自由,声明建议,在解雇和处罚大学教师之前,应先由学校专业人员,即教授、副教授和所有讲师以上职位的人员组成适当的公正团体进行审议,并主张讲师以上职位的专业人员任职十年以上均应永久聘用。[②]这个文件在1940年经过美国大学教授协会和美国学院协会(Association of American Colleges,即现在的Association of American Colleges and Universities)确认后以《关于学术自由与教授终身制原则的陈述》再次发表。[③]

这两个文件的重要性在于它们对大学为什么要有学术自由所作的推理和陈述。1915年的报告指出,由于人类在学术和科学上的努力至今仍处于萌芽状态,而且与浩淼无际的宇宙相比,我们对于人类生存总体意义和目的的阐释还远没有达到一个基本的共识,因此,我们必须精心保护人类探索过程中所取得的任何进步,赋予

[①] "1915 Declaration of Principles on Academic Freedom and Academic Tenure", https://aaup.org.uiowa.edu/sites/aaup.org.uiowa.edu/files/Gen_Dec_Princ.pdf.

[②] 李子江:《学术自由的危机与抗争:1860至1960年的美国大学》,《清华大学教育研究》2003年第5期,第22-23页。

[③] "1940 Statement of Principles on Academic Freedom and Tenure", https://www.aaup.org/file/1940%20Statement.pdf.

探索者完全的、无条件的自由,从而使他们能够放手去追求真理,并随时发表其研究成果。从这个意义上说,大学应当成为人类心灵的避难所,应当保证任何探索都不受到来自任何方面的迫害与责难,不管这样的迫害是来自于政府、校董会还是公众舆论。①

三

美国大学教授协会1915年的报告发表没多久就遭遇严峻考验。随着欧洲的战火日益逼近美国,社会上对于不同言论的宽容在不断收窄。国会在1917年6月15日通过《间谍法案》(The Espionage Act),1918年5月16日又通过《煽动叛乱法案》(The Sedition Act),规定对美国政府、宪法或国旗发出任何"不忠、亵渎、下流或辱骂的语言"都构成犯罪。② 在此国难当头之际,大学校园里对于有违"爱国"原则的言论也毫无宽容可言。1915年7月宾夕法尼亚大学著名经济学家尼尔林(Scott Nearing)因其激进的社会主义思想被大学董事会辞退。美国大学教授协会对于此事表达关注与抗议,但他们的努力收效甚微。而在"一战"期间美国国内以《间谍法案》和《煽动叛乱法案》为名对言论自由的钳制,美国大学教授协会几乎完全无能为力。

哥伦比亚大学著名历史学家比尔德(Charles Beard)有时说话口无遮拦。一次应邀在一个全国性的会议上讲话,说了一句"让国旗见鬼去吧",受到举报,学校董事会因此对他展开调查,检查他的学术文章,指责他在课堂上发表对于最高法院不敬的看法。1917年2月一个学生举报他在课堂上亵渎神灵,巴特勒(Nicholas

---

① 程星:《细读美国大学》,商务印书馆2015年第三版,第105-106页。
② J. Cole(2009), *The Great American University: Its Rise To Preeminence, Its Indispensable National Role, Why It Must Be Protected.* New York: Public Affairs, p.353.

Murray Butler）校长立即下令调查。尽管这个学生很快收回了他的指控，但比尔德早已心灰意冷："在这个思维狂乱与信口雌黄的年代，唯一令人安慰的是还有人强调证据和证人。"他在事后对校长表示感激，但是这一切已经无法挽回他对于美国学术界整体气氛的极度失望。[1] 比尔德在给巴特勒校长的辞职信中写道：

> 我无法找到合适的语言来表达切断与大学这么多年的联系对我来说意味着什么。更重要的是，与同事们分离让我感到非常难过。当我想到他们的学术成就及其远播世界的声誉，与那些正在主宰大学并恐吓年轻教师的一小撮不为人知且刚愎自用的校董们相比，我无法抑制自己的惊讶：世上这么多国家，怎么偏偏在美国，教授的地位之低还不如体力劳动者；后者通过工会，起码对自己的雇佣条件还有一个发声的地方。教授们过一天算一天，连一个听证会都没有就被开除了，也没有真正懂得他的同事们来作出评判。[2]

在此，比尔德将指出了问题的关键所在："大学其实是在一小撮很活跃的董事们控制之下。这些人在教育领域里毫无建树，在政治领域里逆流而动且目光短浅，在宗教领域里则狭隘而又中世纪味十足。"[3] 当大学被这些身为学术外行的董事会成员所把持，言论与学术的自由当然无从谈起。而国内政治形势的动荡，特别是在国家面临战争威胁的时候，社会上言路收窄，其结果必然影响到大学的学术自由。事实上，"一战"后美国国内对马克思列宁主义

---

[1] R. A. McCaughey（2003）, *Stand, Columbia: A History of Columbia University in the City of New York, 1754–2004*. New York: Columbia University Press, pp.250–251.

[2] J. Cole（2009）, *The Great American University: Its Rise To Preeminence, Its Indispensable National Role, Why It Must Be Protected*, Notes to page 355, p.557.

[3] R. A. McCaughey（2003）, *Stand, Columbia: A History of Columbia University in the City of New York, 1754–2004*. New York: Columbia University Press, p.251.

意识形态和共产主义思想的传播、对推翻政府阴谋的恐惧,并没有随着战争的结束而终止。在那个时代,美国社会尚未在国家利益和学术自由之间找到平衡点,大学教授协会当然也没有能力要求任何大学董事会在行使权力的时候手下留情。

从"一战"开始的红色恐怖直到"二战"之后东欧倒向苏联,在美国政府眼里,来自共产主义的威胁有增无减。因此,胡佛(John Edgar Hoover)及其所领导的联邦调查局(FBI)一直在对潜在颠覆活动进行调查,大学也没有停止因"不可接受"的政治信仰解雇教授。1947年3月21日,杜鲁门总统签署第9835号行政命令,即所谓的《忠诚命令》(Loyalty Order)。根据这个命令,美国设立联邦忠诚调查委员会(Loyalty Review Board),对联邦雇员进行忠诚调查。公务员、武装部队成员等必须宣誓效忠政府,否则便会被当作"危险分子"遭到解雇。

1950年2月9日,参议员麦卡锡(Joseph Raymond McCarthy)在西弗吉尼亚州的威林(Wheeling)发表演讲,宣称他手中握有一份205名共产党员的名单,这些人都在美国国务院工作。换言之,共产党员已在政府内部全面渗透。关于具体人数他在接下来的几天里几次改口,却从未真正拿出这份所谓的名单。但在当时笼罩美国的红色恐怖气氛中,这样的指控已经产生足够的威慑力。与此同时,众议院非美活动调查委员会(The House Un-American Activities Committee, HUAC)[①]也在对知识界展开规模空前的忠诚调查。

1950年代初,众议院非美活动调查委员会将目标投向曾经参与曼哈顿计划的科学家和大学教授。1949年苏联第一颗原子弹试

---

① 这是美国众议院在1938年创立的调查委员会,原本以监察美国纳粹地下活动为目的。后来,这个调查委员会因捕风捉影,调查与共产党有关的嫌疑人、公共雇员和组织以及不忠与颠覆行为而臭名昭著。

验成功,随后在 1950 年英国情报部门逮捕克劳斯·福克斯(Klaus Fuchs),后者供认曾向苏联人传递关于原子弹的科学资料。福克斯的供词直接导致一年后罗森堡夫妇(Julius and Ethel Rosenberg)间谍案的调查和审判,两人最终被处以死刑。这一系列事件将公众对于共产主义的恐惧推向极端。1954 年原子能委员会(Atomic Energy Commission)因为曼哈顿计划的第一号功臣奥本哈默(J. Robert Oppenheimer)早年曾参加过共产主义活动受到调查,最后被取消接触机密文件的权利(security clearance)。这种杀鸡儆猴的做法在知识界引起极大的恐慌。

就在麦卡锡参议员和非美活动调查委员会协同联邦调查局忙于在知识分子中整肃共产分子时,若干州议会也在通过各种途径对左翼分子进行鉴别和清肃。加州在 1949 年通过了要求教师进行效忠宣誓的规定,而加州大学董事会则在 1949 年通过了要求教授签署的反共誓词。31 名教授拒绝签署誓词但发誓不是共产党员,最后还是被解雇了。颇为讽刺的是,连美国大学教授协会的发起人洛夫乔伊也支持将共产党员从教授队伍中清除出去;在他看来,共产主义本身就是对学术自由的最大威胁。[①]

今天看来最耐人寻味的是当时名牌大学校长们对于麦卡锡参议员和非美活动调查委员会的态度。斯坦福大学校长斯特林(John Ewart Wallace Sterling)玩起了逻辑游戏:"我很怀疑一个共产党员会是一个具有自由意志的人。如果他没有自由意志,那么看来他不可能成为一个客观的人。如果他不能做到客观,他根本就不可能成为教育者中间的一分子。"[②] 耶鲁大学校长塞摩尔(Charles Seymour)说:"耶鲁不会有猎巫行动(Witch Hunt),因为这里没有

[①] E. Schrecker(1986), *No Ivory Tower: McCarthyism and the Universities*. Oxford University Press, p.106.

[②] Ibid., p.110.

女巫。我们压根儿就不打算雇用共产党员。"① 哈佛校长柯南特则稍稍表达了一点他的担忧:"我们的教授中没有共产党的支持者,而且我也不相信有任何伪装的共产党员。但是即便有共产党员,为找到秘密党员所进行的调查对学术界的精神伤害,也会远远超过这样一个人可能造成的潜在危害。"②

四

1952年的最高法院在"阿德勒诉教育局"(Adler v. Board of Education)的审理中首次提到了学术自由问题。按照纽约州的一项立法规定,倡议以武力推翻政府或者作为这种组织的成员,将被认为不适于在公共教育系统任职。法庭命令大学的董事会在经过听证之后,确定其名单,并且认定这类组织的成员身分不适于在公共教育机构任职。原告阿德勒(Irving Adler)认为该法违宪,构成了对言论自由以及作为或试图成为公共教育机构雇员的人的集会权的侵犯。当时最高法院判决纽约州的法律并无模糊之处,亦未侵犯到教师的言论自由。但是,布莱克(Hugo Lafayette Black)和道格拉斯(William Orville Douglas)法官在本案的异议中提出了学术自由的概念,认为州法确定的程序导致因结社而有罪的结果,这与美国社会的原则格格不入;而且一旦社团被初步认定为具有"颠覆"的嫌疑,就对个人的听证产生了不利的影响。州法的这种程序对于学术自由产生巨大损害。③

---

① J. Cole(2009), *The Great American University: Its Rise To Preeminence, Its Indispensable National Role, Why It Must Be Protected.* New York: Public Affairs, p.361.

② R. M. MacIver(1955), *Academic Freedom in Our Time.* New York: Columbia University Press, p.149.

③ 步超:《美国宪法与学术自由———一个初步的判例法梳理》(2011), http://article.chinalawinfo.com/ArticleHtml/Article_60694.shtml, 北大法律信息网。

由此可见,到1950年代初,所有关于学术自由的讨论,包括美国大学教授协会的两个文件,虽然一再阐述学术自由的重要性,但由于美国宪法及其修正案中从来没有明确提到过学术自由,因此,涉及学术自由的纠纷都是以大学是否自愿执行而告终。换言之,大学教授最终还须看着他们校领导的眼色行事。像比尔德教授那样敢于拍案而起、愤而辞职的毕竟是少数。在麦卡锡参议员疯狂迫害知识分子的1950年代,美国大学里至少有100名终身教授被解聘,其原因甚至够不上学术自由的定义,只是被怀疑曾参加过某些政党或组织的活动,或是拒绝告发其同事参与这些活动。[1]

历史的转机再次在新罕布什尔州发生。1818年的"达特茅斯学院诉伍德沃德"一案(达特茅斯学院位于新罕布什尔州),最高法院动用宪法来保护大学免于政府的政治干预;140年之后,针对新罕布什尔州的另一个案例,最高法院再次动用宪法,将学术自由纳入第一修正案的保护范围。历史的巧合有时真让人不可思议。

斯威齐(Paul M. Sweezy)[2]家境富裕,父亲是华尔街的银行家。他从私立名校艾克塞特(Philips Exeter)毕业后进了哈佛,除学业优异而外,活动能力超强,当上了校报《哈佛深红报》(*Harvard Crimson*)的主席。大学毕业后,斯威齐师从著名经济学家熊彼特(Joseph Schumpeter),1937年获得博士学位,随后留校任教。诺贝尔经济学奖得主萨缪尔森(Paul Anthony Samuelson)称其为艾克塞特和哈佛所能培养的最佳产品、他这一代经济学家中的佼佼者。然而,在美国经济大萧条年代,斯威齐

---

[1] R. O'Neil(2008), *Academic Freedom in the Wired World: Political Extremism, Corporate Power, and the University*. Cambridge, MA: Harvard University Press, p.23.

[2] 以下关于斯威齐生平的叙述主要取自 A. Gajda(2010), *The Trials of Academe: The New Era of Campus Litigation*. Cambridge, MA: Harvard University Press, pp.40–42.

去伦敦经济学院待了一段时间,迷上了马克思主义和社会主义,而如此左倾的思想显然无法见容于美国学界。在哈佛取得教授职位的希望破灭后,斯威齐回到家乡新罕布什尔州,靠着家族遗产生活,成为一名自由职业人,并创办了宣扬社会主义思想的杂志《每月评论》(Monthly Review)。

1950年代冷战正酣,麦卡锡参议员和非美活动调查委员会在知识界展开大规模的猎巫行动。新罕布什尔州检察总长维曼(Louis Crosby Wyman)受命于州议会,在本州负责深挖"有颠覆政府嫌疑的人";[1]斯威齐成为他完美的猎物。1954年1月5日和6月3日,维曼两次传讯斯威齐,后者虽然回答了大部分问题,但以问题的相关性为由,拒绝交代在新罕布什尔大学所作讲座的内容,以及"进步党"在新罕布什尔州的活动。在问询过程中,斯威齐承认自己是一名"古典的马克思主义者"和"社会主义者",但拒绝透露自己的政治信仰,否认自己是美共党员,不愿交代自己妻子和另一个人在"进步党"中的活动,亦不愿透露在大学讲座的内容。州最高法院为此断定斯威齐藐视法庭,将他投入县监狱。[2]

1957年美国最高法院开庭审理"斯威齐诉新罕布什尔州"(Sweezy v. New Hampshire)上诉案,以6∶2的比分判定斯威齐胜诉。首席大法官沃伦(Earl Warren)在陈述多数派观点时以狭义的法定诉讼程序不够周全作为判决的根据,但他也在一个更加宽泛的基础上认定,斯威齐在大学作讲座是他的"学术自由",属于宪法第一修正案保护的范围:"我们认为上诉人(斯威齐)在学术自由和政治表达方面的自由毫无疑问地受到了侵犯——政府在涉足这

---

[1] 以下关于斯威齐案例的叙述见 Sweezy v. New Hampshire 354 U.S. 234 (1957), https://supreme.justia.com/cases/federal/us/354/234/case.html。

[2] R. M. Lichtman (2012), *The Supreme Court and McCarthy-Era Repression: One Hundred Decisions*. Baltimore: University of Illinois Press, 2012, pp.98-99.

个方面的时候必须极其谨慎。"① 沃伦大法官进而指出：

> 美国大学界享有自由的必要性几乎是不言自明的。无人能够低估那些指导与培养青年的人在民主社会中所起的必不可少的作用。给学院与大学的知识界领袖套上紧身衣，会置我们的国家于危险的境地。人类尚未在任何教育的领域里穷尽所有的知识，以至新的发现变得没有可能。社会科学领域尤其如此，在那里，几乎没有任何原则是绝对的。在怀疑与不信任的气氛中，学术之花不可能盛开。老师与学生应当永远具有探索的自由、学习与评估的自由、取得新的完善和认知的自由；不然的话，我们的文明就会停滞与灭亡。②

同属多数派的弗兰克福特（Felix Frankfurter）大法官则进一步指出，宪法严格禁止政府干预大学的学术生活，因为一个自由的社会必须有自由的大学。"对自由的（学术）活动的追求是基于一个明智的政府及其人民的福祉，除了有紧急的、明显不可抗拒的理由，政治权力必须避免介入。"其实之前弗兰克福特在其他案例中也曾引用宪法对学术自由的保护，但这是第一次最高法院以多数派的观点明确地陈述宪法对学术自由的保护。③

因此，1957年"斯威齐案"的历史意义在于，最高法院首次以多数派的观点正式阐述了学术自由的价值、内容，并将其纳入宪法第一修正案的保护范围。这一裁决除了从法理上阐明学术自由的意义之外，还提供了用宪法保护大学教授学术自由的权利不受州议会和低级法院侵犯的工具与方法。隶属普通法系的美国法律

---

① Sweezy v. New Hampshire, p.250.
② Ibid.
③ W. Van Alstyne (1990), "Academic Freedom and the First Amendment in the Supreme Court of the United States: An Unhurried Historical Review". *Law and Contemporary Problems*, Vol. 53: No. 3, pp.105–109.

除了必须遵循成文法律，还应当遵循之前的法院判例。因此，法院尤其是最高法院的判例可以说既是一个司法过程，也是一个立法过程。

1960年代初，凯西安（Harry Keyishian）教授所在的私立大学与纽约州立大学合并。州立大学要求其雇员宣誓保证自己不属于任何颠覆政府的组织，而凯西安则因拒绝宣誓而被大学开除。1966年11月17日"凯西安诉纽约州立大学案"（Keyishian v. Board of Regents of the University of the State of New York）在最高法院开庭审理。1967年1月23日，大法官们以5∶4的比分推翻了早前在1952年"阿德勒诉教育局"一案中的决定，裁定纽约州要求教员宣誓的法律过于模糊与宽泛。布伦南（William Joseph Brennan, Jr.）大法官在陈述多数派观点时指出：

> 我们国家执着地致力于保护学术自由，其至高无上的价值不仅关乎涉及本案的教师们，而且攸关我们全体人民。这一自由因此成为第一修正案之特别关注，它不能容忍任何法律给课堂蒙上正统的阴影……课堂是一个独特的"思想观念的集散之地"。国家的未来取决于其（未来的）领袖能否在大尺度的健康的观念交换中得到训练，在"多元的声音"中而不是某种权威的选择里发现真理。①

至此，最高法院进一步将学术自由权利提升为宪法第一修正案的"特别关注"（special concern）。伴随数十年的司法进程，美国最终确立了学术自由是一种受宪法和法律保护的法律权利。②

---

① Keyishian v. Board of Regents 385 U.S. 589（1967），p.603. https://supreme.justia.com/cases/federal/us/385/589/case.html.
② 张继龙、陈廷柱：《21世纪美国宪法学术自由的进展与挑战——以"格鲁特案"与"加赛迪案"为例》，《高教探索》2015年第8期。

五

美国动用宪法保护学术自由，走过了近二百年漫长而艰难的道路。从1790年"布拉肯诉威廉与玛丽学院监事会"最高法院试图保障大学管理对内能够完全自决，到1818年"达特茅斯学院诉伍德沃德"一案中马歇尔大法官确认大学管理对外不受政府干预，大学的自治权得到初步的保证。然而，在接下来的140年间，围绕大学教授的学术与言论自由问题，教授与大学、大学与政府、教授与政府之间展开了激烈的角力。其间很多教授因言获罪，被大学扫地出门。直到1957年"斯威齐诉新罕布什尔州"一案，最高法院首次确认教授的学术自由受到宪法第一修正案的保护。1967年"凯西安诉纽约州立大学案"的判决中最高法院进一步将学术自由权利提升为宪法第一修正案的"特别关注"。

然而，教授作为个人的学术与言论自由受到宪法第一修正案的保护，大学作为学术机构，其学术自由是否也受到同样的保护呢？贝基（Allan P. Bakke）在1973年和1974年两次申请加州大学戴维斯分校医学院，均未成功；于是他将加州大学告上法庭，理由是大学以"平权法案"（affirmative action）为由接受少数民族学生而拒绝他的申请，只因他是白人。加州大学则认为，大学医学院录取一个多元的学生群体有其令人信服的理由：未来的医学行业需要少数民族的医生来为社会上不断增加的少数族裔服务。1978年，鲍威尔（Lewis Franklin Powell, Jr.）大法官以斯威齐和凯西安两个案例为基础，在"加州大学诉贝基"（Regents of the University of California v. Bakke）一案中引用弗兰克福特在斯威齐案中所强调的个人和大学这两方面都具有学术自由的观点。弗兰克福特曾经借用南非公开大学著名的"抗议声明"（Statement of Remonstrance）

提出的"自由探索精神",说明大学需要四种基本的自由:"谁来教、教什么、如何教、谁可以被录取为学生。"鲍威尔法官以此为据得出结论:"大学必须被授予选择学生的权力,以此决定谁能够在这个'思想观念的集散之地'作出最大的贡献。"①

鲍威尔大法官的观点直到 25 年后才由最高法院以多数派的意见得到确认。2003 年最高法院听取"格鲁特诉鲍林杰"(Grutter v. Bollinger)一案,以 5∶4 的多数意见判决密歇根大学法学院以"平权法案"为由录取少数民族学生并不违宪。奥康纳(Sandra Day O'Connor)大法官引用鲍威尔法官在加州大学一案中的观点,指出宪法第一修正案对于大学"教育自治"权利的维护:

> 我们早就认识到,鉴于公共教育以及与大学环境相关的广泛的言论与思想自由的重要目的,大学在宪法传统中占有特殊地位。鲍威尔法官宣称学生群体多样化原则是不可否认的国家利益,援引了有关教育自治的案例,其基于第一修正案的宪法层面已经得到认可……我们的结论是,法学院录取多元化学生群体的理由令人信服,取得学生群体的多元化作为合适的法学院使命的核心亦早已为我们所熟知。②

可以这样说,奥康纳大法官的多数派判词从法理上充实了美国大学学术自由的原则,使得宪法第一修正案在保护教授研究和言论自由的同时,也赋予了大学自主决定"谁来教、教什么、如何教、谁可以被录取为学生"这四大自由。美国大学教授协会的两个文件早已阐明大学学术自由的重要性,但由于缺乏执行力,大学及其

---

① Regents of the University of California v. Bakke, 438 U.S. 265, 312-313(1978)(opinion of J. Powell,), https://supreme.justia.com/cases/federal/us/438/265/case.html#287.

② Grutter v. Bollinger, 539 U.S. 306, 329(2003), https://supreme.justia.com/cases/federal/us/539/306/case.html.

教授们在其后半个多世纪里注定还要经历诸多磨难：忠诚宣誓、国会听证、法庭辩驳、教授解聘，探索真理的道路上荆棘丛生，探索者随时随地可以因言得罪，甚至以莫须有的罪名遭到解聘。大学在招生、招聘、研究、教学等方面亦动辄得咎。从1957年斯威齐一案的判决开始，保护学术自由的老虎最终有了牙齿。

当然，有了牙齿还得知道如何运用。正因为"人类尚未在任何教育的领域里穷尽所有的知识"，发现者必须具有足够的勇气进入未经开发的领域（uncharted territory），而这样的领域里潜藏的危险也不是任何人可以预见的。宪法保障的是探险的自由，而不是其结果。因此，我们唯一可以预见的是关于学术自由的法庭纠纷还会随着探险难度的增加不断涌现。

第五章　加州模式：多元巨型大学之蓝图

（加州大学）不是柏林大学，也不是（位于）纽黑文（的那所）大学……更不是奥克兰大学或旧金山大学，而是创办这所大学的（加利福尼亚州的）一所大学。……（因此）它必须适应这个州的居民，适应他们的公立和私立的学校，适应他们特殊的地理位置，适应他们有待开发的资源。它既不以某个教会为基础，也不属于任何私人团体。它不是在任何低级或廉价的意义上为（加州）人民所有、所享，而是在最崇高的智力和道德的层面上与（加州）人民紧密相连。

——丹尼尔·吉尔曼

Daniel C. Gilman (1872), "The Building of the University, an Inaugural Address Delivered at Oakland," See J. A. Douglass (2007), *Conditions for Admission: Access, Equity, and the Social Contract of Public Universities*. Palo Alto, CA: Stanford University Press, p.5.

总体规划最显著的成就不在于它发明了什么而在于它保存了什么，以及反而言之，它避免了什么——一个中央集权的董事会。

——约翰·道格拉斯

J. A. Douglass (2000), *The California Idea and American Higher Education: 1850 to the 1960 Master Plan*. Palo Alto, CA: Stanford University Press, p.314.

作为加州大学总校长,克拉克·克尔(1911-2003)在1960年协调各方力量促成《加利福尼亚高等教育总体规划》,使之成为美国大学发展史上的一个里程碑。在加利福尼亚州议会的授权下完成的总体规划在美国第一次将公立大学的管理置于州宪法的保护之下,加州高等教育的三层次管理框架和财政资源的分配因而得到法律的肯定与保障。

(插图:程黛曦)

一

1872年11月7日,加利福尼亚州奥克兰市火车站人头攒动,热闹非凡。人群中大多是成立仅四年的加州大学的师生、校董会成员,以及当地政界名流,他们正在准备迎接新任校长、来自东部名牌大学耶鲁的丹尼尔·吉尔曼(Daniel Coit Gilman)。[1]

用"翘首以待"来形容欢迎的人群当不为过。1868年,校董会(Board of Regents)早在大学草创之初就曾邀请耶鲁大学谢菲尔德科学学院(Sheffield Scientific School)院长吉尔曼担任加大校长,但被拒绝了。当时吉尔曼满以为自己能够当上耶鲁大学的校长,因而踌躇满志,希望能够按照德国大学模式改造耶鲁,使之成为一所现代研究型大学。可惜他的想法对当时的耶鲁过于前卫,连谢菲尔德科学学院向现代科学的倾斜都让那些专注于古典学科的老耶鲁人感到不安。最后校长一职旁落他人之手,而吉尔曼在失落之时再次收到加州大学的邀请,便毫不犹豫地接受了。之前他从未到过加州,连密西西比河以西都未曾涉足。

从殖民地时代开始,美国东部的学院主要是由获得殖民政府特许并依附于教堂的私立学院组成。这些学院如哈佛和耶鲁虽然在建国后不断自我更新,并开始学习德国大学的经验,但它们的精英性质没有改变,其服务对象仍然局限于东部的所谓上流社会。由于联邦政府拒绝通过建立国立大学来影响高等教育,各州政府便当仁不让地担负起建立并资助州立大学的责任。早在1791年佛蒙特州加

---

[1] J. A. Douglass(2007), *Conditions for Admission: Access, Equity, and the Social Contract of Public Universities*. Palo Alto, CA: Stanford University Press, pp.3–5 ; J. A. Douglass(2000), *The California Idea and American Higher Education: 1850 to the 1960 Master Plan*. Palo Alto, CA: Stanford University Press, pp.43–44.

入联邦时就授权建立了一所州立大学,后来又有 17 个州建立自己的州立大学。[①] 这些州希望大学直接服务于本州的农业和机械等行业,但建校最大的困难是筹集资金,因此美国州立大学的发展一开始规模不大。州立大学得到真正的发展机遇是在 1862 年国会通过、林肯总统签署的《莫里尔法案》(Morrill Act 1862)之后,联邦政府通过赠地来资助州立大学,旨在支持各州(或当地)的经济发展。

加州大学的前身是私立的加州学院(College of California),其创办者杜兰(Henry Durant)是一位来自东部的精英——耶鲁学院的毕业生。1853 年,杜兰来到加州创办了一所私立男校(Contra Costa Academy),并在 1855 年得到加州政府特许改名为加州学院。1858 年杜兰在奥克兰市北面一片叫做草莓溪的地方购买了一块地,作为未来的校址。但是,由于资金短缺,到 1866 年加州学院已经负债累累,根本无法开发新校区。而就在此时,加州政府通过《莫里尔法案》得到联邦赠地,但他们发现卖地得到的资金少得可怜,在旧金山地区用来购地建立州立大学犹如杯水车薪。杜兰于是找到了他的耶鲁校友、新上任的州长海特(Henry H. Haight),提议将私立的加州学院与联邦赠地资助的州立农业、矿业与机械学院(Agricultural, Mining and Mechanical Arts College)合并成立加州大学(University of California)。他的提议得到了州议会的支持;1868 年 3 月 23 日海特州长签署特许状成立加州大学。

可是,合并解决了资金问题,却没有解决政治分歧。作为州立大学,加州大学董事会的成员由政府任命,因而 16 位董事中民主党和共和党的董事各占一半,围绕校长的人选争得不可开交。双方唯一的共识是,这所新成立的大学必须由一位具有全国声望的学者来担任校长,由此吉尔曼得到了他的第一次机会。董事会在

[①] 亚瑟·科恩著、李小江译:《美国高等教育通史》北京大学出版社 2010 年版,第 57 页。

邀请被拒后只得请杜兰出山,于1870年正式任命他为加州大学第一任校长。杜兰担任校长仅两年就提出辞呈,并提议再次邀请吉尔曼出任校长。这一次吉尔曼欣然接受了邀请,除了希望在这所崭新的大学施展一下自己的抱负之外,他那病魔缠身的小女儿需要在一个阳光灿烂的地方康复也是原因之一。

早晨10点,吉尔曼乘坐的列车到达奥克兰车站。他来不及到下榻的地方换洗,便在学生欢迎队伍的簇拥下一路行进,来到奥克兰市的公理会教堂。就职典礼之所以没有在位于草莓溪的校园举行,是因为当时学校还没有合适的集会场所。[1] 到达奥克兰仅两小时,吉尔曼就登上讲台发表了他的就职演说。在场的听众是否完全认同他的理念我们不得而知,但从留下的讲稿中我们不难看出,他为自己的西部之旅做足了功课。

吉尔曼告诉加州大学的师生,他完全理解,州立大学的使命相较他所熟悉的私立大学远为复杂:

> (加州大学)不是柏林大学,也不是(位于)纽黑文(的那所)大学……更不是奥克兰大学或旧金山大学,而是创办这所大学的(加利福尼亚州的)一所大学。……(因此)它必须适应这个州的居民,适应他们的公立和私立的学校,适应他们特殊的地理位置,适应他们有待开发的资源。它既不以某个教会为基础,也不属于任何私人团体。它不是在任何低级或廉价的意义上为(加州)人民所有、所享,而是在最崇高的智力和道德的层面上与(加州)人民紧密相连。[2]

---

[1] J. A. Douglass (2000), *The California Idea and American Higher Education: 1850 to the 1960 Master Plan*. Palo Alto, CA: Stanford University Press, p.4.

[2] Daniel C. Gilman, "The Building of the University, an Inaugural Address Delivered at Oakland," November 7, 1872 (University of California Archives), See J. A. Douglass (2007), *Conditions for Admission: Access, Equity, and the Social Contract of Public Universities*. Palo Alto, CA: Stanford University Press, p.5.

但是，吉尔曼理想中的加州大学不仅是一所地方大学，不然他就没有必要从北美大陆的最东头跑到最西头来实现理想了。他接着告诉听众，他心目中的加州大学不只是一所高中、一所本科学院、一所科学研究院或是一所工业专科学校。大学需要所有这些元素，但一所真正的大学必须有更多、更多的东西。大学应当是一个综合性的、提升与传播知识的地方。①

然而，正是吉尔曼理想中大学"更多、更多的"这一部分让他陷入困境。他认定在加州这片新的、充满希望的土地上，自己再也不用像在耶鲁那样为科学进入大学课程而奔走呼号："科学，你无需对她顶礼膜拜，她就是加利福尼亚成长之母。"②因此他设想新的大学将是耶鲁的人文与麻省理工的科技相结合的一个新的实验，虽然在这所年轻的公立大学最终实现文理工合一还需要时间。后来的事实证明，吉尔曼还是大大低估了他的大学理念在当地可能受到的抵制。校长的交椅还没有坐热，加州的农业协进会（California State Grange）就率先发难，指责他领导的大学没有将联邦赠地款项完全用来支持农业和机械方面的职业训练，而是用来发展其他科目。更有甚者，他们指责大学行政管理混乱、腐败和挪用款项。1874年州议会开始就加州大学的管理正式展开调查。

经过一场艰苦的较量，吉尔曼最终赢得州议会的支持：联合调查委员会在他们的报告中对大学的管理给予"最衷心的认可"。但是，经过这番折腾，吉尔曼已变得意兴阑珊。在辞职信中他说自己"在大学工作心怡神悦"，但"在大学从事（政治）斗争却从未学

---

① J. A. Douglass（2007）, *Conditions for Admission: Access, Equity, and the Social Contract of Public Universities*. Palo Alto, CA: Stanford University Press, pp.5-6.

② J. A. Douglass（2000）, *The California Idea and American Higher Education: 1850 to the 1960 Master Plan*. Palo Alto, CA: Stanford University Press, p.53.

过"。[①] 其实，这场斗争的发生早在林肯总统签署的《莫里尔法案》时就已埋下伏笔：当政府出资支持农工教育的时候，它将大学当成了当地经济发展的驱动力、训练场，乃至政治工具。然而大学的发展有其自身的规律，特别是在人才培养的目标上职业训练和全人发展永远是一对既不可拆分又难以融合的矛盾组合。这个矛盾在早期私立学院的发展过程中并不突出，因为这些学院可以自由地定义学院的使命和目标，但州立大学的成长却难以绕道而行，因为大学教育者对来自政府的权力和资源并没有太多的发言权或支配权。所以，吉尔曼东部名牌精英的背景对于此时的加州大学更多的是一笔负资产，由负转正尚需时日。

吉尔曼的辞职对于加州大学是损失，但对于美国大学的发展却是福音。1875年吉尔曼成为约翰·霍普金斯大学的创校校长，他的大学抱负终于找到了一个实验场所。他在约翰·霍普金斯大学的成就为美国研究型大学的崛起开了先河，也为世界大学日后的发展树立了一座让人仰视的丰碑。

当然，这是后话。

二

吉尔曼在约翰·霍普金斯的成功和他在加州大学的失败颇具象征意义。今人言及美国研究型大学，多以吉尔曼在约翰·霍普金斯大学实施的以科研为中心的大学机制建设为范本，不吝溢美之词，而对他在加州大学的失败却讳莫如深。不知国外是否也有"为尊者讳"的习惯，至少没人认为他在加州的经历对美国大学的制度建设有什么重要的贡献。

[①] W. W. Ferrier (1930), *Origin and Development of the University of California*. Berkeley: Sather Gate Book Shop, p.362.

事实上，吉尔曼以其在加州大学短短两年的经历，将这个大学即将面临的一个重要问题和盘托出，那就是：要 excellence 还是要 access；或者说：追求教研卓越还是扩展入学机会。假如说早期以哈佛、耶鲁为代表的东部私立学院追求的是教学卓越，那么后来的约翰·霍普金斯在吉尔曼领导下追求的就是科研卓越；两者都无需直面社会对于高等教育的诉求，因而也没有扩招的压力。再加上东部诸州私立学院林立，从某种程度上掩盖了大众对高等教育的需求，因而在实际上造成了州立大学发展的滞后。位于西部的加州则不同：私立大学不成气候，州立大学便成为政府满足大众需求、投资高等教育的唯一途径。加州大学从诞生的那天起就喝了纳税人的奶、拿了政府的钱：它无法对政府说不。吉尔曼是太聪明了，他不仅知道自己想要什么，更知道自己不想要什么。他何尝不想鱼（excellence）和熊掌（access）兼得，但 excellence 在他眼中毕竟比 access 的分量要重得多。而和农业协进会的那场打斗让他清醒地看到州立大学这个平台的局限性——这将是他实现理想的路途中难以逾越的一块路障。他选择放弃。

吉尔曼经过打斗后的放弃为加州大学未来的发展留下一份开题报告：从此每一位接任的校长都必须在这份报告上留下自己的答案。最杰出的一份答案是由克拉克·克尔（Clark Kerr）校长提交的，而这份答案就是让他青史留名的《加利福尼亚高等教育总体规划》（A Master Plan for Higher Education in California, 1960–1975，以下简称"总体规划"）。[1]

必须说明的是，"总体规划"并不是克尔校长的发明。早在 1907 年，加州大学就通过与州政府和议会协商，建立了全国第一个

---

[1] California State Department of Education（1960），*A Master Plan for Higher Education in California, 1960–1975*. Sacramento, CA: California State Department of Education.

由州政府资助的两年制专科学院（junior college，后来改名为社区学院community college）系统。其背后的逻辑很简单：加州大学在追求教研卓越（excellence）的道路上每前行一步，都必须同时兼顾纳税人对高等教育的需求（access），而解决这对矛盾的方法是为一般高中毕业生建立专科学院，并由加州大学教授对这些学院的课程进行认证。由于专科学院的课程经过加州大学认证，其毕业生凭他们取得的副学士学位便能进入加州大学，在完成第三、四年的课程后取得学士学位。从1920年起，加州师范学院系统（后来成为加州州立大学California State Universities）[1]和加州大学也实现了这样的课程对接（articulation）。由于在专科和师范这两个较低的学术层次上满足了一般大众对于高等教育的需求，加州大学便能集中精力在教学和科研方面走精英道路。至此，加州公立大学的三层次框架（tripartite framework）有了雏形，[2]鱼和熊掌的矛盾似乎也得到一个较为合理的解决方案。

然而，方案虽然听来不错，付诸实施却一点也不简单。担任加州大学校长长达28年之久的斯普罗（Robert Gordon Sproul）虽然对于加州大学的扩建、多校区的形成，以及伯克利分校成为世界一流大学都作出了非凡的贡献，但他却始终拒绝认可这三层次的中层——加州州立学院系统，并处处打压这些学校，生怕它们在生源、研究等方面威胁到加州大学。斯普罗的做法其实并不过分，因为从管理模式看，根据1921年州议会建立的框架，加州州立学院系统并没有自己独立的董事会，而是与中学系统、专科学院系统一起

---

[1] 1862年加州第一所州立师范学校在旧金山成立，1921年8所师范学校更名为州立师范学院，1932年州立师范学院进入新成立的州立学院系统；1974年加州州立学院更名为加州州立大学。（据 http://www.lib.berkeley.edu/uchistory/archives_exhibits/masterplan/.）

[2] J. A. Douglass（2000），*The California Idea and American Higher Education: 1850 to the 1960 Master Plan*. Palo Alto, CA: Stanford University Press, p.9.

同属州教育委员会（State Board of Education）领导。由于分工不明确，多年来州立学院系统一直在博士授予权、教育经费等问题上与加州大学竞争，从而造成很多内耗与资源分配上的浪费。因此，最终建成加州高等教育三层次系统的重任就历史地落到了斯普罗的继任者克尔校长的肩上。

1958年9月29日，克尔在担任加州大学伯克利分校校长（Chancellor）7年之后，被任命为加州大学总校校长（President）。上任伊始，克尔就以建成加州高等教育系统为己任，开始在州议会、政府和其他学校系统之间奔走游说。此时的加州大学面临来自外部的三重压力。一是罗斯福总统在1944年签署的《军人复员法案》大大地提升了美国人对高等教育的期待值，大学教育成为实现美国梦的基本条件。这种观念上的变化在加州的反映是，每一个人，只有愿意，都应当能够接受高等教育。二是凡尼瓦尔·布什在《科学：无尽的边疆》报告中提出的科技立国、科研立校的思想早已深入人心，这种观念对大学管理的影响是：学术与科研的能力成为衡量一所优秀大学的唯一标准。作为一所由州政府资助的公立大学的校长，克尔还需应对私立大学所无需应对的第三重压力，即来自州内其他行业的竞争，比如中小学教育、监狱、社会保障，等等。最后一重压力的背后是教育资源的来源与分配问题。

克尔在建立加州高等教育系统的问题上表现出高超的政治智慧。他不像斯普罗那样处处以加州大学为中心，也没有把自己的意愿强加给其他大学。克尔给自己设定的第一项工作是，为加州高等教育三层次系统的建立及其后发展取得州议会的立法保障。他打破了以往在教育政策的制定上就事论事的惯例，首先说服了众议员唐纳休（Dorothy Donahoe）在州议会提出议案，要求成立一个独立的调查委员会来对加州高等教育的发展作一个长期规划。1959年3月4日，州议院通过决议，要求州教育委员会和加州大学董事会合作起草加州高等教育总体规划,就专科学院、州立学院和加州大学三大系统在设施、课程和标准方面的发展、扩大和融合进行规划,以满足加州未来十年及其后对高等教育的需求。决议要求由这三大学校系统代表组成的联合委员会在1960年州议会复会时提交总体规划报告。[1]

在接下来的七个多月里,加州大学、加州州立学院、加州专科学院和独立学院各自选出自己的代表组成"总体规划调查组"(Master Plan Survey Team),由西方学院(Occidental College)校长孔斯(Arthur G. Coons)担任主席,就加州高等教育的制度建设展开调查与研究。克尔犹如一位运筹帷幄的将军,通过他指派的代表麦克亨利(Dean E. McHenry),与州立学院的代表杜姆克(Glenn S. Dumke)以及其他各方势力展开了一场激烈的角逐。加州大学伯克利分校的高等教育专家约翰·道格拉斯(John Aubrey Douglass)在《加利福尼亚理念和美国高等教育》一书中对此所作的描述,[2] 让我们不由地想起八十多年前吉尔曼的放弃。这不正是聪明绝顶的老校长选择放弃的原因吗!

然而克尔不仅没有放弃的意思,似乎还很享受这个过程:他在选择进入这个战场之前早已做足功课。

三

克尔对于加州高等教育的发展有几条底线。一是政府有义务为本州居民提供接受高等教育的机会。在此,所谓"机会"不仅意

---

[1] Assembly Concurrent Resolution 88, introduced by Donahoe and Williams.

[2] J. A. Douglass(2000), *The California Idea and American Higher Education: 1850 to the 1960 Master Plan*. Palo Alto, CA: Stanford University Press, pp.265-313. 之后章节关于总体规划谈判的描述大多取自该书。

味着每一个有意接受高等教育的居民有学可上,而且意味着在较低一个层次上成功完成学业的学生能够进入更高一个层次继续深造。二是大学必须高度自治,特别是在学术事务上能够具有自主权,而不是跟着政府的指挥棒转。三是加州必须有自己的一流大学,这就意味着在教育资源的分配上不能面面俱到,必须保证在最高层次上的加州大学能够享受一定的特权,起码它的资源不输于美国任何一所私立名牌大学。由于公立大学的政治环境极为复杂,它包括了纳税人、州议会、政府、中小学、公立大学、私立大学等来自各方的利益集团,要让这些团体的意愿在一个"总体规划"中得到表达以至实现,谈何容易!

州立学院的代表杜姆克首先发难:他坚决反对只有加州大学能够授予博士学位的传统,不屈不挠地为州立学院争取一个更高的学术地位。在这个主张理所当然地受到加州大学代表的反对后,他退而求其次:由于州立学院的师范背景,它们起码应当能够授予教育学博士学位。[1]

在大学的管理体制上,当时只有加州大学有自己的董事会,其他学校系统都在州教育委员会的统一管理之下。孔斯提出改变现状,成立一个超级董事会来管理所有的高等教育系统。这个主张受到加州大学和州立学院共同的反对,虽然两者反对的理由截然不同。麦克亨利反对的理由是,这样的董事会将使得加州各类大学的分层管理、各司其职变得非常困难,而杜姆克反对的理由是在单一的董事会里,加州大学将成为主导力量,从而削弱其他大学的自主权。

就三个层次的大学间如何分配学额的问题,总体规划调查组内也争得不可开交。州立学院的代表布朗尼(Arthur D. Browne)主张提高加州大学的入学标准,以此削减其学额,让州立学院和专科

---

[1] J. A. Douglass(2000), *The California Idea and American Higher Education: 1850 to the 1960 Master Plan*. Palo Alto, CA: Stanford University Press, p.275.

学院成为本科生教育的基地。他的理由是：加州大学花在每个学生身上的经费远高于其他学院，因此提高加州大学的入学标准就能减少其学额并为州政府省下大笔教育经费。对于加州大学来说，这样的主张是明捧暗贬：学额的减少意味着来自州政府的经费大幅下降，而且优秀本科生源的减少对于任何一所大学都将是一场灾难。

随着州议会决议规定期限的迫近，谈判各方仍然僵持不下。布朗州长（Edmund Gerald "Pat" Brown, Sr.）为此发出警告：如果大学之间不能按期达成协议、完成总体规划，政府将出面根据自己的意愿推行改革措施。这时克尔不得不从幕后走到前台，将总体规划调查组的成员和他们各自的老板请到自己的办公室，进行磋商。对于州立学院的代表来说，赢得学校的自治是首要任务。对此，克尔表示支持他们成立独立董事会的要求。但是，克尔坚持博士授予权仍然必须由加州大学主导，虽然在某些领域联合培养博士可以考虑。双方进而同意在总体规划里加入这样的语言："从事科研有利于州立学院的教授们在专业和学术上的成长，必须得到认可"，尽管总体规划并没有提到任何经费上的支持。至此，关于总体规划的谈判终于告一段落。

克尔在艰难的谈判眼看就要破裂的关口，临门一脚，为胶着的双方提供了一个双赢的局面。今天看来，这场谈判最大的成功在于，在保存加州高等教育的三层次管理结构的前提下，州立学院的自治与学术独立得到提升，并取得法律的保障。

至此，克尔的万里长征刚完成一半：摆在他面前的还有更加艰难的另一半，即游说州议员们支持他们的方案。就在关于总体规划的议案即将得到各方共识的关口，一个意外发生了：议案的主要发起人唐纳休议员突然急病送院，入院仅45分钟就因肺炎突发与世长辞。这对于即将问世的总体规划可谓致命一击。参议员米勒（George Miller）接过唐纳休未竟的事业，再接再厉，将议案命名为

"唐纳休高等教育法案"提交两院，最终获得顺利通过。1960年4月14日布朗州长签署法案，《加利福尼亚高等教育总体规划》正式生效。

州议会通过的总体规划其实包含三组文件：一是界定加州高等教育体制内各类大学的使命及其功能的法令，二是关于设立加州州立学院董事会的州宪法修正案，三是有关大学管理和运作的若干协议，包括沿用至今的三系统间学额分配及录取标准的规定。按照这个规定，加州高中毕业生的成绩达到顶尖的 12.5% 可以进入加州大学的一个分校学习，最高的 33.3% 可以进入州立学院学习，剩下所有希望接受高等教育的高中毕业生都可以进入专科学院学习。另外，专科学院毕业生成绩积分达到 2.0 可以申请进入州立学院继续深造；积分达到 2.4 可以申请进入加州大学继续深造。[1]

四

《加利福尼亚高等教育总体规划》是美国大学发展史上的一个里程碑。它的意义在于，在州议会的授权下完成的总体规划在美国第一次将公立大学的管理置于州宪法（State Constitution）的保护之下，使得加州高等教育的三层次管理框架和财政资源的分配得到法律的肯定与保障。

"二战"结束后，美国及世界上许多发达国家的高等教育都陆续进入马丁·特罗（Martin Trow）所说的"大众化"时代。[2] 伴随

---

[1] California State Department of Education (1960), *A Master Plan for Higher Education in California, 1960-1975*. Sacramento, CA: California State Department of Education.

[2] M. Trow (2000), *From Mass Higher Education to Universal Access: The American Advantage*. Research and Occasional Paper Series: CSHE.1.00. Center for Studies of Higher Education, University of California, Berkeley.

经济起飞，大学的扩张成为不可阻挡的趋势。然而，如何扩张，却是一个让政府头疼不已的问题。一般政府在面临本国（州）居民急剧增长的高等教育需求时，第一反应是创办新大学或在已有大学的基础上扩大招生。这对于大学来说是一个千载难逢的机会：它们最热衷的事情就是趁机提高学校的学术地位，具体手段包括将学院升格为大学、提高博士生比例、争取更多的政府经费，等等。这些举措本身没有错，只是由于公立大学由政府买单，所以任何扩张除了引发教育质量的担忧之外，最终都会让纳税人不堪重负。作为政府，为高等教育买单毫无怨言，但花了钱之后总想得到一点发言权，于是建立超级董事会之类的管控机制便成为当然的选择。加上绝大多数大学扩张计划中往往没有缩减以至退场机制，因而在经济收缩、特别是一些国家和地区出现少子化趋势时，大学学额便会出现供大于求的现象。所谓建校容易撤校难，此之谓也。

在过去的半个多世纪内，不仅大学的"大众化"浪潮席卷全球，而且在新兴经济体由政府主导的创建世界一流大学的运动也如火如荼。这类既要鱼又要熊掌的努力虽然不乏成功的例子，但在制度建设、经费分配、教学质量等关键问题上触礁遇险的故事亦不绝于耳。因此，重温克尔当年为加州大学所做的工作，我相信，许多人会百感交集的。创建一流大学，光有励精图治的雄心是远远不够的；决策者还得具有克尔那样的胸怀和耐心。套用高晓松的一句名言，反其意而用之：改革不只是诗和远方，还有眼前的苟且。

首先，正如道格拉斯所指出的那样，"总体规划最显著的成就不在于它发明了什么而在于它保存了什么，以及反而言之，它避免了什么——一个中央集权的董事会。"[1] 克尔在这一点上的成功怎

---

[1] J. A. Douglass (2000), *The California Idea and American Higher Education: 1850 to the 1960 Master Plan*. Palo Alto, CA: Stanford University Press, p.314.

么强调都不过分,因为他做到的是一件几乎不可能的事:既让政府买单,又不让政府说了算。这是对高等教育核心价值的捍卫,也是加州大学作为公立大学能够在与私立名牌的竞争中胜出的根本原因所在。试想,万一孔斯关于成立超级董事会的建议得以实现,那么在这个高度集权的领导机构里便会坐满政府任命的董事,他们对大学事务一窍不通,却能为党派利益赴汤蹈火。在这种情况下,加州大学伯克利、洛杉矶这样的名校怎么可能与东部名校竞争?因此,让各个层次上的大学成立自己的董事会,这个结果既满足了政府委派任命董事的愿望,让纳税人有一定的发言权,又将大学管理的自主权交还给大学。这是妥协,更是创新。

最为难得的是,总体规划将三个层次的大学管理框架通过立法的形式固定下来,有效地避免了三类大学之间无休止的政治斗争。比如说,克尔心目中一流大学的每一位学者都必须来自他们那个学科领域里顶尖的 5%—6%,[①] 而这些学者也是东北私立名牌大学争取的对象。假如加州大学为了吸引这些人才,每一次都得就工资待遇、研究设施等问题争取超级董事会的支持,那么排行榜上名列前茅的大学中就不可能出现伯克利的名字。用法律为加州大学争创世界一流之旅护航,克尔的远见不能不让后人叹为观止。

其次,总体规划在 excellence 和 access 之间找到了一个最佳的平衡点。换言之,追求教研卓越和扩展入学机会这两件事也许不可兼得,起码对于一所大学来说难以兼得,但加州高等教育作为一个整体却做到了兼得。从 1907 年开始,加州就在美国首创公立专科学院系统,并实现与加州大学的课程对接:这使得每一个加州居民都能接受高等教育的承诺有了实现的可能;而州立学院作为一

---

① J. Cole(2010), *The Great American University: Its Rise to Preeminence, Its Indispensable National Role, Why It Must Be Protected*. New York: Public Affairs, p.136.

个中间层次保证了让每一个成功完成较低层次学位的学生能够进入较高层次深造。总体规划将加州大学和这两个层次的学院融为一体，为大学扩招并满足每一个居民对于高等教育的需求这样一个貌似难以实现的愿景提供了可行的方案。这个方案的现实基础便是三个层次大学之间的使命区分，而其中最为艰难的谈判便是让州立学院放弃它们的一流大学之梦。当然，坚持不让州立学院得到博士授予权，使得克尔的形象在常人眼中变得不通情理，甚至有点傲慢无礼。但是，在这点上让步意味着加州纳税人投入大学的资源必须在加州大学和州立学院之间分流。

至此我们开始明白，为什么之后那么多国家（州）的世界一流大学之航会遭遇急流险滩以至搁浅。没有一个政府的钱袋是深不见底的，而大学就是一个烧钱的行业。连坐拥 350 多亿美元校务基金的哈佛大学都有捉襟见肘的时候，何况州政府的怀里还有许多其他嗷嗷待哺的项目。克尔在总体规划的谈判中知道什么可以放弃、什么不能妥协，于是才有了加州大学日后的辉煌，也才有了加州这个成功实现高等教育"大众化"的实例。

再次，克尔用总体规划为他提出的"多元巨型大学"（Multiversity）[1]的概念提供了最佳诠释。大学何为？大学为何？在过去的两百年间，诸多哲学家和教育家跃跃欲试地想对现代大学的理念作出界定。19 世纪中叶纽曼大主教将大学定义为教授普及知识的地方。在他看来，大学的任务是传播和推广知识，而不是发现新知识；大学的目的有关心智而非道德。[2]可见，他心目中理想的大学是牛津剑桥式的英国绅士教育。但就在同一时代，德国人洪堡已经开始倡导科研与教学的结合，并在他创建的柏林大学中身体力行地贯彻其研究型大学的理念。到了 1930 年在弗莱克斯纳

---

[1] C. Kerr（2001），*The Uses of the University*. Cambridge, MA: Harvard University Press.

[2] J. H. Newman（1947），*The Idea of a University*. New York: Longmans Green and Co..

（Abraham Flexner）写《美国、英国和德国的大学》[①]时，美国的大学早已不只是牛津剑桥式的博雅教育，也不完全是洪堡心目中的研究型大学。弗莱克斯纳抱怨说，美国大学在忙很多不同的事情，追求知识、解决问题、点评时事、培训人才，无所不为。因此，他认为大学毫无必要地"把自己变得掉价、粗俗、机械"，成为公众的"服务站"。[②]他心目中的"现代大学"（Modern University）是："大学的中心包括一个文理研究生院，严谨的专业学院（在美国主要是医学院和法学院），以及一些研究所。"

在克尔眼中，纽曼、洪堡和弗莱克斯纳的大学理念都已经与时代脱节。特别是在亲历了加州大学关于总体规划的激烈政治斗争之后，克尔似乎有了一点"如骨鲠在喉，必吐之而后快"的感觉："历史的脚步要比它的观察者的笔走得快多了。"[③]因此，他在《大学之用》一书中提出"多元巨型大学"，这个概念既不是什么人的发明，也没有人预见到它的产生。它随着历史进程向我们走来，未来还有漫漫长途要走。

这个历史进程也许用统计数字描述更加准确。"二战"后实施的《军人复员法案》将平民百姓的大学之梦变成现实——至1960年美国高中毕业生的平均大学升学率已经达到45%，其中近75%的大学生上的是公立大学。[④]1900年美国全国只授予382个博士学位，到1960年这个数字是1万。[⑤]这些急剧增长的数字背后既有就业市场的推波助澜，也是人们观念改变的结果。马丁·特罗认

---

① A. Flexner（1930），*Universities: American, English, German*. New York: Oxford University Press.

② C. Kerr（2001），*The Uses of the University*. Cambridge, MA: Harvard University Press p.4.

③ Ibid., p.5.

④ J. A. Douglass（2000），*The California Idea and American Higher Education: 1850 to the 1960 Master Plan*. Palo Alto, CA: Stanford University Press, p.6.

⑤ *Historical Statistics of the United States: 1960*；*Digest of Educational Statistics: 1990*.

为，人们之所以急不可耐地将孩子送进大学，其动机是想让他们的孩子能够"分享大学的上流文化，也不排除是为了进入传统和新兴的精英职业这样的功利目的"。换言之，高等教育在"决定人们在职业结构、阶级地位和生活机遇等方面正在起到越来越重要的作用"[1]。在这种情况下，要让传统的私立精英大学来承担大众对高等教育如此复杂的社会、职业和文化需求显然不太可能。所以，公立大学在"二战"后美国社会的急速扩张只能是历史的必然要求。

但是大众对于高等教育的需求与精英教育时代毕竟不同。学生的社会背景不同，学术能力也千差万别，求学目标更是五花八门，位于接收端的大学也必须具有相应的多样性。克尔认为，"多元巨型大学"是一个由若干群体组成的不具一致性的机构：它包括了本科生、研究生，人文学者、社会科学家、科学家，各专业学院群体，非学术人员，行政人员，等等。它的外延也是模糊的——校友、议员、农民、商人，都与上述大学的群体有着千丝万缕的联系。[2]

从这个角度看，弗莱克斯纳对于大学的批评——"服务站"，用来描述甚至表扬克尔"多元巨型大学"的概念也许更加合适。大学虽然有必要保留其"象牙塔"的功能，但它在高等教育已经实现"大众化"的社会里，增加服务功能不是选项而是必须。所以，"多元巨型大学"必须在 excellence 和 access 之间、人文传承和科技创新之间、非功利的学术传统和功利的社会需求之间、培养杰出人才和服务地方经济等许多貌似对立的选项之间求得平衡。在管理机制的设计上，依靠传统的单元或集权式的大学董事会制度来达到如此复杂的平衡，难以想象。克尔主持设计的加州高等教育三层次的管理框架

---

[1] M. Trow (1970), "The Transition from Mass to University Higher Education", in S. R. Graubard and G. A. Ballotti, eds., *The Embattled University*. New York: George Braziller, p.3.

[2] C. Kerr (2001), *The Uses of the University*. Cambridge, MA: Harvard University Press, p.14.

就是这么一个以多元的体制来管理多元巨型大学的典范。

1960年10月17日克尔以其协调各方力量促成《加利福尼亚高等教育总体规划》的成就登上了美国《时代》周刊的封面。[1] 半个多世纪之后的今天回顾那段历史,我们不能不佩服《时代》编辑的远见卓识,因为他们几乎是在总体规划甫一问世,就预见到这份文件对于高等教育以至未来世界的深远影响。克尔以其深邃的洞察力和高超的政治技巧,通过总体规划为高等教育从精英制到大众制的转型提供了一幅蓝图、一个范本,而他关于"多元巨型大学"的论述则高屋建瓴地从理论上为这种转型作出了阐释。

---

[1] *Time*, October 17, 1960, Vol. LXXVI, No. 16.

第六章　改革先锋："外行"弗莱克斯纳

他（弗莱克斯纳）认为，自己的使命就是让医学院，不管是重建或新建的，都必须成为大学的一个有机组成部分，掌控一流的教学医院并完全摆脱营利的目的。他将自身的奋斗看作是为了崇高的理想而排除贪婪。他对于别人批评他自私或短视嗤之以鼻。

——托马斯·伯纳尔

T. N. Bonner（2002）, *Iconoclast: Abraham Flexner and a Life in Learning*. Baltimore, MD: The Johns Hopkins University Press, pp.155-156.

我不是不知道自己所描绘的是一个教育的乌托邦。我是故意地将高等研究院挂到月亮上的，将它和任何其他的野心或抱负挂钩都不合适。

——亚伯拉罕·弗莱克斯纳

M. Nevins（2010）, *Abraham Flexner: A Flawed American Icon*. Bloomington, IN:iUniverse, p.46.

美国高教史上有这么一位奇人：他自己既没有学过医，更没有行过医，却是名闻遐迩的医学教育改革家；他自己只上了两年大学，而且从未在大学里工作过，却是美国大学制度最激烈的批评家和公认的高等教育专家；他自己并非学者，却创办了高教史上独特的、当今仍被不断复制的研究机构——普林斯顿高等研究院并亲任院长。这位奇人就是亚伯拉罕·弗莱克斯纳（1866-1959）。

（插图：程黛曦）

第六章 改革先锋："外行"弗莱克斯纳

一

美国高教史上有这么一位奇人：他自己既没有学过医更没有行过医，却是名闻遐迩的医学教育改革家；他自己只上了两年大学，而且从未在大学里工作过，却是美国大学制度最激烈的批评家和公认的高等教育专家；他自己并非研究学者，却创办了高教史上独特的、当今仍被不断复制的研究机构——普林斯顿高等研究院（Institute for Advanced Study），并亲任院长。这位奇人就是亚伯拉罕·弗莱克斯纳（Abraham Flexner）。[1]

弗莱克斯纳出身于肯塔基州的路易斯维尔，他的父亲莫里茨和母亲埃斯特都是在19世纪中期移居美国的德裔犹太人。亚伯拉罕在弗莱克斯纳家九个孩子中排行第六。1866年11月13日弗莱克斯纳出生时，美国内战刚刚结束，他的父亲莫里茨在商业上也小有成功，全家搬进了一栋三层的小楼，过上小康生活。和很多犹太家庭一样，弗莱克斯纳的父母亲并不希望自己的孩子经商，而是坚信他们会成为医生、律师或教师。有一次弗莱克斯纳在父亲面前抱怨学校的老师，父亲一言未发，第二天就带着他去见校长。父亲对校长说："我想让您和学校所有教他的老师知道，如果我儿子和他的老师之间出现任何问题，我总是认为老师是正确的。"父亲为了生意在外奔波，母亲就成为孩子们的主心骨。埃斯特经常以父亲的这样一句话来提醒孩子们："我们的孩子会（以你们的成就）证实我们生命的意义。"（"Our children will justify us."）[2]（这种让孩子成就父母未能成就事业的想法，怎么听起来这么熟悉？）

---

[1] T. N. Bonner (2002), *Iconoclast: Abraham Flexner and a Life in Learning*. Baltimore, MD: The Johns Hopkins University Press, p.1.

[2] Ibid., p.7.

然而，弗莱克斯纳家的小康生活并未持续多久。1873年一场突如其来的经济危机不仅碾碎了莫里茨的生意，也摧毁了他的自信。亚伯拉罕的哥哥姐姐们带着破碎的大学梦，不得不早早地离开学校，出外打工帮助维持家用。亚伯拉罕此时年仅7岁，天资聪颖而且成绩优异，在哥哥姐姐的呵护下幸运地躲开了辍学的厄运，成为弗莱克斯纳家第一个完成中学学业的孩子，并顺利进入约翰·霍普金斯大学。

事后看来，亚伯拉罕进入约翰·霍普金斯大学绝对是个奇迹。1882年父亲的离世对这个在贫困线上挣扎的家庭无异于雪上加霜，而大哥雅可比（Jacob）却在此时毅然决定将家中稀缺的资金投入大学教育。后来的事情显示，为让六弟上学牺牲自我的大哥无意间启动了弗莱克斯纳家的幸运之轮：在接下来的20年间，学成归来的亚伯拉罕扭转了弗莱克斯纳家经济上的窘境，成全了弗莱克斯纳家其他孩子的职业生涯，了却了父母的夙愿，更在自己的事业上闯出一片崭新的天地。而大哥雅可比为亚伯拉罕选定约翰·霍普金斯大学，更是一个不可思议的决定。

此时的约翰·霍普金斯大学创校刚满六年，在路易斯维尔鲜为人知。然而，就是这么一所崭新的大学以其无与伦比的创造力，成为美国研究型大学发展、成长的典范，也深刻地影响了日后弗莱克斯纳对于美国大学改革的批评与设想。这所充满自由、实验精神的大学，在学生的兴趣、选课、专业设置、学历长短等问题上从不拘泥，使得囊中羞涩却勤奋有加的亚伯拉罕有可能循着自己的兴趣超负荷选课，仅用短短两年的时间就完成学业，早早地回到家乡去帮助兄长。有趣的是，弗莱克斯纳在约翰·霍普金斯大学念书期间，后来的威尔逊总统是历史与政治学专业的学生，哲学家杜威正在念哲学，但弗莱克斯纳与这些日后美国政治界、知识界的巨人似乎并没有什么交往。倒是校长吉尔曼对弗莱克斯纳一生的教育思想产生深刻影响姑且不说,当他为了提前毕业要求调整考试时间,校长曾亲自为他提供方便。急着找工作挣钱的弗莱克斯纳回到家乡,正好他母校路易斯维尔男生高中(Louisville Male High School)找一名助理教师。在吉尔曼校长的推荐下,弗莱克斯纳得到了这份工作。[①] 这位未来教育改革家的职业生涯从此开启。当他将第一个月的工资——一张一百美元的钞票交给妈妈时,"她的眼中满含泪水,"弗莱克斯纳后来回忆道。这是妈妈在爸爸生意失败之后第一次见到这么大的一笔钱。

弗莱克斯纳没有辜负校长的举荐。他开始大量阅读教育学方面的文献,在死记硬背仍为主流教学方法的路易斯维尔男生高中探索新的方法,并对纪律松弛的课堂进行整顿。弗莱克斯纳很快成为学校教学最得法的老师。对那些志在念大学的学生,弗莱克斯纳在课后帮助他们补习,并收取一点费用补贴家用。他用自己的工资加上补习收入,帮助哥哥西蒙(Simon)在约翰·霍普金斯大学念完医学博士,两个妹妹完成大学学业,两个弟弟维持他们的书店业务,连从未有机会进入大学的大哥雅可比都在他的帮助下取得了行医资格。然而,当他的收入成为家庭的主要经济来源后,他自己回到学校继续深造的梦想却似乎变得更加遥远了。在路易斯维尔男生高中兢兢业业地教了六年书之后,弗莱克斯纳自己创办了一所学校。他运用小班教学、个性化辅导等手段,大大提高学生的学习效率。结果是,弗莱克斯纳学校以其优异的学生成绩,成为当地有志于名牌大学的学生及其家长心目中的预备学校。而他通过弗莱克斯纳学校的教学实验所形成的思想和做法在他日后创办林肯学校、改造医学院和创立普林斯顿高等研究院等项目中清晰可见。

---

① T. N. Bonner(2002), *Iconoclast: Abraham Flexner and a Life in Learning*. Baltimore, MD: The Johns Hopkins University Press, p.27.

也许是助人者自有天助。由于弗莱克斯纳学校有太多的学生考上名牌大学，这样的佳绩居然惊动了哈佛大学校长艾略特。这位素昧平生的校长给他去信问道，来自弗莱克斯纳学校的学生比来自其他学校的学生年龄都小却极为优异，他是如何培养这些学生的？弗莱克斯纳在回信中阐述了自己办教育的一些理念和措施。在艾略特校长的建议下，弗莱克斯纳将这些想法整理成文，发表在《教育评论》上。[1] 弗莱克斯纳在美国教育领域的改革之旅由此启航。

二

弗莱克斯纳与美国医学界的缘分从他的哥哥西蒙开始。西蒙在他的资助下完成约翰·霍普金斯大学医学院的学业之后，执教宾夕法尼亚大学医学院并成为著名病理学专家，后来又在洛克菲勒大学（Rockefeller University）的前身洛克菲勒医学研究院担任首任院长。可常为人们忽略的是他的大哥雅可比，在他经营的药店破产后，由弗莱克斯纳资助进入当地一所医学院。这位一天大学也没有上过的中年人居然轻而易举地取得医学学位，并开始悬壶济世。弗莱克斯纳后来涉足医学改革，他和哥哥西蒙的母校约翰·霍普金斯大学常常是他的正面典型，而他大哥接受的临床为主的医学教育则是他必欲除之而后快的反面典型。似乎没有人考证过，两位哥哥的经历对他医学教育思想的形成影响究竟有多大。

直到1905年，大学毕业回乡养家19年之后，弗莱克斯纳才终于能够喘口气了。大哥开始行医，四哥已经成为宾夕法尼亚大学的名教授，五哥成为著名律师，最小的弟弟取得商业上的成功，两个妹妹继续在学校教书，其余两个兄弟也找到工作并安居乐业。

---

[1] A. Flexner (1899), "A Freshman at Nineteen". *Education Review*, 18, pp.353-362.

第六章　改革先锋："外行"弗莱克斯纳　123

在将所有的兄弟姐妹都送进职场并完美实现父母的夙愿之后,弗莱克斯纳卖掉学校,39 岁的他成为一名无业游民。接下来两年中,弗莱克斯纳先到哈佛大学念了一个硕士,又去英德等欧洲国家游学,最后随着身为百老汇剧作家的妻子来到纽约定居。但是,人到中年,这位中学老师在纽约茫茫的人海中却无法找到自己的位置。以他当时的背景与技能,找一份大学的行政管理工作也许是他最后的希望。然而,弗莱克斯纳却凭着他对欧洲大学的观察和对美国大学的理解,做了一件以他当时的处境最不该做的事:写了一本对美国大学进行全面批判的书——《美国学院》。①

在弗莱克斯纳看来,美国大学的本科学院纯粹是一个"四不像":一个典型的本科毕业生没有传统的古典学科的训练,不敢索性舍弃人文学科专攻自然科学,不具有某一门科学上的专长,也没有哲学或文学方面的修养。②因此,这样的文凭根本不能显示其持有者在大学学会了什么。那么,弗莱克斯纳心目中理想的大学学院是怎样的呢?大学本科的课程设置应当围绕某一个知识领域进行重组,而本科学院应当和综合性的大学完全不同。至于如何重组、有何不同,弗莱克斯纳语焉不详。为此,他的大学批判招来诸多批判就不足为奇了,有人甚至成为他终身的论敌。比如说,哥伦比亚大学校长巴特勒(Nicholas Murray Butler)便毫不客气地指责他是在自己的专业知识范围之外胡言乱语。③

可是让整个世界跌破眼镜的是,弗莱克斯纳后来的职业生涯居然就是建立在自己的专业知识范围之外,而他从《美国学院》开始的"胡言乱语"进而扩展到医学教育、娼妓问题、欧洲教育等

---

① A. Flexner(1908), *The American College.* New York: The Century Company.
② Ibid., p.32.
③ T. N. Bonner(2002), *Iconoclast: Abraham Flexner and a Life in Learning.* Baltimore, MD: The Johns Hopkins University Press, p.66.

许多其他领域，成为大学改革和社会改革的有力推手。而这一切之所以成为可能，很大程度上得益于他生命中的此时出现的一位"贵人"。

这位贵人是卡内基基金会（Carnegie Foundation for the Advancement of Teaching）主席普里切特（Henry Smith Pritchett）。作为刚卸任不久的麻省理工学院校长，普里切特对于弗莱克斯纳在《美国学院》一书中展示的"愤青"精神不仅不以为忤，反而赞赏有加。此时，他的基金会正在筹备对于美国大学专业学院的一系列研究，包括法学、医学、工程学和神学。当普里切特提出让弗莱克斯纳主持对于美国医学院的研究时，后者以为普里切特将自己和那位著名的病理学专家哥哥西蒙搞混了。但普里切特告诉弗莱克斯纳，他认识而且熟悉西蒙，但他需要的是一位教育家，而不是医学家，来从事对于医学院的研究。[1]

20世纪初，美国150所左右的医学院里有接近2.5万名在读学生。很多医学院设备简陋陈旧，教室里除了桌椅而外空无一物。实验室里唯一能抵挡福尔马林和腐尸气味的是香烟和雪茄。医学院的老师大多是当地医院的医生，他们只在上课时出现在课堂，其余时间在外面看病人挣钱。而进入医学院的学生连高中都无需毕业，他们在完成医学学位后亦不必经过任何考试便能开始行医。弗莱克斯纳在一所医学院调研时向院长提出要看一下他们的生理学实验室，结果院长让一位年轻女郎带着一个小盒子来见弗莱克斯纳，盒里放着一个血压计。最糟糕的是，当时的医学院是营利机构，只要愿意交学费，任何人都能得到医学学位。

在接下来的16个月中，弗莱克斯纳动用了包括马车在内的所有交通工具，行程遍及98个城市中的155所医学院，有的还去了不

---

[1] T. N. Bonner (2002), *Iconoclast: Abraham Flexner and a Life in Learning*. Baltimore, MD: The Johns Hopkins University Press, p.67.

止一次。他在医学院的调研一般包括检视学校课程目录、入学要求、学生档案、教授资历、课堂作业、实验室空间与设备、学生与附近医院病人的接触、教授对学生的要求，等等。他在访问后将对他所作的记录送还给各个医学院进行核实与修正。①

其实，对高等教育的批判大概从大学诞生的那天就开始了，因为批评者无需任何专业知识、光凭感觉就可以将大学的很多理念或做法批得体无完肤。为什么很少有人敢在公开场合批判物理学家或挑剔数学理论呢？因为这样的批评往往暴露了批评者的无知，而被批评者则毫发无损。从这个角度看，弗莱克斯纳自己对医学这样极其专业的领域没有任何背景，却敢从普里切特手中接下这个研究项目，已属胆大包天，再对这个领域的营运吹毛求疵无疑是冒天下之大不韪。因此，得罪一大批人当在预料之中，而如何应对被批评者的批评才是他面临的最大的挑战。弗莱克斯纳在《美国学院》中展示的锋芒在《美国和加拿大的医疗教育》（简称《弗莱克斯纳报告》）② 没有丝毫收敛的迹象，但他在数据和文字资料的搜集方面则做足功课，加上第一手观察记录，让他的评判对象没有还手之力。

长达 346 页的《弗莱克斯纳报告》分为两个部分。在第一部分的 14 个章节里弗莱克斯纳对美国和加拿大医学教育的历史、现状与基础作了详尽的描述，对医学院、附属医院、实验室、课程设置、财务状况等方面进行分析，并对医学教育的改革提出建议，还在最后两章对黑人和妇女的教育问题提出看法。第二部分是对美国 39 个州的 148 所和加拿大的 7 所总共 155 所医学院进行描述和观察，

---

① T. N. Bonner (2002), *Iconoclast: Abraham Flexner and a Life in Learning*. Baltimore, MD: The Johns Hopkins University Press, p.78.

② A. Flexner (1910), *Medical Education in the United States and Canada: A Report to the Carnegie Foundation for the Advancement of Teaching*. New York: Carnegie Foundation for the Advancement of Teaching, p.22.

40个章节中每一章节末都对症下药提出改革措施和建议。书末的附录中列出155所医学院的基本数据,包括每一所学院的教授数目、其他教职员数目、学生数目、学费收入和年度预算。

三

与此前或后来几乎所有的大学批判相比,《弗莱克斯纳报告》并没有仅对美加两国医学教育进行一般的点评或批判,而是指名道姓地将每一所医学院的现状及其所存在的问题加以示众。这种毫不顾及情面的事实陈述,加上详尽的数据资料展示,大有将一大批质量低劣的医学教育机构赶尽杀绝之势。随着《弗莱克斯纳报告》的发布,一场针对起草人的攻击战如期而至——不公平、错误百出、轻率、贵族气十足、草率,诸如此类的指责漫天飞舞。芝加哥一位著名医生说,居然没有一所医学院的人将弗莱克斯纳从他们学校的台阶上一脚踢下去,难道我们医学界连个像样的男子汉都没有?[①]

没有这样的"男子汉"实在是美国医学界的幸运,也是美国人民的福分,因为谁都明白,人的一生即使一天一个苹果也无法远离医生。《弗莱克斯纳报告》的意义在于,它有效地消除了庸医培养基地继续存在下去的理由。当然了,为这样的幸运付出代价的是一大批没有通过弗莱克斯纳考试的医学院,而这些倒闭的医学院往往远离都市、医疗资源贫乏。他们尽管质量低下,培养庸医多于良医,但同时也在支撑着不发达地区的医疗体系。从这个角度看,弗莱克斯纳挨骂并不冤枉。

事实上,真正称得上"男子汉"的是弗莱克斯纳:他敢于掀开

[①] T. N. Bonner (2002), *Iconoclast: Abraham Flexner and a Life in Learning*. Baltimore, MD: The Johns Hopkins University Press, p.89.

美国劣质医学院内幕的勇气在医学界内外赢得激赏，有理有据的《弗莱克斯纳报告》更是让媒体欣喜若狂：《纽约时报》的通栏标题是《庸医制造工厂》；《世界作品》(World's Work)的标题是《你知道你的医生在哪儿上的学？》。一向讨厌弗莱克斯纳的哥伦比亚大学校长巴特勒此时正在欧洲旅行，却抑制不住激动的心情给普里切特写信，对《弗莱克斯纳报告》大加赞赏。[1]

但弗莱克斯纳不只是一个破坏者，他更是一个建设者。在《弗莱克斯纳报告》中，他提出了重建美国医学教育体系的通盘设想。这个设想拒绝任何妥协方案，完全不容只教临床不做研究的医学院继续存在下去。在弗莱克斯纳看来，一个合格的医生必须学养深厚，熟悉有关人体的科学知识及其实验基础，通过临床实践，既能诊断又能治疗各种疾病。因此，医学教育必须是科学与实践的结合，是实验与临床的结合。医学学生必须积极参与整个学习过程，而不是被动地聆听讲座，接受知识。这就要求医学院的教授兼具科学家和临床医师的资格与能力，他们必须做研究。所以，按照弗莱克斯纳的设想，全由医生在门诊之余到学校兼课这样的医学院必须令行禁止，而这正是许多"庸医制造工厂"必须关门的理由，也是弗莱克斯纳受到猛烈攻击的原因之一。

弗莱克斯纳强调医生这个行业所肩负的社会责任，因此他不能容忍以营利为目的的医院和医学院。《弗莱克斯纳报告》提出，由医学界专家和知名人士组成医学考试委员会，对不合格的医学院校不予认证。他还提出医学院的入学标准：学生必须具有两年大学基础教育后才能进入医学院学习（南方一些落后的州，医学院可以接受高中毕业生）。结果是，1922年以后，美国38个州要求医

---

[1] T. N. Bonner (2002), *Iconoclast: Abraham Flexner and a Life in Learning*. Baltimore, MD: The Johns Hopkins University Press, p.69.

学生必须具有入学前两年大学教育的基础,而今天美国的医学院都要求医学院学生具有学士学位。[①]

弗莱克斯纳提高入学标准的建议毫无意外地被指责为剥夺"穷孩子"学医的机会。但他不以为然亦不为所动,他自己就曾经是这样的"穷孩子"。他认为,低标准入学政策的受益者不是"穷孩子"而是"差学校",而最终的受害者是社会大众。

《弗莱克斯纳报告》给弗莱克斯纳带来的除了盛名还有使命。他作为调查研究专家的名望在大西洋两岸持续发酵,因此受邀在欧美两地从事各种研究调查项目,推动社会和专业的改革。但是,医学仍是他投入最深的一个行业。1912年弗莱克斯纳加入洛克菲勒基金会资助的教育董事会,承担的项目之一便是用洛克菲勒的800万美元捐款,按照《弗莱克斯纳报告》提出的建议改造医学院,为美国医学教育的发展打造样板。他与华盛顿(Washington University at St. Louis)、约翰·霍普金斯、耶鲁、芝加哥、哥伦比亚和范德堡等顶尖大学签订改革协议,帮助他们逐渐将临床医学打造成一门专业学科,将教师队伍中的临床代课医生逐渐替换成全职的临床科学家或医学研究专家。弗莱克斯纳的传记作家托马斯·伯纳尔如此评价他的贡献:

> 他(弗莱克斯纳)认为,自己的使命就是让医学院,不管是重建或新建的,都必须成为大学的一个有机组成部分,掌控一流的教学医院并完全摆脱营利的目的。他将自身的奋斗看作是为了崇高的理想而排除贪婪。他对于别人批评他自私或短视嗤之以鼻。[②]

---

① 洪一江、曾诚:《弗莱克斯纳报告及其对美国医学教育的影响》,《医学教育新思维》2008年第29卷第2期(总第350期),第67页。

② T. N. Bonner (2002), *Iconoclast: Abraham Flexner and a Life in Learning*. Baltimore, MD: The Johns Hopkins University Press, pp.155-156.

从今天的视角回顾弗莱克斯纳一百年前的努力，我们其实可以更加清楚地看到，他的贡献已经远远超越对于医学教育的改革。他为医学院建立的专业评估和认证模式、对于研究型大学教授提出的教学与研究相结合的要求、关于大学必须摒弃营利目的的理念，等等，至今为美国研究型大学奉为圭臬，也为世界各国创建一流大学尊为指南。

四

即使弗莱克斯纳在完成《弗莱克斯纳报告》后没有做过其他事情，他已经足以凭着对医学教育改革的贡献而青史留名。但是，1928年，当医学教育改革的项目告一段落、弗莱克斯纳也从教育董事会退出时，这位62岁的教育改革家觉得自己的职业生涯似乎刚刚开始。

从在家乡办学开始，美国大学的发展与改造始终是弗莱克斯纳职业生涯中挥之不去的一个情结。他的早期著作《美国学院》最为人诟病的便是他在鞭挞现行制度之后并没有提出什么建设性意见。他后来在医学教育方面的建树虽然多少弥补了早年的缺憾，但医学院毕竟只是整个大学体系中的一个部分。在弗莱克斯纳心目中，美国根本就没有真正意义上的大学。哈佛、耶鲁和哥伦比亚只是中学的延伸，这几所大学虽然有研究生院，却从来也没有从事过像德国大学那样严肃、高水平的研究。唯一称得上大学的只有约翰·霍普金斯和芝加哥两所大学，但不幸的是它们也建立了本科学院。[1]因此，早在1922年他就提出过要让这两所大学完全摆脱本科生教育，成为只招研究生的真正意义上的"研究型"大学。这一思想在1930

---

[1] 张立娟:《通往麦加圣地的道路》,《现代大学教育》2016第3期,第35页。

年出版的《美国、英国和德国的大学》[①]中得到进一步的发挥。

弗莱克斯纳一辈子最不能容忍的一件事就是平庸，所以他在医学教育改革中致力于彻底清除劣质的医学院及其平庸的临床教授；而在高等教育中他崇拜德国的大学以及按照德国模式建立起来的约翰·霍普金斯大学。在他看来，大学作为学术研究机构，应该让教授与学生随着自己的好奇心去探索他们喜欢的领域，而不是为就业做准备。唯有这种纯粹的智力追求才能让大学远离平庸，从而造福社会。但是，这样的大学到哪儿去找呢？弗莱克斯纳自己一天也没有在大学工作过，却对这么一个空中楼阁孜孜以求，其境遇之尴尬，不难想象。

就在这进退两难之际，奇迹出现了。

1929年，新泽西州的犹太富商路易斯·邦伯格（Louis Bamberger）和他的妹妹福尔德夫人（Caroline Bamberger Fuld）将他们经营的百货商店卖给了著名的梅西百货店（Macy's）。1929年9月15日这对幸运的兄妹在股票市场上完成了他们财产的转移。一个多月后的10月29日，美国股票市场迎来了历史上最为黑暗的一天：黑色星期二的华尔街股灾将美国带入一个持续四年之久的经济大萧条。假如他们的财产转移晚一个多月，美国高等教育史也许就会改写。

邦伯格兄妹希望捐款在新泽西州的纽瓦克市建立一个犹太人的医疗机构，但苦于不知从何下手。通过朋友的介绍他们见到了著名的医学教育家弗莱克斯纳，并在后者的劝说下放弃了建立医学院的初衷。弗莱克斯纳以约翰·霍普金斯大学为蓝本，向邦伯格兄妹描绘了他理想中"高等研究院"（Institute for Advanced Study）的愿景：一所小规模、高水平的研究生院；世界顶尖的学者

[①] A. Flexner（1930）, *Universities: American, English, German.* New York: Oxford University Press.

在这里聚集,待遇优厚却无需教学。他们可以自由地决定他们的研究方向与课题。研究院接受访问学者(member)但不授予学位。邦伯格兄妹不仅全盘接受了弗莱克斯纳的设想,而且同意将研究院设在环境优美、远离都市的普林斯顿小镇。他们还要求弗莱克斯纳亲任研究院院长。在此需要澄清的是,与一般人的理解不同,高等研究院虽然可以利用普林斯顿大学的图书和研究资源,但它从来就不是普林斯顿大学的一部分。[①]

如果华尔街的股灾造就了弗莱克斯纳的第一轮好运——邦伯格兄妹的财产躲过黑色星期二、普林斯顿高等研究院的梦想成真,那么希特勒对犹太知识分子的迫害则成全了弗莱克斯纳的第二轮好运——普林斯顿在一夜之间取代哥廷根(University of Göttingen)成为世界数学的圣地。弗莱克斯纳构想的"高等研究院"从数学开始。他以自己心目中的英雄、约翰·霍普金斯大学的吉尔曼校长为楷模,在大西洋两岸广泛搜罗人才,并且在选择标准上毫不妥协。1932年秋天弗莱克斯纳宣布研究院的第一个学院——数学学院正式成立,爱因斯坦和普林斯顿大学著名数学家奥斯瓦尔德·维布伦(Oswald Veblen)成为学院的最初两位学者。

在卡内基基金会和洛克菲勒基金会工作多年,弗莱克斯纳见证了美国学界在科学和医学研究领域里的用心与投入,但他的"人文情结"却始终得不到政府和慈善家的同情与支持。在筹备高等研究院时,他提出建立经济学和人文学科学院的设想,想不到邦伯格兄妹一口答应,理事会在经过最初的犹豫后也给他开了绿灯。在接下来的几年内,他相继建立了经济与政治学院和人文学院。

由于弗莱克斯纳在学者选择标准上的坚持,高等研究院很快名师云集,成为人们心目中的学术圣地。这时候,欧洲形势恶化,很

[①] S. Batterson(2006), *Pursuit of Genius: Flexner, Einstein, and the Early Faculty at the Institute for Advanced Study*. Wellesley, MA: A. K. Peters, pp.38-39.

多知名犹太学者纷纷向弗莱克斯纳发出申请甚至求救。对于这些世界级的知名学者，弗莱克斯纳一方面广泛征求有关专家的意见以挑选其中最顶尖的，另一方面也利用自己的个人网络向美国各地的名牌大学推荐。在他的积极斡旋下，很多逃离欧洲，特别是德国的犹太学者，得到妥善安置。也许可以略带夸张地说，德国大学的衰落和美国大学的崛起，弗莱克斯纳和他的高等研究院即便称不上是一个里程碑，起码也是一个重要的转折点。普林斯顿从此成为名副其实的学术的世外桃源。

这是一个双重意义上的世外桃源。它是人身安全受到威胁的欧洲学者的避难所，更是为俗世杂务所纠缠的美国学者的精神乐园。弗莱克斯纳这样描述高等研究院："我不是不知道自己所描绘的是一个教育的乌托邦。我是有意将高等研究院挂到月亮上的；将它和任何其他的野心或抱负挂钩都不合适。"[1] 在这里没有教授大会，没有工作委员会。学者们有了研究上的灵感，可以选择独自沉思，也可以找到志同道合的人开会研讨。一位哈佛的教授在收到高等研究院的邀请后给弗莱克斯纳去信问道："我需要承担什么义务？"答曰："没有义务，有的只是机会。"[2]

为了让学者们能够在这个学术的乌托邦里自由地研究与思考，弗莱克斯纳认为自己能做的就是最大程度地担当起研究院的行政和管理职责，从而减少学者们在柴米油盐问题上分心的任何可能。他一方面为学者们争取尽可能高的工资，另一方面则努力降低研究院的行政开支，特别是在固定资产方面的投入。他的努力并不总是很成功。邦伯格兄妹的财产虽然躲过了华尔街的股灾，但

---

[1] M. Nevins（2010），*Abraham Flexner: A Flawed American Icon*. Bloomington, IN: iUniverse, p.46.

[2] A. Flexner（1939），"The Usefulness of Useless Knowledge", *Harper's Magazine*, October, Issue 179, p.551. See https://library.ias.edu/files/UsefulnessHarpers.pdf.

随着大萧条的来临以及美国经济形势的恶化,他们对未来的不确定感也与日俱增。因此,他们对弗莱克斯纳的建议,包括新学院的设立、学者的工资、研究院房产的管理、新大楼的建造等所有涉及资金的决定,都变得更加小心翼翼。而为了让学者们潜心学术,弗莱克斯纳从一开始便不主张学者参与董事会,后来他虽然同意维布伦作为学者代表参与管理,但内心并不希望他花很多时间在行政事务上。当弗莱克斯纳为了教授工资等问题与邦伯格兄妹艰苦谈判时,他甚至不愿将自己的难处与维布伦分享。

但让他始料未及的是,来自大学的学者们早已习惯于教授治校的管理模式,对于弗莱克斯纳一手遮天的做法不仅不感激,反而反感至极。于是,在弗莱克斯纳所精心营造的这个世外桃源里,人际纠纷和世俗争斗还是不期而至了。维布伦成为弗莱克斯纳眼中的刺头,似乎处处与他作对。作为数学学院的领头人,维布伦到处招兵买马,但弗莱克斯纳却希望早日建成经济学、人文学科及社会科学等学院。他们在人选、工资待遇等问题上冲突不断。比如说,当他在关于著名数学家哥德尔(Kurt Friedrich Gödel)的任命问题上和维布伦发生争执时,为了解决矛盾,他不得不求助于时任洛克菲勒研究所所长的哥哥西蒙。其实弗莱克斯纳也清楚地意识到自己在专业方面的不足,因此这样的争执往往是以弗莱克斯纳的让步而告终。[1]

五

不管从哪个角度看,弗莱克斯纳在美国高等教育史上都是一位举足轻重的人物。他和他的兄弟姐妹的成长经历为美国大学的社

---

[1] S. Batterson(2006), *Pursuit of Genius: Flexner, Einstein, and the Early Faculty at the Institute for Advanced Study.* Wellesley, MA: A. K. Peters, pp.119-158.

会流动功能作出了最好的注脚，而他日后在医疗教育改革和普林斯顿高等研究院的建立这两件事上，为美国高等教育的健康发展开拓了诸多成功的先例。

首先，弗莱克斯纳做成的这两件惊天动地的大事，没有一件是在政府的资助或指导下进行的。医疗教育的改革换在任何其他国家都会牵动政府的神经，但弗莱克斯纳的项目则完全是在卡内基和洛克菲勒两个基金会的资助下独立完成的，而且项目的执行者还是一位完全游离于学界、从未在大学工作过一天的行外人。这个现象耐人寻味。今天的大学常常将"专家治校""教授治校"的口号叫得震天响，在尊重学术独立的表象背后也许隐藏着对社会批评的轻视乃至蔑视。而回顾美国大学的成长过程，它们几乎是在社会的批判声中一路走来。也许这就是为什么美国的大学往往和社会的发展比较贴近，也更愿意回应社会的需求。弗莱克斯纳作为一位中学老师接下调查医学院的项目，虽然也受到过各方面的质疑，但他最重要的一项资格就是他在《美国学院》一书中所展示的批判精神。后来的事实证明，他非专业的身分反而成为优势，成为他发现问题的一个独特的视角。美国大学能够容忍这样的批评并随即按照他指出的方向进行改革，这样的大学怎么可能不进步？

其次，由基金会而非政府资助调查大多为州立的医学院，不仅避免了政府立项所难免的繁文缛节，而且增强了调查的中立性和公正性。一个社会在经济起飞之后必然会产生许多富豪，而公众总是希冀富豪们用其积累的财富回馈社会，但有了财富如何回馈的问题有时比没有财富如何积累的问题更难回答。通过慈善机构直接扶贫救难固然必要，但通过基金会的支持对于社会问题进行研究并找到相应的解决方法，这对于经济刚刚崛起、公民社会正在形成的国家尤其重要。比如说，弗莱克斯纳在确认临床代课医生为美国医学教育问题的根源之后，在洛克菲勒基金会的帮助下，先在约翰·霍普金斯大学等名牌医学院里逐渐用全职的临床科学家或医学研究专家来取代兼课医生,从而将临床医学打造成一门专业学科。这种学科的改造通过慈善基金来做显然比政府行政命令更加有效,也避免了许多由政府指令带来的不必要的人事纠纷。这个"以研究促改革"的模式在今天的"比尔和梅琳达盖茨基金会"(Bill & Melinda Gates Foundation)那里得到传承,连亿万富豪巴菲特也心甘情愿地将自己的财富交给盖茨基金会打理,可见慈善并非简单的助贫。这个模式让美国社会特别是美国大学受益至今。

再次,"高等研究院"从专有名词到普通名词的转变,标志着弗莱克斯纳所创立的这种以好奇心驱动的基础研究中心得到社会的广泛认可。在《无用知识的有用性》这篇文章中,他提出对"无用知识"的追求会带来未知的"有用性"。[1] 这个观点其实并不新鲜。科学史早就证明,有益于人类的大多数真正的伟大发现,并不是由实用的愿望所推动的,而是由满足好奇的愿望所推动的。[2] 然而,研究毕竟只是现代大学诸多功能之一,而且随着大学的利益相关者(stakeholders,包括政府、纳税人、家长、学生,等等)对于大学问责的要求越来越高,管理者很难在容许教授们无限追求"无用知识"的研究和要求他们在教学与研究方面展示成果这两者之间找到平衡点。从这个意义上看,普林斯顿高等研究院的成功不仅使得学术独立和自由探索成为学界的常规,而且其组织方式也成为当代大学争相仿效的对象——让一些顶尖的学者在个人研究兴趣的驱使下暂时地远离尘世,为他们在嘈杂的校园之外提供一张安静的书桌。

---

[1] A. Flexner(1939), "The Usefulness of Useless Knowledge", *Harper's Magazine*, October, Issue 179.

[2] 叶建华、邓东波:《弗莱克斯纳的"无用知识的有用性"探析》,《中国电力教育》2011年总第188期,第18页。

最后，弗莱克斯纳用他的实践为我们阐释了"专家治校"的真正含义。他毕生致力于高等教育的改革，却从未在大学校园任过一天职。你可以用"旁观者清"来解释他的成功，但他的"清"是建立在对大学全面的研究和深刻的理解基础之上的。因此，在揭示大学存在的问题方面，我们从他身上看不到任何外行的缺陷。弗莱克斯纳的经历告诉我们，高等教育研究只要方法得当、数据翔实，研究者的学术背景与研究的质量其实毫不相干。在医学院的行政改革和高等研究院的日常管理方面，弗莱克斯纳也极其称职，因为他的管理才能用在学术单位游刃有余。倒是在高等研究院学者的任命方面，他的缺陷暴露无遗。学者的资历只有同行能够评判，外行想要干预只能自取其辱。

总之，高等教育管理大致可以分为两个领域——学术管理和行政管理。弗莱克斯纳以一种"大无畏"的批判精神闯进这片天地，横冲直撞，居然战绩累累，美国大学管理者从善如流的胸怀当是他成功的前提。学术管理需要专家主导，这个学界早已坐实的道理本无挑战的必要，因此弗莱克斯纳的"以身试法"以失败告终当是预料中事。较少为人关注的是行政管理中的"专家治校"问题：此专家非彼专家也。学者、教授固然可以成为行政管理的专家，但管理作为一门准科学，需要的不一定是学术上的专才，而是处事为人的管理方面的真才实学。这一点弗莱克斯纳可谓真专家也，他的成功对于后世的警示是：大学管理和商业管理一样，它呼唤管理学的专家。

第七章　通识教育：人类文明的朝圣之旅

　　智力文化中必不可少的两个要点是心智的训练和存储：使其能量得以扩张、其知识得以存储。前者在两者之间也许更为重要。因此，在大学课程中，必修的科目必须是能够将学生的各种机能调动起来的日常的、严格的训练。

——《耶鲁报告》

Committee of the Corporation and the Academic Faculty（1928）. *Reports on the Course of Instruction in Yale College*. New Haven: Printed by Hezekiah Howe, p.7.

　　通识教育试图解决在一个知识支离破碎和极度专业化的时代，如何维持一套共同的价值观念。

——亚瑟·科恩

亚瑟·科恩著、李子江译：《美国高等教育通史》，第131页。

哥伦比亚学院所在地汉密尔顿楼。1919年哥伦比亚学院教授开设"战争问题"课程,后来逐步演变成为"核心课程",并被公认是美国大学通识教育之滥觞。至今这个具有里程碑意义的课程体系已经存在一百年了。　　（摄影：程黛曦）

一

若以1919年哥伦比亚大学的"核心课程"（core curriculum）作为通识教育之滥觞，[①] 美国大学教育中这个带有地标性质的课程已经走到了第100个年头。一个世纪的风风雨雨，这个课程被仿效、被改革，被颂扬、被批判，被扭曲、被矫正。写它的历史不知从何谈起，高深的研究论文却汗牛充栋；付诸实施的管理者往往生搬硬套，被要求必修的学生却常常是一头雾水。

其实，通识教育的故事真不应该从通识教育讲起，而要从什么不是通识教育开始。因为倡导通识教育的人们往往非常明白他们不要什么，却大多难以界定通识教育是什么、他们想从中得到什么。原因很简单：通识课程在不同的时期代表不同的教育理念；更糟糕的是它有时被倡导者当成武器来对付与自己相左的理念。

假如我们能够暂时撇开作为理念的"通识教育"，那么它作为一个"课程"，按照克尔（Clark Kerr）的定义，就是"学院提出的在人类不断发展的知识和经验中那些被认为是对某个时期受教育者的生活有用的、适当的或相关的知识和经验"[②]。在此，克尔揭示了通识课程的两个重要特点：其一，通识课程与时代紧密相连；其二，通识课程必须是"有用的、适当的或相关的知识和经验"，而不仅仅是一种理念。

为了讲好关于通识教育的故事，我们可以先以1919年为界，将美国大学的课程演化大致分为"前通识教育"和"通识教育"两个时代。"前通识教育"时代又可以进一步分为三个阶段：（1）殖民地时期：古典课程；（2）建国初期："耶鲁报告"；（3）工业革命时期：选修制度。

[①] 程星：《细读美国大学》（第三版），第90页。
[②] 亚瑟·科恩著、李子江译：《美国高等教育通史》，第27页。

"通识教育"时代也可以分为三个阶段:(1)"一战"前后(通识教育1.0):哥伦比亚的"核心课程";(2)"二战"之后(通识教育2.0):哈佛"红皮书";(3)民权运动之后(通识教育3.0):斯坦福的"文化、思想和价值"。

至于进入21世纪后大学的通识教育是否已经进入"后通识教育"时代,可以讨论,可以存疑。

二

殖民地时期的美国学院课程基本全盘照搬欧洲大学古典课程,即所谓的"七艺"(seven liberal arts)——文法、修辞、逻辑、算术、几何、天文与音乐。哈佛学院的学生除了必修逻辑、伦理、哲学、天文和几何之外,还须上《圣经》和圣经语言(拉丁语、希腊语和希伯来语)。[①]尽管这些课程在今天看来似乎并无任何"有用"的价值,但是如果我们了解当时大学教育的目的是培养牧师、学者和绅士,那么早期学院的古典课程还是相当"有用"的:希腊语是文艺复兴时期欧洲重新发现的人文主义经典著作所用的语言,而学习法律、医学和宗教改革后的圣经译本则必须懂得拉丁文。一般来说,学生在大学前两年必须修读拉丁语、希腊语和希伯来语,加上逻辑、修辞和自然哲学等课程;自然哲学后来演化成今天的物理学。第三、四年他们除了继续学习拉丁文、希腊文和自然哲学之外,还要修读数学和精神与道德哲学,即今天经济学、伦理学、政治科学以及社会学的前身。在当时,这样的古典课程对于毕业后从事法律、医学和神职的毕业生来说是有用的,而且是必不可少的。所以,从教学方法上,古典课程可以学习,可以背诵,却不可以批

---

① E. H. Gwynne-Thomas(1981), *A Concise History of Education to 1900 A.D.* Washington, DC: University Press of America, pp.147-149.

判，更不可以挑战。①

学院古典课程开始向现代课程的演化可以追溯到美国独立战争前夜，伴随着科学课程的引进和科学方法的运用。比如说，宾夕法尼亚大学的前身费城学院 1756 年就开设了代数学、建筑学、力学、光学、天文学、化学等课程，并在航海、测量、国民史、法律、政治和商贸等领域开设新课程。② 而美国的独立给这个新生的共和国带来无限希望，也将这样一个信念植入人们的心中，即每个学院从此都必须担当起为新的国家服务的重任。这种服务国家与社会的理念当属美国独创，之前的欧洲古典学院并无这样的意识。

不难看出，应用加服务这个组合对于殖民地学院的古典课程是一个挑战。在西点军校和伦斯勒理工学院（Rensselaer Polytechnic Institute，RPI）这类新建的技术类学院里，课程在数学、化学和工程方面的专业化倾向已经非常明显，而现代外语的开设更是为学生打开了出国旅行的大门，对传统的拉丁语和希腊语的教学形成冲击。这个时期耶鲁学院的学生不仅要修读经过改良的古典课程——数学、天文、语法和修辞学，包括拉丁和希腊语，还要学习化学、实验物理、地质学、法语和德语。③ 这种繁杂的、碎片化的课程设置在耶鲁教授和管理者中守旧和革新两派之间引起激烈的论战，结果就是美国高等教育史上著名的《1828 年耶鲁报告》（*The Yale Report of 1828*，简称《耶鲁报告》）。④

1827 年 9 月，耶鲁教授们就是否用"其他科目"取代"死的语言"（dead languages）的问题展开讨论，却一不小心将话题提升到

---

① C. J. Lucas（1994），*American Higher Education: A History*. New York: St. Martin's Griffin, p.109.

② 亚瑟·科恩著，李子江译：《美国高等教育通史》，第 31 页。

③ 同上书，第 70 页。

④ Committee of the Corporation and the Academic Faculty（1928），*Reports on the Course of Instruction in Yale College*. New Haven: Hezekiah Howe.

美国高等教育的性质与使命的高度。①《耶鲁报告》没有简单地排斥现代课程,却坚持古典课程对学生知识结构的重要性。

> 智力文化中必不可少的两个要点是心智的训练和存储:使其能量得以扩张、其知识得以存储。前者在两者之间也许更为重要。因此,在大学课程中,必修的科目必须是能够将学生的各种机能调动起来的日常的、严格的训练。那些学科必修的分支必须是指定的、教学方式必须是广为认可的,而这些经过精心设计的教学技巧能够紧紧抓住学生的注意力,调动其思路,(使之)能够分析有待调研的主题,精确分辨与跟踪论辩的过程,对提交的证据加以平衡以作出最后的判断,唤醒、提升并控制想象力,懂得如何处理记忆所聚敛的财富,提升并疏导天赋的能力。②

在此,《耶鲁报告》为古典课程存在的合理性作出强力辩护,即它作为学生心智训练的最佳工具,较之知识的积累更为重要。"我们认为,我们指定的课程包括了有意接受完整教育的每一个人都必须懂得的科目。"③这样的陈述虽然今天听起来有点自负,有点武断,但《耶鲁报告》在当时的影响不可小觑。至19世纪中期,古典课程、数学、科学、历史和哲学等科目在学院课程中都已经得到体现,但几乎没有一个学院敢于将古典课程从学院课目中完全清除。④然而,几乎就在同时,一个想法在美国校园开始发

---

① F. Rudolph(1991), *American College and University: A History*. Athens, GA: University of Georgia Press, p.132.
② Committee of the Corporation and the Academic Faculty, 1928, p.7.
③ Ibid., p.46.
④ T. J. Denham(2002), *The Elective System or Prescribed Curriculum: The Controversy in American Higher Education*. Unpublished doctoral dissertation, Nova Southeastern University. ED 471 740, p.4.

酵:让教授讲授自己所研究的学科,让学生选择他们想学的课程。为了吸引更加广泛的生源,很多学院开始开发新课程供学生选修,但选修作为一种制度还没有成熟到足以对抗指定的古典课程的地步。

1860年代,随着南北战争的结束,美国经济百废待兴,工业革命的列车也开始提速。经济增长带来的各种机会大大刺激了人们对高等教育的兴趣与需求,也迫使大学重新检视自己的使命。这一时期,"学院不仅进行本科生教学,承担科学研究和社会服务的职能,开设专业学院,还大力发展研究生教育,开始形成美国高等教育的特色。"[①] 高等教育史家鲁道夫指出,在那个时代,呼风唤雨的人物,如石油大王洛克菲勒(John D. Rockefeller)、钢铁大王卡内基(Andrew Carnegie)和烟草大王杜克(Washington Duke)抓住了经济起飞过程中千载难逢的机遇,同样,高等教育界的巨人,如康奈尔大学的怀特(Andrew D. White)、约翰·霍普金斯大学的吉尔曼和哈佛大学的艾略特,也抓住了那个时代高等教育发展的机遇。"他们回应了人们突然得到释放的那种在社会与经济领域向上流动的冲动、强调个人差异与需求的民主心态,以及对妇女、农夫、机械师和野心勃勃的中产阶级受教育权利的认同。"[②]

1869年,艾略特被任命为哈佛大学校长;他上任伊始就宣布在哈佛学院推行他酝酿已久的选修制度。艾略特在就职演说中声称:"这所大学不承认文学与科学之间有任何对立,不认可数学与古典文学、科学与形而上学之间存在着非此即彼的选择。我们什么都要,而且要最好的。"他一方面承诺增加选修课程不会取代任何古典课程,另一方面却毫不隐瞒自己推进课程改革的主张:"学院因

---

① 亚瑟·科恩著、李子江译:《美国高等教育通史》,第95页。
② F. Rudolph (1991), *American College and University: A History.* Athens, GA: University of Georgia Press, p.245.

此提出要尽其所能建立、改进和扩展选修制度。"[1]

艾略特对于选修课程的热忱近乎杰斐逊和林肯对于国家的民主自由的追求：教授应当根据自己内在的才能和兴趣自由地选择研究领域、追求学术卓越，而学生也应当根据自己的喜好来选择学习科目。艾略特认为，自由是学生人格得以真正发展的必要前提，而他们所具有的上帝赋予的禀赋必须得到悉心培育，方能在离开哈佛后完成其肩负的服务社会的使命。选修制度的另一个好处是：它能够鼓励教授开出更多的课程，推动学术研究的专业化，在他们的专业领域里将学术不断向前推进。[2]

艾略特在哈佛推行选修制度的策略是步步为营。他先是将希腊语从入学要求中剔除，然后在1872年完全废除了高年级学生的必修课目，1884年废除二年级学生的必修科目；1885年将大学新生的必修科目作了大幅削减；至1894年，哈佛新生只需完成修辞学和一门现代语言就完成了大学期间所有的必修科目；而至1897年，哈佛新生唯一的必修课程是一年的修辞学。[3] 当然，比哈佛更加彻底地实行选修制度的还有康奈尔大学：早在1869年康奈尔就已经实行一个几乎毫无限制的选修制度。[4]

艾略特理所当然地将选修制度与高等教育中的民主与自由的理念挂钩，他假设受到良好教育的人们并不需要获取同样的知识，也没有任何一个领域的知识比其他领域具有更高的价值。这样的

---

[1] C. W. Eliot (1869), *Addresses at the Inauguration of Charles William Eliot as President of Harvard College*, Tuesday, October 19, 1869. Cambridge, pp.41-42. https://archive.org/details/addressesatinaug02harv.

[2] E. Moyen, J. Edwards, & J. R. Thelin (n.d.), Charles Eliot (1834-1926) - Harvard: From College to University, Recruiting a Superior Faculty, The Elective System. http://education.stateuniversity.com/pages/1951/Eliot-Charles-1834-1926.html#ixzz4gG4fki59.

[3] F. Rudolph (1991), *American College and University: A History*. Athens, GA: University of Georgia Press, pp.294-295.

[4] C. J. Lucas (1994), *American Higher Education: A History*. New York: St. Martin's Griffin, p.167.

文化相对论理所当然地受到很多人的质疑。没有同样的知识当然也就没有同样的标准："教授和学生从此不再是敌人而是朋友，"密歇根大学一位教授在1880年曾这样调侃道。[1] 哲学家杜威批评道：选修制度破坏了大学课程的连贯性和知识的完整性。[2] 更有甚者，认为选修制度摧毁了大学教授和管理者所具有的指定必修课程的权威地位，这一点让普林斯顿大学校长詹姆斯·麦考什（James McCosh）感到不堪忍受。1885年麦考什与艾略特展开一场公开的辩论，吸引了全国的目光。麦考什坚持大学指定课程的必要性、上课考勤和宗教教育的强制性，以及有限的专业化教育。他认为，无限制的自由必将营造一个教授与学生放任自流的校园环境，最终导致完整大学经验的彻底丧失。[3]

由此可见，从殖民地时代的古典课程、到建国初期科学课程与科学方法的引进、到《耶鲁报告》为古典课程的辩护、再到内战之后围绕选修课程的论争：贯穿整个"前通识教育"时代的一个关键问题是大学是否需要指定课程。换言之，大学是否需要让学生学习一些共同的知识，使之成为具有某些共同价值观念的社会成员？因此，反对选修制度的人们在这里达成一个共识："通识教育（的目的是）试图解决在一个知识支离破碎和极度专业化的时代，如何维持一套共同的价值观念。"[4] 从这个意义上看，1919年始于哥伦比亚大学的通识教育运动，首先是对哈佛校长艾略特倡导的选修课程的一种反动。

---

[1] F. Rudolph (1991), *American College and University: A History*. Athens, GA: University of Georgia Press, p.305.

[2] T. J. Denham (2002), *The Elective System or Prescribed Curriculum: The Controversy in American Higher Education*. Unpublished doctoral dissertation, Nova Southeastern University. ED 471 740, p.10.

[3] Ibid., p.7.

[4] 亚瑟·科恩著、李子江译：《美国高等教育通史》，第131页。

三

国内一位著名随笔作家写了一篇关于哈佛的文章,在网上广为流传。作者是哥伦比亚大学研究生毕业,但是到哈佛去进修时才发现,哈佛本科和文理学院的课程介绍长达1000多页。作者因此百感交集:"以前在哥大听课,我就觉得自己已经见过世面了。现在,捧着这个庞然大物,我有种金轮法王突然路遇萧峰的悲凉感,过去六年建立起来的牛校感当即化作片片飞屑,随风而逝。"作者随即上纲上线,认为哈佛之所以是一流大学,是因为"它蕴含了丰富的人文精神,而这一精神,最集中地体现在它的'核心课程'上(哥大也有,但是跟哈佛比,是小巫见大巫)"[①]。

姑且不论哈佛的人文精神与核心课程之间的相关系数有多高,光是以大学列出课程多寡来决定一所大学有多"牛",这样的判断力怕是会让她母校的教授们大失所望吧。原因在于,哥伦比亚与哈佛恰恰代表了美国大学通识教育的两种不同风格或路径,前者是所谓的"核心课程"模式,即要求学生通过指定的课程阅读指定的经典著作,而后者则是所谓的"分布性"(distribution requirement)模式,课程种类相当宽泛,按学术领域分类。学生需要从这些规定的领域中自由选修一定的学分以满足修读要求。由此可见,哥伦比亚课程之"少"和哈佛课程之"多",起码在通识课程方面,都是蓄意的(by design),既非偶然(by accident),更与大学有多"牛"毫无关系。

假如我们可以将哥伦比亚大学早期的通识课程称为"通识教

[①] 刘瑜:《牛校牛在哪?》,见 http://www.aisixiang.com/thinktank/liuyu.html。

育1.0",那么这个课程的起源倒是带有一点"偶然性"。[1] 在第一次世界大战期间,哥伦比亚大学教授曾经为准备赴欧参战却对欧洲文明、历史知之甚少的美军学员开设过一门"战争问题"(War Issues)的课程,介绍当代文明的冲突及其历史背景。战后的1919年,当战争不再是问题,哥大教授们便在原来课程的基础上开始策划一门"和平问题"(Peace Issues)的课程,意在为所有哥伦比亚学院的本科新生提供一个基本的、广泛的历史文化知识背景,而不是按照哈佛的方式由他们在大学伊始便放任地自由选修。在此基础上,经过一个教授委员会的精心策划,这门被称为"现代文明"(Contemporary Civilization, CC)的新课于1919年秋季正式开张。作为哥伦比亚通识课程的第一块基石,这门课程在此后的整整一个世纪内从未中断过。

"现代文明"关注的焦点是现代公民社会的建设。核心课程的首任主任约翰·考斯(John Coss)教授认为,要让学生认识当代挥之不去的诸多问题,必须使他们熟知这些问题产生的背景,即自然的原因、人类的本性以及最近的历史。在这个思想指导下,"现代文明"课最初的两个星期完全用来学习自然地理和一些主要国家的物质资源。接下来几个星期是介绍分析人类的行为、原始本能、习惯和思维。然后,课程转而探讨西方文明的历史背景。

其实,"现代文明"课并不怎么"现代"。课程重点虽然放在近百年的历史和哲学方面,但这个"近代"的期限到1930年代已经放宽到1300年。当时"现代文明"两位任课老师亲自撰写了长达几百页的详细的讲课提纲,并交由哥伦比亚大学出版社出版。在此后的若干年内,这两本教材一版再版,每次都伴随着新的想法和思

---

[1] T. P. Cross (1995), *An Oasis of Order: The Core Curriculum at Columbia College*. New York: The Office of the Dean of Columbia College, Columbia University. 以下关于哥伦比亚大学通识教育的叙述主要取自该书。

路。以后的八十多年中，课程的模式基本形成：以欧美从圣经和其他古典思想传统发展而来的论述为重点，要求学生精读各种西方经典著作的原文。学生在精读原文的基础上建构自成一体的观点，并以口头与书面的形式加以表达。教授在挑选必读书目时注重作者的历史地位、作品思想的持久的重要性，以及作品引发思考与争论的能力。今天"现代文明"课的必读书目包括圣经、古兰经、柏拉图、亚里士多德、奥古斯丁、马基雅维利、笛卡尔、霍布斯、洛克、卢梭、亚当·斯密、康德、马克思、达尔文、尼采、杜勃伊斯、弗洛伊德，等等。

哥伦比亚大学通识教育另一块基石"人文经典"（Humanities）的始作俑者是英文系教授厄尔斯金（John Erskine）。他早在1915年就提出"名著选读"（the Great Books）的想法，但一直和者甚寡。直到1920年秋哥伦比亚学院才批准他给高年级学生开设一门"通识荣誉"（General Honor）课程，每周三晚上两小时，以讨论班的方式进行，每班不超过20个学生。学生每周必须在课前念完一部指定的名著，才能参加讨论。厄尔斯金的初衷其实很简单。他认为学生不读书（not well read），因此开出一个80本书的阅读清单，计划让学生在两年内念完。在精读"名著"的同时，学生必须在教授带领下进行讨论，而这样的讨论起码由两位资历相当的教授主持，因为他不想看到任何教授因为资历较深而主导讨论的方向。[①] 这门新课出乎意料的成功，使得选修此课成为1920年代中期哥伦比亚最优秀学生的标志。该课的成功亦吸引了一批英文系和哲学系的教授，其中包括后来转到芝加哥大学并将"名著选读"发扬光大的阿德勒（Mortimer Adler）教授。

---

① J. V. Doren（2001），"The Beginnings of the Great Books Movement at Columbia." *Columbia Magazine*. See http://www.columbia.edu/cu/alumni/Magazine/Winter2001/greatBooks.html.

1929年厄尔斯金离开哥伦比亚,"通识荣誉"课随之中断。1932年秋季,后来成为学界巨匠的两位英文系教授巴赞(Jacques Barzun)和特里林(Lionel Trilling)继续厄尔斯金留下的事业,共同开设了一门他们称之为"重要经典研讨会"的课程。从1934年开始,哥伦比亚学院的教授终于开始认识到由厄尔斯金、巴赞和特里林开创的阅读西方思想史上"经典名著"的传统对提高新生人文素养的意义。经过好几年的讨论和酝酿,一门新的核心课程逐渐形成。新课的设计者无意恢复厄尔斯金的"通识荣誉",也不想另搞一套"名著选读"。他们设计了一个新的"人文经典"系列:(1)"人文A":新生必修,以小班的方式攻读和研讨重要的西方文学名著;(2)"人文B":二年级学生必修,以大课的形式教授音乐和美术。这个格式基本沿用至今,被哥伦比亚学院的学生简称为"文学人文"(Lit Hum)、"音乐人文"(Music Hum)和"艺术人文"(Art Hum)。假如"现代文明"有意在西方历史、哲学和政治思想等领域里为学生打下扎实的基础,那么"文学人文"则将学生推向西方文学的峰巅,让他们年轻的灵魂在文学的经典中得到一次难得的洗礼。荷马、埃斯库罗斯、索福克勒斯、欧里庇德斯、希罗多德、修昔底德、阿里斯多芬、柏拉图、维吉尔、奥古斯丁、但丁、薄伽丘、蒙田、莎士比亚、奥斯丁、陀思妥耶夫斯基、伍尔夫,以及圣经旧约与新约:这个书目半个多世纪以来没有太大的变化。[①]

哥伦比亚的教授们在核心课程一个世纪的演化过程中也进行过其他实验,试图建立一整套科学课程并以此形成"核心课程"的第三块基石。最近的一次实验是在2002-03学年开始的"科学前沿"(Frontiers of Science)课,由哥伦比亚资深的自然科学教授给大学新生讲授当代世界最新科学发展。尽管科学课程的加入使得

---

① McCaughey(2013), *Stand, Columbia: A History of Columbia University in the City of New York, 1754–2004*. New York: Columbia University Press, pp.290–292.

通识教育变得系统、完整,但这门课程对于学生来说是高不成、低不就:科学专业的学生嫌内容太浅,非科学专业的又嫌太深,所以至今无人敢于声称"科学前沿"已经成为哥大核心课程的第三块基石。

芝加哥大学是"通识教育1.0"时代的另一个重镇。1930年代在哈钦斯(Robert Maynard Hutchins)校长亲自指导下开始通识教育的实验,遭到芝大教授的非议与抵抗。哈钦斯因此从哥伦比亚大学请去两员大将——阿德勒和麦科恩(Richard McKeon),全力推行由哥大教授发明的"名著选读"(Great Books)课程。值得一提的是,由阿德勒发起的"西方世界伟大名著"(Great Books of the Western World)运动不仅将芝加哥大学的核心课程打造成美国大学通识教育的典范,而且从校园推及整个社会,成为一个文化运动,甚至在大英百科全书出版社(Encyclopaedia Britannica)的运作下还带上了一点商业意味。关于这一段历史,雷西(Tim Lacy)教授在《民主文化之梦》一书中作了详细叙述。[①]

四

毋庸置疑,哥伦比亚的核心课程是"通识教育1.0"时代的标杆,也是对哈佛校长艾略特推行的选修制度的反动。然而极具嘲讽意味的是,"二战"之后,哈佛大学却摇身一变,成为"通识教育2.0"时代的领袖和标杆。

1942年11月的一天,哈佛校长柯南特正在首都华盛顿的一个私人会所"宇宙俱乐部"(Cosmos Club)吃饭,柯尔盖特大学

---

① T. Lacy(2013), *The Dream of a Democratic Culture: Mortimer J. Adler and the Great Books Idea*(Palgrave Studies in Cultural and Intellectual History), New York: Palgrave Macmillan.

(Colgate University)校长考利（William H. Cowley）走过来和他聊天。考利是当时新一代教育理论的领军人物，并对芝加哥大学哈钦斯校长领导的"西方世界伟大名著"运动颇有微词。他认为哈钦斯企图用古典名著来拯救日渐衰微的美国自由教育（liberal arts education）传统，却忽略了爱默生（Ralph Waldo Emerson）的观点，即每一个时代都有属于自己的故事。考利毫不客气地指出，哈佛作为美国大学公认的领袖，对于哈钦斯的极端保守立场至今毫无作为。柯南特饶有兴致地问考利有何良策，后者建言：哈佛应由校长任命一个教授委员会，专门研究自由教育的未来——不仅限于哈佛的教育，而是面向整个美国。1943年初，柯南特任命了一个以学务副校长巴克（Paul Buck）为主席的12人委员会，专门研究自由社会中的通识教育问题。①

此时距离"二战"最后结束还有两年多，但美国学界和政界的有识之士却已经开始为战后重建未雨绸缪。从艾略特时代一直实施选修课程的哈佛教授们意识到，其本科教育体制下所培养的人才与战后美国在世界事务中所处的地位极不相称，因而大学必须在学生个人的兴趣和整个社会的需求之间找到新的平衡点。在这样一种新的思维指导下，科南特校长任命的教授委员会推出题为《自由社会中的通识教育》的报告，②即后来名噪一时的所谓《红皮书》（Redbook）。当然，这时哥伦比亚学院的核心课程从内容设计到教学方式几经修订，教授们为打造这块名牌已经精工细作了26年。因此在哥大师生的眼里，此时开始侈谈通识教育难免有点迟到。但是，《红皮书》的关注重点及其发表的历史时机与"通识教

---

① R. N. Smith（1986）, *The Harvard Century: The Making of a University to a Nation*. New York: Simon and Schuster, pp.160-161.

② Harvard University Committee（1945）, *General Education in a Free Society: Report of the Committee*. Cambridge, MA: Harvard University Press.

育1.0"时代却大相径庭,哈佛亦由此开启"通识教育2.0"时代,成为战后美国大学本科通识教育的一面旗帜。同时,经过多年磨合,哥伦比亚学院的"现代文明"课终于成为一门相对成熟的核心课程,其标志是1946年发表的《西方现代文明入门手册》。[①] 有趣的是,这两卷本堪称经典的著作在1960年发行第三版时因其红色的、富丽堂皇的封面也被称为《红皮书》(Redbooks)。哈佛《红皮书》所设计的对本科生在人文学科、社会科学以及自然科学方面的必修课程从来没有得到严格的实施;学生只需在这三个领域里选修一定的课程便可过关。相比之下,哥大的《红皮书》原是为哥伦比亚学院的学生上课方便所编的一本教材,发表后不仅为美国两百多所学院选用,而且课程内容至今没有太大变化。

那么,"通识教育2.0"与"通识教育1.0"之间的根本区别在哪里呢?从哥伦比亚大学"核心课程"的起源,我们不难看出通识教育的拓荒者对工业革命时代学生知识结构碎片化和专业化倾向的极度焦虑。因此,建基于"伟大著作"(great books)及其"伟大思想"(great ideas)之上的"核心课程"阅读书目是他们为美国大学自由教育的传统得以延续所开出的药方。哥大教授设计"现代文明"和"人文经典"系列,是为了让学生能够对西方现代民主政治和文化遗产的来龙去脉有一些基本的了解,在精读原文的基础上形成独立思考与观点,并在当代大学课程中建立起一些基本的文化认同与知识底蕴。然而,柯南特校长任命的哈佛教授委员会的关注焦点显然已经转移:他们仍然关心学生的知识结构问题,但他们更加关注民主制度和公民社会的建设,希望大学教育能够为毕业生准备一些未来社会所必需的素质。

基于这样的思想,哈佛《红皮书》提出,通识教育和专业教育

[①] Columbia University(1946, 1954, 1960), *Introduction to Contemporary Civilization in the West: A Source Book*. New York: Columbia University Press.

是高等教育的两个不可分割的组成部分,前者旨在培养有社会责任感的公民,而后者则重在培养学生具有一定从事职业的能力。因此,它要求学生毕业前修满16门课程,其中6门属于通识教育课程。具体来说,学生必须在人文学科、社会科学,以及科学和数学这三个领域里完成其必修的通识教育课程。《红皮书》进而建议,学生应在人文学科领域内修读一门能够被称做"伟大的文学文本"的课程,在社会科学领域修读一门名为"西方的思想与制度"的课程,在数学与自然科学领域不仅需要修读导论类的课程,而且必须在数学、生物学、物理学等领域有所涉足。[1]

尽管教授委员会向柯南特校长提交的《红皮书》在哈佛文理学院高票通过,但据说柯南特对这份报告并不十分满意,因为它没有专设部门或人员管理哈佛的通识课程,而是仰仗各院系的专业教师来讲授通识教育课程。果不其然,《红皮书》提出的通识教育计划其后在哈佛并未得到认真执行。直到1976年哈佛文理学院院长亨利·罗索夫斯基(Henry Rosovsky)组织一个新的委员会重新检视哈佛的通识课程并提出关于"核心课程方案"的报告,哈佛历史上第一个"核心课程"方案正式才出台并开始实施。[2] 这是后话。

但《红皮书》之所以在当时产生如此巨大的影响,说来有趣,其原因居然和"一战"之后哥伦比亚启动"通识教育1.0"如出一辙。柯南特看到"二战"以后美国社会存在的两个危险:一是社会与经济多样性的增加导致阶级分化和仇恨,二是人口流动性的增加导致知识的相对主义。由于传统机构(如教会和家庭)权威的不断下滑,使得美国人特别容易受到教条的灌输和狂热主义的影

---

[1] 哈佛委员会编、李曼丽译:《哈佛通识教育红皮书》,北京大学出版社2010年版,第160-179页。

[2] 哈佛大学通识教育委员会、王永茜译:《哈佛大学通识教育的历史与未来》,《北京航空航天大学学报》2015年第28卷第5期,第82页。

响。因此，柯南特希望大学能够在多元化的社会里为学生提供一种共同文化的教育，让学生意识到并认同西方自由民主的传统。换言之，现代公民社会需要不同背景的人们具有共同的价值观。[①]由此可见，"二战"后由哈佛领军的通识教育2.0其实和"一战"后由哥伦比亚领军的通识教育1.0殊途同归。

2.0和1.0之间最大的差异恐怕还是在核心课程的设计上。1.0要求学生上同样的课，念同一张书单，并以此取得共同的大学经验。2.0则对学生在人文、社科和自然科学这三大领域都有要求，但并不要求他们上同样的课、做同样的事。哈佛教授委员会对于这种"分布性"的考量是：

> 实施分布必修课程的需要可能在哈佛大学尤为突出，因为来到哈佛大学就读的学生往往都准备在日后成为某事或者某方面的佼佼者。哈佛大学应当鼓励学生进行知识上的冒险、尝试新生的事物、调查国外的知识水平。分布课程将有助于鼓励哈佛大学的学生去进行尝试新事物，因为其并未规定学生必须注册任何特定课程。……分布必修课程为通识教育课程提供了根据学生个人的知识需要量体裁衣的良机。[②]

五

平心而论，通识教育2.0和1.0相比，是一个较为讨巧卖乖的选择。甘阳对哥伦比亚的"核心课程"模式深得其中三昧："西方文明传统是在美国这样一个包含多元化的社会……这样一个新的、现代的、离

[①] 哈佛大学通识教育委员会、王永茜译：《哈佛大学通识教育的历史与未来》，《北京航空航天大学学报》2015年第28卷第5期，第82页。

[②] 同上书，第87页。

散性的共和国如何有一个共同的东西、有一个共同的 language、有一个共同的文化传承？实际上这是美国通识教育的中心。"[1] 在大学进入大众化和多元化时代之后，哥伦比亚的教授们还想要坚持其核心课程为学生提供"一个共同的东西"，该是一件多么不容易的事！假如说在 1.0 草创时期，课堂里除了白人男孩之外的犹太人和意大利后裔还多少和欧洲基督教文明沾点边，那么今天的课堂里已经坐满了女生、黑人、亚裔、西班牙裔、同性恋、新移民、女权主义者，等等，来自社会各个角落的各种群体。让如此多元的一个学生群体念同一张书单，难度之大，不难想象。哈佛的"分布性"模式成功地回避了这个棘手的问题，而哥伦比亚的教授们就没有那么幸运了。

著名专栏作家邓比（David Denby）在 48 岁那年聊发少年狂，决定重新做一回大学新生。他回到阔别三十年的母校——哥伦比亚大学，重修核心课程，并将这段修课经历通过《华丽的探险：西方经典的当代阅读》[2] 一书作了详尽的记录和描述。

比如说，读什么的问题在邓比进入核心课程的课堂之始便爆发了。[3] 开学第一天，一名黑人女生就向"现代文明"课的史密斯教授发问：为什么选读作家的名单上看不到任何黑人作家及其代表作品？"这些事情发生的时候，我的族群的人在哪里？我们存在着。"随着课程的展开，不断有学生从不同的角度提出类似的问题。尽管人们知道美国是一个移民国家，而且美国人亦以其世界民族的"大熔炉"而自傲，但各民族和不同群体从加入到融合经历了一个漫长的过程，他们进入美国社会后的境遇也大相径庭。因此，在这个没有贵族传统的社会里，大学成为各族群升迁的重要途径。

---

[1] 甘阳：《文明·国家·大学》，生活·读书·新知三联书店 2012 版，第 317 页。
[2] D. Denby (1996), *Great Books: My Adventures with Homer, Rousseau, Woolf, and Other Indestructible Writers of the Western World*. New York: Simon & Schuster.
[3] 程星：《细读美国大学》（第三版），第 92-93 页。

正因为如此,一部美国大学发展史简直就是这个社会变迁演进的一面镜子。比如说,一个鲜为人知的事实是,所有常青藤大学一开始都是男校,而哥伦比亚大学的本科学院一直到1983年才开始招收女生。邓比写道,一名黑人女生向她的白人老师提出:"学生成分改变了,你们让女人和有色人种进入学校,但核心课程的书却是全白的。"①

20世纪五六十年代美国社会上风起云涌的民权运动迫使大学重新审视其课程的内容、结构及其所宣扬的价值观念。而通识课程向以培养学生价值观和判断力为己任,此时受到的冲击不难想象。激进的学生认为课程反应过于迟钝,而少数族裔的学生更是希望在大学传统的课程里看到自己族裔的身影和观点。

为了应对学生以至教授对多元化的诉求,美国大学开始增加妇女研究、非裔美国人研究、亚洲研究等种族和区域研究课程与项目,试图向社会和学生表达各种群体都具有同等价值这样的观念。事实上,哥伦比亚的教授们早就开始意识到,继续用欧洲中心论来解释"当代挥之不去的诸多问题"已变得非常困难。作为未来社会的领袖,学生需要更加广阔的视野、更加深厚的学识背景。因此,哥伦比亚大学从"二战"以后就开始在核心课程中逐渐开发出一整套非西方的通识教育课:从最初的"东方文明"(Oriental Civilization)、"东方人文"(Oriental Humanities),到后来的"主要文化必修课"(Major Cultures)。这些非西方的核心课程作为"现代文明"和"文学人文"的补充,在帮助学生认识各文化与文明之间区别的同时,更注重展示各文化间的相互联系、交互影响和平行发展。核心课程承认世界各地区的文化与文明在很长一段时间内自行发展,形成独立的传统和历史。由此形成的思想、言论和作品

---

① 大卫·邓比著、严韵译《华丽的探险:西方经典的当代阅读》(上),台北麦田出版2004年二版,第58页。

纷繁复杂,互不相同,对人类行为方式的影响至今不衰。基于这样的认识,主要文化必修课的目的就在于鼓励学生学习并思考文明与传统的多样性及其对当代世界的影响。①

哥伦比亚在核心课程上的改良还是没有能够抵挡得住时代大潮的冲击,而这次站在风口浪尖的是斯坦福大学。受到1960年代美国民权运动的影响,斯坦福在60年代末宣布取消所有与西方文明相关的必修课,"让教授爱教什么就教什么,学生爱学什么就学什么。"②(这话怎么这么耳熟?难道通识教育走过一个世纪又回到原点?)这样的实验进行了整整十年,最后毫无悬念地失败了;于是1980年宣布重开"西方文化"(Western Culture)课程,受到学生的普遍欢迎。一位教授甚至不惜溢美之词:"一个奇迹在斯坦福本科生中间发生:他们居然在晚饭桌上谈论柏拉图,在草地上谈论莎士比亚。"然而,"西方文化"在斯坦福校园的复辟极为短暂。1984年一个推翻"西方文化"的运动悄然兴起。运动的参与者公开指责作为核心课程的"西方文化"不仅是充满种族偏见的教育,而且是为培养种族主义分子所设计的教育("Western Culture is not just racist education; it is the education of racists."),并在"西方文化"与种族主义、性别歧视、帝国主义及文化自大等倾向之间画上等号。③

1988年斯坦福大学教授协会经过激烈的辩论通过决定,以新课"文化、思想和价值"(Cultures, Ideas and Values,CIV)来取代原来核心课程中的"西方文化"课。斯坦福大学对核心课程的这种改革和调整,虽然只是一个大学在面临社会变动时所作出的应对,

---

① 程星:《世界一流大学的管理之道》,北京大学出版社2011年版,第140页。
② I. D. Barchas(1989), Stanford after the Fall: An Insider's View. *Academic Questions*, Winter, p.24.
③ Ibid., p.25.

却真实反映了 1960 年代以来移民政策的变化和美国社会多元化趋势。他们的决定为大学的通识教育在以多元文化为特征的新社会里何去何从提交了一份对策。因此,我们可以将斯坦福大学以"文化、思想和价值"取代"西方文化"作为美国"通识教育 3.0"的标杆。

那么通识教育 3.0 与之前的 2.0 或 1.0 又有什么本质区别呢?假如说 1.0 将重点放在单一的、共同的文化经历,2.0 的重点在于不同的学术领域、但是共同的价值观念,那么 3.0 也许更多地强调了多元的文化族群及其不同的价值观念。特别是在 20 世纪后期开始的全球化趋势,似乎已经将大学教育逼入死角:由于未来的毕业生将面对一个全球化的职场,大学当然必须通过课程设计对学生的知识结构作出相应的调整。[①] 因此,斯坦福以多元文化为导向的通识教育课程设计便顺理成章地成为许多美国大学甚至国外大学争相模仿的范本。

曾经参与"文化、思想和价值"课程改革委员会工作的巴卡斯（Isaac D. Barchas）在之后的一篇文章中详细描述了斯坦福校园里"自由"和"保守"两派人马围绕通识课程改革展开的一场辩论。[②] 有趣的是,"自由"派对于"西方文化"课程必读书单最为憎恶的似乎是其作者为清一色的"WASP"（White Anglo-Saxon Protestant,即白人、盎格鲁-萨克逊、新教徒）,但他们在批判这种所谓的种族主义、性别歧视、帝国主义及文化自大等倾向的同时并未提出新的选项。换言之,他们知道自己不喜欢什么,却不知道自己喜欢的是什么。另一方面,"保守"方的教授虽然并不完全反对用"文化、思想和价值"来取代"西方文化",但他们同样不清楚在新的制度下他

---

① 黄俊杰:《全球化时代的大学通识教育》,北京大学出版社 2006 年版。

② I. D. Barchas（1989）, "Stanford after the Fall: An Insider's View". *Academic Questions*, Winter.

们该教什么、如何教。于是他们在新的课目下继续教他们的柏拉图或莎士比亚。

六

哥伦比亚大学教授德尔班柯（Andrew Delbanco）写过一本不到200页的小书《学院：过去、现在与未来》①，探讨"大学何为"这个古老而常青的问题。书中提到，在一个校友聚会上，他曾津津乐道地与校友们分享自己多年教授"核心课程"的体会，特别是哥伦比亚模式的通识教育如何帮助学生掌握在未来社会安身立命所需的基本知识与技能。这时一位年长的校友站起来对他说："教授，您所说的虽然没错，但不得要领。"德尔班克诚惶诚恐地请教"要领"是什么。老者答曰："哥伦比亚教给我的是如何享受生活。"②

德尔班克有点醍醐灌顶的感觉了。核心课程打开了学生之前封闭的心智与感官，让他们通过阅读和讨论领悟浸润于文学与哲学名著中的情感与理念，通过艺术欣赏提升对于颜色与形态、旋律与和声的感受与认知。这种经验虽然不具有功利的价值，却能让学生享用终身，让他们的生活变得更加丰满。

从这个角度看通识教育，也许1.0、2.0和3.0之间并无本质区别，而且通识课程应当要求学生念什么也是一个伪命题。古人云："开卷有益。"通识教育不管以什么方式进行，也许最基本的一个目的就是教会学生阅读，而且是阅读人类那些经过时间考验、经过历史沉淀的"名著"。作家曼古埃尔在《阅读史》一书中引用土耳其小说家欧汉·帕姆克（Ferit Orhan Pamuk），对读书这件看似简单

---

① A. Delbanco（2012）, *College: What It Was, Is, and Should Be*. Princeton, NJ: Princeton University Press.
② Ibid., p.32.

的事情做了这样的描述：

> 人生犹如单趟车旅，一旦结束，你就不能重新再来一次了……但是假如你有一卷在握，不管那本书是多么复杂或艰涩，假如你愿意的话，当你读完它时，你可以回到开头处，再读一遍，如此一来就可以对艰涩处有进一步了解，也会对生命有进一步的领悟。①

---

① 阿尔维托·曼古埃尔著、吴昌杰译：《阅读史》，商务印书馆2002年版，第26页。

第八章　科技立国：政府如何进入象牙塔

第一次世界大战是人与枪之战。第二次世界大战是装备与机器之战：轰炸瞄准器、潜水艇、平面探测器、超级增压器。凡·布什的工作就是保证我们得到的是最佳（的机器）。如果他恪尽其职——我们可以假设他一定会，因为他是那样的人——我们的飞机会飞得更高更快，我们的枪会比任何其他枪打得更准，我们的坦克会比任何其他坦克都骁勇善战。

——J. D. 拉特克利夫

J. D. Ratcliff, "Brains", *Colliers*, January 17, 1942. See G. P. Zachary（1997），*Endless Frontier: Vannevar Bush, Engineer of the American Century*. New York:The Free Press, p.149.

罗斯福把我叫进办公室，问道："战争结束后科学会是怎样一个状况？"我说："会输得很惨。"他说："我们该怎么办？"我跟他说："在这件该死的事情上我们得尽快行动！"

——凡尼瓦尔·布什

"At 80, Scientist Bush Looked Back at Eventful Years," *Boston Globe*, See G. P. Zachary（1997），*Endless Frontier: Vannevar Bush, Engineer of the American Century*. New York: The Free Press, p.218.

凡尼瓦尔·布什（1890-1974） 美国科学家、工程师和科学管理家。"二战"期间调动美国最优秀的科研力量进行军工研究并取得辉煌成就。他组织撰写的《科学：无尽的边疆》报告，建议美国政府在战后大力支持科学研究，不设研究机构，但提供研究经费给大学和私人企业，依照研究表现来竞争政府的研究经费。美国大学利用政府资助从事科研的基本模式，对当代世界许多国家的科学政策和大学制度建设都产生深远影响。

（插图：程黛曦）

第八章 科技立国：政府如何进入象牙塔

一

"二战"期间，盟军与德军在大西洋上展开了一场惨烈而又旷日持久的争夺战。大西洋是美国与英国之间最重要的一条海上交通线，也是美国为英军输送战略物资、为英国百姓提供补给的生命线。如果德军能够成功掐断这条交通线，战争的结果不言而喻。这场"海上阵地战"的主角是被后人封为"潜艇战教父"的德国海军元帅邓尼茨（Karl Dönitz），而他手中的利器便是德国从"一战"开始使用、让敌军闻风丧胆的 U 型潜艇（U-Boat）。邓尼茨凭藉谋划二十余年的"狼群战术"（Rudeltaktik），仅在 1943 年 2 月一个月内就用 U 型潜艇击沉 108 艘盟军船舰；在接下来的 3 月仅头 20 天又让 107 艘盟军船舰葬身大西洋底。

英国首相温斯顿·丘吉尔为盟军在大西洋海战中节节挫败而忧心如焚。他向美国总统罗斯福发出呼救，并得到积极回应。根据《租借法案》（Lend-Lease Program），[1] 大批美国海军老式驱逐舰横渡大西洋，抵达英伦三岛，编入英国皇家海军进行反潜护航作战，但成效有限。其中一个重要原因是，盟军船舰在为运输船队护航时使用的是最传统的武器与方法，绝大多数船舰完全没有对付 U 型潜艇的有效装备。但是，没有装备并不等于没有技术。此时，在凡尼瓦尔·布什（Vannevar Bush）[2] 主持的国防研究委员会（NDRC）领导下，麻省理工学院（MIT）的放射实验室（Rad Lab）

---

[1] 租借法案是美国国会在第二次世界大战初期通过的一项法案，目的是在美国不卷入战争的同时，为同盟国提供战争物资。

[2] 与后来出了两位总统的布什家族没有关系。G. P. Zachary（1997），*Endless Frontier: Vannevar Bush, Engineer of the American Century*. New York: The Free Press；J. Cole（2009），*The Great American University: Its Rise To Preeminence, Its Indispensable National Role, Why It Must Be Protected*. New York: PublicAffairs, pp.85-108.

已经成功地研制出雷达,可以有效地探测 U 型潜艇。布什认为,由于盟军无法阻挡 U 型潜艇的攻击,因此他们在大西洋战场所处的劣势不可能有任何转机;克敌制胜的唯一途径是利用先进的科技手段来探测并消灭敌人。可让人绝望的是,如此先进的雷达系统却被美国海军作战部长暨美国舰队总司令恩斯特·约瑟夫·金(Ernest Joseph King)拒之门外。他的理由很简单:只要海军好好护航,交通线就不会中断,别搞什么花里胡哨的雷达!用雷达探测 U 型潜艇,在金司令看来,纯属大海捞针。[1]

事实上,身为海军上将的金司令从来就没有把布什当回事。科学家、麻省理工学院教授,甚至受命于总统在战时领导科技发展的"科学研究与发展局"局长的身分都在金将军眼里一文不值;他认为科学家根本不应该管军队的事情。权高位重的布什尽管直通总统,但他一开始并不想通过告状来解决问题。直到面对盟军船舰 1943 年 3 月在海上的惨重损失,他才感到再也坐不住了。3 月下旬在白宫和罗斯福总统的一个午餐会上,布什将他对海军的看法如实地报告了总统,并在午餐后立即通知海军,总统有可能就他的报告采取相应的行动。金司令得知布什的报告后暴跳如雷,却又无可奈何。他只得指示海军负责研究事务的富勒(Julius Augustus Furer)少将与布什接洽。虽然少将支持布什的观点,但他需要时间做金司令的工作。可是,在和富勒少将会面后仅等了三天,布什就已经坐立不安了。4 月 12 日他提笔给金司令写了一封措辞严厉的信,并就军队和科技人员的合作问题阐明自己的观点:

> 反潜艇战显然是各种急速发展的先进技术之间的较量。

---

[1] 关于布什和金恩的故事见 G. P. Zachary(1997), *Endless Frontier: Vannevar Bush, Engineer of the American Century*. New York: The Free Press, pp.166–182.

第八章 科技立国:政府如何进入象牙塔 165

和我所知道的其他任何问题相比,这个问题很大程度上是军事和科技两个方面问题的交汇点。诚然,没有科学家能够完全把握这个问题所牵涉的军事要点;这是需要浸淫于海军传统、掌握海军指挥权、并终其一生亲近大海的人才能达到的境界。但也必须承认,没有任何海军军官能够完全把握现代科学及其应用方面的所有影响和趋势。这同样需要终其一生投入科学、并亲自使用过科学研究方法的人才能达到的境界。[1]

布什的尖锐、诚恳和理性显然触动了金司令。4月19日,金司令邀请布什到海军部长谈,并根据与布什达成的共识,在会后很快宣布建立"第十舰队"(Tenth Fleet)。这是一支没有舰艇的海军舰队,将海军内所有与U型潜艇研究相关的统计分析及其他科学和技术研究力量加以整合。"第十舰队"还是由金司令统帅,但实质上受命于布什领导的科学团队。

海军对雷达及其相关技术的态度转变极大地鼓舞了放射实验室的科学家。他们与军方密切合作,将雷达技术及其它最新装备很快就运用到盟军护航船舰上,德军的U型潜艇一下子就暴露在光天化日之下,在盟军的强烈攻势下节节败退,仅5月份就有30艘葬身鱼腹。进入初夏,德军在大西洋上的优势已丧失殆尽,而盟军的运输船只则从此畅通无阻。德军潜艇部队指挥官在决定从北大西洋全面撤退时承认,盟军的胜利并非其"战略或战术有何超人之处",而是他们在"科学领域里的优势"导致的结果。[2]

军方与科技人员合作产生如此立竿见影的效果,并没有让布什感到喜出望外。在他看来,军民两方似乎只是用行动在证实他鼓吹已久的一个观点,即战争的胜利不仅取决于武器的优势,而且

---

[1] 关于布什和金恩的故事见 G. P. Zachary(1997), *Endless Frontier: Vannevar Bush, Engineer of the American Century*. New York: The Free Press, p.169.

[2] Ibid., p.171.

需要科学的头脑。军人与科学家的合作固然需要得到顶层的支持，更重要的是，科学方法在战争中的运用必须落实到最低层级的士兵。科学家需要大量的、尽可能完整的数据，这样他们才能为军队设计最有效的新式武器。

布什在当时如此前卫的想法得以实现，很大程度上得益于罗斯福总统从善如流的胸怀。1940年6月12日布什带着一页纸的建议书去见罗斯福总统，提出建立国防研究委员会以协调军方和科技界的联系。据说总统在十分钟内就批准了这个计划，并任命布什担任主委。由于这个委员会的预算来自总统的应急资金，若干政府部门极为反感，认为布什为攫取个人权力而绕过政府行政部门。后来的事实证明，这个委员会在战时发挥了极大的作用，它成功地将美国科研成果直接应用到战时急需的领域，为盟军的最终胜利立下汗马功劳。但是，国防研究委员会来自总统应急资金的预算毕竟有限，一些新型武器的研究项目还是无法展开。1941年5月罗斯福总统批准建立"科学研究与发展局"（OSRD）并任命布什为局长。新成立的OSRD不仅将国防研究委员会纳入其中，由哈佛大学校长科南特担任主委，而且其预算由国会直接拨款。布什深知军方传统上对于民间科研人员的轻视，因此OSRD这个平台使得他和军方将领的对话成为可能。更重要的是，布什从此有可能让大学实验室的科研人员根据战争的需要研制新式武器并进行试验，而这一切之前若没有军方的支持几乎完全不可能实现。

二

凡尼瓦尔·布什（Vannevar Bush, 1890-1974）在波士顿郊外的一个工业小镇切尔西（Chelsea, Massachusetts）长大，父亲是普救说（Universalist Church）教堂的牧师。由于家境清贫，布什和波士顿地区富裕的清教徒家庭出来的孩子们并不接近，倒是有不少天主教和犹太人的朋友。当他的两个姐姐都从大学毕业时，父亲已经没有多少钱剩下给他，于是他就近上了塔夫兹大学（Tufts University），只用四年就完成了本科和硕士学位。大学时他不仅自己成绩全优，而且还在二年级就成为学校物理和数学辅导员。毕业后布什换了几份不同的工作后，在1915年进入麻省理工学院，成为电子工程系的博士生。1916年4月布什向他的导师提交了一份169页的毕业论文，被后者拒绝。导师没有提供任何理由，只是要求他"扩大研究范围"。布什经过一番挣扎后向系主任提出申诉，理由是导师并不熟悉他论文所用的数学。系主任判定布什胜诉，决定授予他博士学位。

刚戴上博士帽的布什面临两个选择：一是接受AT&T研究部（即后来的贝尔实验室）的聘请成为研究员，二是回到母校塔夫兹大学任教。布什选择了大学教授的职位，因为他知道如果为AT&T工作，他所有的发明都属于公司，而在大学任教之余他仍然能去工业界担任咨询，创造发明。

此时的美国正在第一次世界大战的外围徘徊，但布什认为美国参战的可能性极大，这为他在塔夫兹大学从事研究增添了一种使命感。他知道，自己研究的无线电真空管有可能帮助提高探测能力，用以打击敌人的潜水艇。然而，他虽然成功地说服海军对他的探测器进行试验，但在舰艇上的使用并未得到海军将领们的重视，因此没有在实战中发挥任何作用。这次经验让布什体会到，成功的工程师光有技术还远远不够，他还需要同时具有高超的政治技巧。

布什在塔夫茨大学任教期间参与了美国无线电研究公司（American Radio and Research Corp, AMRAD）的研究工作并被任命为实验室主任。1922年他和两位同仁创办"美国器械公司"（American Appliance Company），其产品极大地降低了无线电真空管的造价，立刻在方兴未艾的无线电市场上大红大紫。1925年"美国器械公司"改名为"雷神公司"（Raytheon）[①]，布什也"学而优则富"，成为成功的学者兼企业家。但布什并没有沿着企业家的道路上往下走。1919年他回到麻省理工学院担任副教授，并积极参与学校的研究和管理工作。1932年布什成为电子工程系主任，很快又担任副校长。

作为美国顶尖工程大学的教授、副校长和电子计算机领域的先行者，布什完全可以继续潜心学术，但他已经嗅到了战争的气味，预感科技发明及一流科技人员的组织协作也许是美国参与下一场战争并取胜的唯一途径。1938年布什离开麻省理工学院来到首都华盛顿，担任卡内基研究院院长。在这个位置上，他接触到美国最为顶尖的科学家和工程师，开始着手协调政府、军队和大学科研人员之间错综复杂的关系。他的目标非常明确，即集美国最优秀的科研力量，通过为盟军提供最新最强的武器装备来打赢这场战争。1941年5月被罗斯福总统任命为科学研究与发展局局长后，布什更是如虎添翼，为美军增添了原子弹、近爆引信（Proximity Fuze）、雷达及其他反潜艇装备，以及如盘尼西林这类医学研究上的重大突破。历史有时会捉弄人：当奥本海默（J. Robert Oppenheimer）、费米（Enrico Fermi）等一大批科学家的名字永远地钉在了原子弹制造工程"曼哈顿计划"（Manhattan Project）的功臣榜上，在他们背后组织协调各方力量（包括刚从欧洲移民美国的优秀科学家）的布什及其领导的科学研究与发展局反倒鲜为人知了。

[①] 雷神公司（Raytheon Company）至今仍是美国大型国防合约商，在世界各地的雇员有7.3万名，营业额约200亿美元，其中超过90%来自国防合约。（据维基百科）

第八章　科技立国：政府如何进入象牙塔

哥伦比亚大学前学务副校长科尔（Jonathan R. Cole）曾比较了美国"二战"时期三位家喻户晓的科学巨人——奥本海默、柯南特和布什，他们都曾是当年《时代》与《生活》杂志的封面人物。但是，今天人们还记得奥本海默是因为他对研制原子弹的贡献，记得柯南特是因为他是哈佛大学校长；而布什今天不仅完全被人遗忘，连他的名字凡尼瓦尔都几乎没有人能念得出来。可是，在科尔看来，布什对于美国的贡献堪与开国元勋比肩，[①] 因为他以科学家的敏锐目光不断扫描科技的前沿，无时不在寻求合适的机会让科技的突破服务于国家发展的目标。和那些在20世纪中创办一流研究型大学的学界巨人一起，布什将美国带进现代知识型社会，与那些开国元勋一样功不可没。

布什虽然自己是工程师，却时刻关注基础科学的发展。他认为，在坚实的基础科学上发展技术与工程远比就一个具体的问题研究工程解决方案要重要得多。因此，布什在将全副精力投入组织科研和工程项目的同时，对科学的基础和理论研究未有丝毫的懈怠。"他在战争中所扮演的中心角色不仅让他认识到大规模科学项目的潜在价值，而且由此产生了对于这些项目在战后可持续性的巨大焦虑。"[②] 正是这种焦虑，让布什在战争尚未结束时就开始未雨绸缪，酝酿战后美国的科技政策和组织问题。而他的思考结果居然是在战后立即解散"科学研究与发展局"这个对于美国"二战"胜利起到关键作用的政府机构，也是他自己为之呕心沥血、苦心经营的科研协调机构。可以想见，他的建议不仅连他最亲密的战友都无法理解，还得罪了周围几乎所有的政府、国会和学界人士。

[①] J. Cole（2009），*The Great American University: Its Rise To Preeminence, Its Indispensable National Role, Why It Must Be Protected*. New York: PublicAffairs, p.87.

[②] Ibid.

三

布什晚年回忆自己与罗斯福总统在1944年战争胜利前夕的一段对话："罗斯福把我叫进办公室，问道：'战争结束后科学会是怎样一个状况？'我说：'会输得很惨。'他说：'我们该怎么办？'我跟他说：'在这件该死的事情上我们得尽快行动！'"①

可出人意料的是，他最快的行动却是建议战后尽快解散科学研究与发展局！其实，布什此时在美国民众心目中的地位如日中天，很大程度上得益于他领导的科学研究与发展局在组织美国顶尖科技力量方面的巨大成就。可以这么说，布什一生中权力的顶峰就是担任科学研究与发展局局长的那几年，手中握有几乎无尽的资源。任何科学家或工程师的科研项目只要得到他的许可就能取得联邦资助，而且无需太多的论证或审批。早在1942年，著名的《高力》杂志（Collier's）记者就将他称为也许能够为美国"赢得这场战争的人"。②按理说布什应该借藉自己的威望，让科学研究与发展局在战后也能万岁万万岁才对啊。然而，正是科学研究与发展局在战时如此高度集中的权力，让他预感到这种模式在战后"输得很惨"的可能性。

布什的传记作家扎克里（G. Pascal Zachary）这样描述他不按常理出牌背后的逻辑：基础科学在布什看来是技术赖以成长的"谷种"（seed corn）。"科学知识滋养工程实践，而工程实践创造产品和工序。"布什当然明白科学与技术之间并非线性过程，而且基础研

---

① "At 80, Scientist Bush Looked Back at Eventful Years," *Boston Globe*, undated, probably 1970. 引自 G. P. Zachary（1997），*Endless Frontier: Vannevar Bush, Engineer of the American Century*. New York: The Free Press, p.218.

② J. D. Ratcliff, "Brains", *Colliers*, January 17, 1942.

究、应用研究、理论研究、实践研究之间的分界线早就不复存在了。科学家在探索过程中需要工具、材料与程序;工程师也需要实验、调整、假设检验,其过程完全是科学实验的方法,尽管目的是实用的。[①]

但是,战争将美国最优秀的科学家卷进工程项目,他们无暇顾及基础研究;而工程项目的成功又让纳税人更加愿意投资技术项目而非基础研究。在著名的"曼哈顿计划"中,战争的需要让联邦政府的兴趣和科学家的意愿达到高度统一。为了能赶在德国之前造出原子弹,科学研究与发展局向国家要钱有钱、向大学要人有人。在此,政府以战争、国家的名义对于原子能研究从经费到结果具有绝对的主导权,而且与研究相关的所有决定都来自军方以至总统。[②]

布什担心,随着战争的结束,政府对科学研究的兴趣点不可能再与科学家达到如此高度的一致,却又继续着在战时养成的对科学家发号施令的习惯。结果是,美国在科学研究和发明方面看似无限的创造力很快就会枯竭,特别是基础研究会因为得不到政府资助而落后于其他国家。基础研究耗时耗钱,只有联邦政府才能负担得起,但政府在科研政策上却不可能有太大的远见,更不可能有足够的耐心。所以,布什认为,战后美国联邦政府对科研的政策及其资助绝对不能依靠科学研究与发展局这种高度集中、自上而下、在战时"急则抱佛脚"的模式。美国需要一个永久性的、非政府主导的科研管理和资助机构来领导战后的国家科学事业。

于是,布什着手起草了也许是他职业生涯中最重要的一封信。信的草稿经白宫的助理们修改后于 1944 年 11 月 17 日送到总统手中。11 月 20 日,罗斯福在赢得第四个总统任期后不到两周就公开

---

① G. P. Zachary(1997), *Endless Frontier: Vannevar Bush, Engineer of the American Century*, p.219.

② R. L. Geiger(1993), *Research and Relevant Knowledge: American Research Universities since World War II*. New York: Oxford University Press, p.13.

发表了"他"给布什的这封信。信中要求科学研究与发展局局长尽快向总统提交一份报告,阐明科学研究与发展局在战争时期的经验"应当如何应用到即将到来的和平时期,以求提高国民健康、创造新的企业和工作、改善国民的生活水准"①。

在这封自问自答的信中,"罗斯福总统"向布什提出四个问题:(1)如何将战时为军用目的开发的保密的科研成果尽快转为民用,以刺激经济,创造就业机会,造福全民?(2)政府如何资助医学研究、向疾病开战?(3)政府应如何资助私立与公立的组织开展科研,如何处理这两类项目之间的关系?(4)政府应当如何在青年中发现并培养科学研究人才?②

布什邀请了40多位学界名人组成四个委员会,分别就这四个问题进行讨论并形成报告。这些委员会成员包括约翰·霍普金斯大学、麻省理工学院、哈佛大学等名校校长,贝尔实验室主席,哥伦比亚大学、加州理工学院等大学著名学者,以及医学界著名学者。其中多人曾与科学研究与发展局签约,参与研究项目。1945年4月各个委员会都提交了小组报告,最后由布什亲自撰写总结报告——足以传世的《科学:无尽的边疆》。它成了战后联邦政府推动并资助科学研究的一份蓝图,也是美国研究型大学走向世界一流的历程中最重要的里程碑之一。③

四

《科学:无尽的边疆》(以下简称"报告")的中心思想是:让

---

① G. P. Zachary(1997), *Endless Frontier: Vannevar Bush, Engineer of the American Century*, p.220.

② V. Bush(1990), *Science: Endless Frontier*. Washington, DC: National Science Foundation, pp.3–4.

③ Ibid.

政府资助科研，但将科研政策和项目资助的决定权交给由科学家主导的基金会，并让后者远离政治干预。布什认为，基础研究是一切技术进步的原动力，推动基础研究是美国的当务之急。报告通过数据显示，政府和企业在1930年代为大学提供的应用研究经费是基础研究的6倍，这个数字到1940年代猛增到10倍。战争的需要进一步刺激了研究朝着应用方向扩展，而由大学主导的基础研究因为受到政府和企业的忽略，已经日益捉襟见肘，无法继续为应用研究项目提供足够的科学依据与支撑。科学的进步与全民的健康、福利和安全休戚相关，因此联邦政府有责任鼓励并资助大学在这些方面展开研究。为此目的，美国需要建立一个国家研究基金会（National Research Foundation），其作用类似于战时的科学研究与发展局，但必须由科学家来主持和领导这个基金会。[①]

布什在由谁主导这个研究基金会的问题上态度非常坚定。他在报告中指出，基础研究的结果不都指向应用，有时一项研究需要很长的时间才能完成，而且完成的研究能否在应用中收到预计的效果也需很长的时间才能证实。因此，当基金会决定资助一项基础研究项目时，它必须有长期资助的心理准备，不能急功近利，更不能受到来自政府或任何外在的压力。正是由于这个原因，布什从根本上排斥战时科学研究与发展局的资助模式，坚持由科学家担任而不是军方或总统任命基金会的领导。在他看来，基金会应当是一个独立的机构，对于基础科学、应用技术和军事工业等各种项目都应当资助，资助的决定权应当由专家来掌握，而不应屈从于任何政治上的干预。

其实，包括柯南特在内的很多大学校长对于接受联邦政府的大笔研究经费一直非常排斥。他们担心成为金主后的政府会对大学

[①] R. L. Geiger（1993），*Research and Relevant Knowledge: American Research Universities since World War II*. New York: Oxford University Press, p.15.

颐指气使，而大学则会因此丧失学术的独立和大学的自治。但布什在报告中却坚持大学在政府的资助下承担国家的基础研究项目，因为与其他研究环境相比，大学的环境"最有利于新的科学知识诞生，也较少要求（科研人员）产生直接、可见的结果的压力"。所以，大学能够"在研究上投入最大的努力去拓展知识的边疆"[①]。

联邦政府应当支持大学科研的另一个重要理由是科学人才的培养。年轻人通过博士与博士后研究能够取得实验室工作的经验，为将来从事独立研究做好准备。国家的研究基金会特别需要支持大学从事医学研究并培养医学人才。布什在此提出的这个模式将知识的传授和创造纳入一个统一的而不是分离的过程。

值得一提的是，布什在报告中提出的这些思想，包括建立国家研究基金会、减少政治对科研的干预、政府资助大学科研（特别是基础研究）、培养科技人才（博士与博士后培养），等等，不仅成为战后美国大学利用政府资助从事科研的基本模式，而且对当代世界许多国家的科学政策和大学制度建设都产生深远影响。以法国和苏联为代表，许多国家另立专门的国立科研机构，以政府的意愿为研究方向，而大学则沦为纯粹的教学机构。这种倾向在20世纪后期开始得到纠正，而美国由大学主打科研的模式则受到越来越多国家的青睐。事实上，今天世界上绝大多数的研究型大学都在实行这个模式或逐渐向这个过程靠拢。

然而，布什组织和撰写的这份报告尽管意义深远，但在实施的过程中却是一波三折。报告的初衷是为了回答"罗斯福总统"的四个问题，但当报告完成时罗斯福已经过世，而此时由基尔戈参议员（Harley Martin Kilgore）起草的一个关于建立国家科学基金会（National Science Foundation）的提案已经在国会开始征求意见。布

---

① V. Bush（1990），*Science: Endless Frontier*. Washington, DC: National Science Foundation, pp.5–6.

什表面上答应与基尔戈合作推动这个议案,私下里却与麦格努生(Warren Grant Magnuson)参议员合作以《科学:无尽的边疆》为蓝本向国会提交了一份与基尔戈针锋相对的提案。继任的杜鲁门总统在收到布什的报告后,虽然同意他在如何管理战后科研事业上的许多想法,却希望政府能够在未来的国家科学基金会中扮演更加重要的角色。正是在这一点上,总统与基尔戈意见大致相同。

布什与基尔戈的基本分歧在于:布什认为国家研究基金会应以学科为单位组成审议小组,由行业内的杰出科学家根据申报项目的科学价值来决定资助及其力度,而基尔戈则认为国会有权决定科学研究的方向,而审阅并批准项目的应当是科学界以外的社会人士。基尔戈担心布什让科学界内人士决定资助方向会导致精英大学独吞研究经费,因此他主张将科研资金按照议员们所代表的地区、通过某种合理的公式进行分配。因此,与布什大力鼓吹基础研究的重要性不同,基尔戈的兴趣点显然是在应用研究方面,而且他希望专攻农业和工程的州立大学也能在研究基金上分得一杯羹。[1] 为了鼓励发明创造,布什主张发明者应当拥有知识产权,而基尔戈则对让政府完全放弃知识产权不以为然。杜鲁门支持基尔戈关于国家科学基金会主任一职应由总统任命并对总统负责的主张,而布什则希望看到一个相对独立于政府管控的基金会负责人。

后来的事实证明,布什为他对基尔戈的背叛在政治上付出了高昂的代价。在接下来的五年中,国会议员围绕国家科学基金会的设置问题展开了一场政治上的拉锯战,而布什许多原初的想法在这个过程中被迫放弃。从布什的国家研究基金会到后来的国家科学基金会,国会将许多学科的研究分割出去另立机构。比如原子

---

[1] J. K. Daniel (1977), "The National Science Foundation and the Debate over Postwar Research Policy, 1942–1945," *Isis* 68, pp.5–26.

能研究项目由原子能委员会（AEC）审阅并资助，生物医学与健康科学的研究项目则由国家卫生研究院（NIH）审阅并资助，而海军研究处（Office of Naval Research, ONR）则通过国防部资助与国防相关的研究项目。在这个过程中，布什原先设想的国家研究基金会成为一个相对独立的国家科学委员会（National Science Board），为总统和国会制定科学与工程研究和教育政策提供咨询和指导。国家科学基金会则成为基础研究的资助机构，专注于物理与数学科学领域。

1947年国会通过的议案支持布什关于国家科学基金会主任不受总统控制的主张，但立即遭到杜鲁门总统的否决。最后国会不得不通过一个妥协方案，规定国家科学基金会的主任、副主任和理事会成员由总统任命、参议院批准。1950年杜鲁门总统签署法案，国家科学基金会正式成立。

五

半个多世纪前为国家科学基金会的设置问题在国会进行政治角力时，布什和他的同仁或许没有意识到，他们正在为美国的研究型大学走向世界巅峰铺路。

国会关于国家科学基金会的法案在最后通过的版本里虽然在管理结构上偏离了布什最初的设想，但他在《科学：无尽的边疆》报告中提出的基本思想还是得到了忠实的体现。在国家科学基金会以及其他科研资助机构的大框架下，联邦政府从此可以名正言顺地用纳税人的钱来支持大学从事科研活动，哪怕这些活动并不能实现任何短期的目标或导致直接的经济效益。特别是经过国会那场旷日持久的讨价还价，很多应用学科的研究项目在各自的领域里找到了稳定的政府资助来源，加上许多大型企业，比如制药、航空、军工等,从来就有资助大学从事研发的传统。而国家科学基金会的成立则为那些经常在"找米下锅"的基础科学领域的教授永远地解除了后顾之忧,让他们有可能顺着自己的好奇心来探索自然的奥秘。

布什作为一个学者出身的政治家,无论是在战时或是战后、学术或政治领域,都表现出超出常人的远见卓识。面对战争的残酷和德国包括原子弹在内的武器上的威胁,他能够以近乎专制的手段调动美国最优秀的科研力量进行军工研究并取得辉煌成就。然而,战争尚未结束,他已经开始为战后美国科研的发展设计蓝图。他没有顺着科学研究与发展局的成功之路往下走,另立专门的国立科研机构来集结优秀科研人员专门从事研发工作,而是将一流的科学与技术人才留在大学,让他们通过竞争取得政府科研资金。这个一举多得的策略造就了一批世界一流的大学、一支举世无双的科研队伍,以及源源不断地向学界和业界输送人才的无数的实验室和企业孵化器。

布什对于当代美国大学制度建设的另一个重要贡献是他在国家科学基金会的研究项目审查制度中加入同行评审(peer review),有效地终结了战时科学研究与发展局自上而下、以功利为目的的资助模式。考虑到转换是在这种模式如此成功地为美国赢得了战争、为他自己赢得荣誉的情况下发生的,布什的贡献尤其值得后人尊敬。他设计的同行评审制度在学界开启了"学术是资助的唯一标准"这样一种充满竞争性的机制,也为当今许多国家大学内部充斥的学术腐败提供了一剂解毒的良方。美国的大学能够在"二战"后迅速崛起,将欧洲的老牌、名牌大学远远地甩在后面,主要凭借其杰出的科研成就,而这些成就背后政府的资助是毋庸置疑的。但让很多在大学建设上投入巨资的国家难以接受的是,他们由国家重点投资的几所名牌大学资金之充足远远超过美国绝大多数的大学，但在科研上的进展却并不尽如人意。反观美国大学，哪怕是普通的州立大学都不时地传来荣获诺贝尔奖这类喜讯，而资金雄厚、教授可以满世界乱飞参加学术会议的那些大学却在展示科研成就时乏善可陈。美国大学严格的学术评审制度及其在研究经费分配方面对"择优资助"原则的坚持，应是布什通过设计国家科学基金会的资助模式为后人留下的一份宝贵的学术遗产。

美国大学特别是诸多私立大学为当今世界所艳羡，坊间有很多未经证实的传奇故事，好像这些大学不用政府一分钱，完全靠自己募捐来实现"世界一流"之梦。事实是，美国的大学、特别是那些名牌大学，之所以运作经费充足，布什还有一项极为重要却几乎没人愿意提及的贡献，那就是他设计的科研经费分配制度：由联邦政府将纳税人的钱投入少数顶尖大学。换言之，基尔戈虽然赢得了总统和国会对于国家科学基金会领导的任命权，却未能如愿按照议员所代表的地区分配科研经费；反之，布什输了任命权，却赢得"同行评审、择优资助"的经费分配模式，使之成为未来所有联邦政府资助大学的基本方法，也因此造就了联邦科研经费分配方面向一流大学的倾斜。这种倾斜是以行政费用（overhead cost，或称间接成本、杂项开支）的形式实现的。

据《波士顿环球报》报道，哈佛大学与麻省理工学院这样的顶尖研究型大学每年从联邦政府取得巨额研究经费的同时，得到高达69%的行政费用，用以补贴大学的行政开支和设备损耗。[①] 即便是一般美国大学，在接受联邦科研资助时得到的行政费用的比例平均也高达52%。换言之，联邦政府在资助哈佛教授的研究项目时支出100元，却总共须付169元，其中的69元成为哈佛大学的日常

---

① T. Jan（2013），"Harvard, MIT thwart effort to cap overhead payments；Research giants win on funding," *Boston Globe*, 3.18.2013. http://archive.boston.com/news/nation/2013/03/17/harvard-mit-thwart-effort-cap-overhead-payments/Ridc4YwDfkGlmWfUUJ0snI/story.html.

行政费用。由于布什设计的评审制度以"择优资助"为原则,名牌大学得到资助的可能性当然远高于非名牌。因此,美国联邦政府历年来对于一流大学的资助,无论私立还是公立,都是巨大的。与世界上其他政府建设一流大学的行动相比较,美国政府投入的力度更大,却做得更加巧妙。

这种巧妙的设计其实也是出于无奈。美国联邦政府对建设一流大学的意义比谁都清楚,但它却无法抵挡学界根深蒂固的学术独立和大学自治的传统。因此政府无法像其他国家那样大张旗鼓地将纳税人的钱投入大学,甚至在一流大学建成后都无法到纳税人那里去邀功请赏。和世界上很多政府一样,美国的政府只要有一点干涉大学事务的机会都不肯放过,这一点科尔在他的《伟大的美国大学》一书中不厌其烦地举了很多例子。[1] 幸运的是,布什和他的同仁在设计国家科学基金会的资助模式时早已将这种可能性考虑在内,因而政府不管拿出多少钱来资助大学,都只能悄悄地通过行政费用的方式来支付,以免别人说三道四。这种行为往好处说是做无名英雄,往坏处说是偷梁换柱,往根本上说是为了保证每个大学独立之精神不受到侵蚀。

---

[1] J. Cole(2009), *The Great American University: Its Rise To Preeminence, Its Indispensable National Role, Why It Must Be Protected.* New York: PublicAffairs.

第九章 老兵新传：无心插柳成就高教大众化

在美国这样一个没有贵族传统的国家，大学教育特别是名校的文凭就成为社会流动的必要条件，因而，"大学之门为谁而开？"就成为美国人在制定社会政策时无法回避的问题。国会围绕《军人复员法案》的辩论，虽然不是针对大学的，却正好从一个侧面反映了一个社会要真正地实现机会均等、社会流动是多么困难。

——本书作者

1944年6月22日，罗斯福总统在白宫签署《军人复员法案》。这项法案原为安置"二战"退伍军人，为其提供各种福利，包括由失业保险支付的经济补贴、家庭及商业贷款，以及给与高等教育及职业训练的各种补贴。结果是，《军人复员法案》给老兵提供的大学学费补助成为老兵利用最多的一项福利，直接导致了战后美国高等教育的大众化。

一

哈利·科尔梅里律师（Harry W. Colmery）在华盛顿五月花大饭店的信笺和餐巾纸上记下他最初的想法时，他应该没想到自己正在改写历史，特别是和他关系不大的美国高等教育的历史。这份后来以《1944年军人复员法案》（Servicemen's Readjustment Act of 1944，也称 G. I. Bill of Rights 或 G. I. Bill）传世的法案为未来的14位诺贝尔奖得主、3位最高法院大法官、3位总统、12位参议员、24位普利策奖得主，加上23.8万名教师、9.1万名科学家、6.7万名医生、45万名工程师、24万名会计、1.7万名记者……成千上万未来社会的栋梁提供了他们职业生涯中不可或缺的大学教育。[1]1955年人口普查数据显示，法案在实施后的头十年资助780万"二战"老兵取得职业教育、大学本科及研究生的学位或文凭。[2]

然而，《军人复员法案》却不是一项教育法案，它的作者对于未来高等教育的发展也没有什么深邃的洞察。最不可思议的是，当科尔梅里律师酝酿并起草这份法案时，它的受益者还正在欧洲战场上浴血奋战。没人知道自己能否活着回去，也无法预料胜利的日子何时来到，更不会在血雨腥风中思考大学教育对后半生能够产生的意义。事后诸葛们颂扬罗斯福总统的政治远见，以《军人复员法案》为例赞叹他早在"二战"结束前两年就开始为战后重建未雨绸缪。但事实与想象之间却存在距离。对于罗斯福来说，《军

---

[1] E. Humes（2006）, *Over Here: How the G.I. Bill Transformed the American Dream*. Orlando, FL: Harcourt, p.6; S. Suberman（2012）, *The GI Bill Boys: A Memoir*. Knoxville: University of Tennessee Press, p.12.

[2] G. C. Altschuler & S. M. Blumin（2009）, *G.I. Bill: The New Deal for Veterans*. Cary, GB: Oxford University Press, p.8.

人复员法案》与其说是为了战后重建,倒更像是一项"维稳"措施,因为十年前"一战"老兵为争取退役补助在华盛顿游行示威时发出的鼓噪犹在耳边。1932年夏天,四十多万老兵在全国各地参与了抗议活动,二十万人在国会山前安营扎寨。最后胡佛(Herbert Clark Hoover)政府不得不派出麦克阿瑟(Douglas MacArthur)、巴顿(George Smith Patton, Jr.)和艾森豪威尔(Dwight David "Ike" Eisenhower)三员大将,动用催泪瓦斯,以现役军人镇压退役军人,并以两位老兵生命的代价来结束这场风波。这样的结局是罗斯福无法接受的。

其实,老兵问题对每一届政府来说都是一个载舟覆舟的难题。名记者、普利策奖得主休姆斯(Edward Humes)在一本关于《军人复员法案》的纪实作品里提到美国开国元勋们一段鲜为人知的遭遇。[①]1783年大陆会议的成员正在首都费城的国会厅(今天的独立纪念馆)开会,突然被一群武装人员包围了。这是一群曾在美国独立战争中出生入死的老兵,却在退伍后迟迟未能拿到新政府许诺已久的退休金和拖欠的薪水。当正在开会讨论《独立宣言》的约翰·杰伊(John Jay)、托马斯·杰斐逊(Thomas Jefferson)、亚历山大·汉密尔顿(Alexander Hamilton)一干人等愣过神来,会议室的窗口早已布满黑洞洞的来复枪和闪着寒光的刺刀。为了不吃眼前亏,这些开国元勋只得仓皇出逃。这就是为什么美国的《独立宣言》在费城起草和商定,却是在纽约签署的。正是因为这场事变,美国的首都永久地落在了当时更加"安全"的华盛顿特区,而非最初选定的费城。

1941年12月7日清晨,日本航空母舰以舰载飞机和微型潜艇突袭珍珠港美国海军基地,太平洋战争由此爆发。美国在被迫卷

[①] E. Humes(2006), *Over Here: How the G.I. Bill Transformed the American Dream*. Orlando, FL: Harcourt, pp.12–13.

第九章　老兵新传：无心插柳成就高教大众化　185

入"二战"后，从军人数最后达到1600多万。① 换一个视角，对于刚从30年代大萧条的阴影中走出来的美国老百姓来说，15岁以上的男性公民1/3在可以预见的未来都将成为退伍老兵，而安置如此巨大的一个群体战后重入平民社会，确实需要一点超乎凡人的想象力。从总统、政客到平民，没有人愿意看到大量失业、社会动荡和经济大萧条的噩梦重现，但这些可怕的景象又在他们心中挥之不去。而为此忧心如焚者莫过于美国退伍军人协会（the American Legion）。没有人比他们更清楚，当身心疲惫的老兵打道回府的时候，如果工作、家庭和希望这三件事情没有处理好，那么等待美国的将是一场比战争本身还要可怕的、史无前例的灾难。

作为"一战"老兵，科尔梅里不仅亲历战争，而且对他的战友们在重返平民社会时的各种遭遇更是感同身受。从战场上幸存的很多老兵，回家后没有从政府那里得到经济补偿，加上本身缺乏专业训练，当然也无法顺利就业。假如伤残就更加无助，连养家糊口都成问题。科尔梅里带着一种使命感投入为老兵争取福利的事业中去，先是在家乡堪萨斯州托皮卡市的报纸上撰文发声，后来又加入美国退伍军人协会，并很快成为这个协会的全国主席（1936-37年）。当战争的绞肉机再次嘎嘎启动的时候，科尔梅里听到了历史的召唤。

1944年1月11日，罗斯福总统在国情咨文讲演中提出，美国宪法修正案所提出的"权利法案"（Bill of Rights）保障了人们的政治权利；然而，"免于恐惧的自由与免于贫困的自由永久相连"，② 因而美国需要一个新的"权利法案"以保障人民的经济权利。受到罗斯福总统经济权利法案思想的感召，退伍军人协会委托科尔梅里

---

① 据美国退伍军人局统计数字，见 http://dig.abclocal.go.com/ktrk/ktrk_120710_WWIIvetsfactsheet.pdf.
② 引自罗斯福总统1944年1月11日国情咨文。

起草《军人复员法案》,从退伍军人的教育权利、低息房贷、职业培训、就业安置以及失业补助等方面向国会提出整体设想。

二

据说,"二战"期间罗斯福总统夫人埃莉诺(Anna Eleanor Roosevelt)去海外劳军,被美军的放荡不羁、粗野无文吓到了,以至提出要办一个改造营,让军人在战争结束后到那里去接受一段时间的集训,然后才能放归文明社会。对此传闻埃莉诺在《妇女家庭杂志》1945年11月号上专门辟谣。[①] 当然,传闻的真假除了对身兼政治家的总统夫人有点影响,对任何其他人都没有意义。旧事重提,唯一的价值在于,透过历史的帷幕,今人得以窥见当时军人的风范:不是所有的战斗英雄都能搬上好莱坞的荧屏。事实是,仅就"二战"征兵的广度而言,当时军人的形象应当更加接近埃莉诺传闻的描述,而鲜有浪漫传奇中的骑士风度。可是,科尔梅里投入全身心为之争取福利的,恰恰就是这样一批刚在地狱里和魔鬼打过一轮交道、怎么看也不像大学生、来自社会各个阶层和种族的退伍老兵。

事实是,由科尔梅里执笔的退伍军人协会的提案从进到国会那一刻起就引得满座哗然。国会议员对福利发放对象的关注似乎远远超过发放的形式和数量,他们追问:将教育权利、低息房贷、职业培训、就业安置、失业补助等如此之多的福利给予老兵,难道是所有的老兵?难道黑人老兵也包括在内?妇女呢,她们也能享受如此福利?你要资助老兵上大学,难道大学不再是培养精英的地方?这样岂不是连中学都没有好好上过的贫民子弟都能进入大学?

---

① A. B. Kernan (1999), *In Plato's Cave*. New Haven: Yale University Press, p.4.

这些在今天看来稀奇古怪的问题,在当时还真是再正常不过了。黑人老兵也能享受老兵的待遇?一个多么奇怪的问题!更让今人难以理解的是,退伍军人协会选出来为他们在国会的代言人居然是来自密西西比州的众议员蓝金(John Elliott Rankin),一个彻头彻尾的种族主义者。作为众议院退伍军人事务委员会主席,蓝金曾公开表示拒绝坐在黑人议员鲍威尔(Adam Clayton Powell, Jr.)旁边;他不允许海外的军人远程投票,因为黑人士兵有可能和白人一起取得投票的机会;他声称美国是白人基督徒创立的,而犹太人是当今世界最危险的敌人。据说有一次他在国会发言时用了粗口"黑鬼"(nigger),连议长都听不下去了,想为之解围,说:"他只是说了'黑人'(negro)。"谁知蓝金毫不领情,大声抗议:"我说的是黑鬼!我从开口讲话时就这么说,今后还会继续这么说!"[1]

为了有效阻止黑人老兵和白人得到同样的退伍福利,蓝金提出,只有得到"荣誉退伍"(honorable discharge)的老兵才能享受《军人复员法案》中规定的福利。他清楚地知道,当时的美军仍然实行严格的种族隔离政策。在老兵退役时,很少黑人及其他有色人种能够得到"荣誉退伍"的资格,而白人则几乎毫无例外地会得到这个资格。更有甚者,蓝金在向众议院提交的《军人复员法案》中还坚持老兵失业补助必须由当地政府任命的退伍军人监管,因为他知道,这样的职位在当时的南方只可能由像他这样的种族主义分子担任。

相比之下,他对老兵上大学的资助却非常大方:500美元学费,另加书费和每月50美元的生活费。这点钱在今天当然连买书都不够,但在当时却慷慨到能够让老兵免费念完哈佛、耶鲁这样的名牌私立大学。但是,蓝金的条件是,只有那些战前已经入学在校、只是由于参军而中断学业的老兵才能享受这笔教育资助。他假定,

---

[1] http://jettandjahn.com/2012/05/john-rankin-american-hero/.

这样的老兵本来就属于社会上层的精英阶层,所以他并不担心黑人或贫民子弟会有任何机会:"正在战场上的这些人中的绝大多数连大学长什么样都没看到过,也不会看到。"后来成为美国教育委员会主席的麦克格拉斯(Earl McGrath)也认为,老兵们从战场上回来后想得到的只是一个工作一个妻子,尽快成家立业,顶多也就是上几门职业教育的课程而已。①

也难怪蓝金们会有这样的如意算盘。据当时的估计,不到一半的现役军人有高中文凭,而国会和军方认为只有大概7%,也就是50万—100万老兵会对《军人复员法案》中的教育福利项目有兴趣。然而,蓝金这种精英主义的提案还是在国会遭到了以参议院教育与劳工委员会的主席艾尔伯特·托马斯(Elbert D. Thomas)为代表的自由派议员的反对。托马斯深受罗斯福"新政"的社会福利主义思想影响,希望《军人复员法案》成为新时代的经济权利法案。因此,他主张政府应该为所有老兵的大学教育买单,不仅限于战前已经入学的老兵。托马斯意在为所有老兵创造接受高等教育的机会,而他的理据是,这样就能延缓老兵回国后涌入就业市场给社会造成的压力。同时,政府的经济规划部门还能争取到足够的时间来了解经济发展的趋势,并通过高等教育引导学生在专业选择上尽可能向战后经济的亟需领域靠拢。②

对于托马斯参议员的提案最强烈的反对声音居然来自美国两所最精英大学的校长。素以高等教育改革家著称的芝加哥大学校长哈钦斯这次成了历史潮流的反动派。他预言,《军人复员法案》让大学向普通老兵开放,将会直接威胁到美国的高等教育:"学院

---

① G. C. Altschuler & S. M. Blumin(2009), *G.I. Bill: The New Deal for Veterans*. Cary, GB: Oxford University Press, p.67.

② E. Humes(2006), *Over Here: How the G.I. Bill Transformed the American Dream*. Orlando, FL: Harcourt, pp.31-32.

与大学将成为教育的无业游民收容院。"①哈佛大学校长柯南特更是公开声称这个提案让他感到"垂头丧气",因为它没有"在那些能够从高等教育中最大程度受益的人和那些不属于大学的人之间作出区分"②。换言之,在他看来,大学不是你想进就能进的;它仅属于社会上一小部分精神贵族,而引车卖浆之流并无接受高等教育的能力与准备。哥伦比亚大学教授瓦勒(Willard Waller)甚至无意掩饰其倨傲:能上大学的老兵在战前已经上了;至于其他,"已经悲剧式地作过努力。(这些人即便进入大学,)在绞尽脑汁地想要掌握大学代数和英文的同时,只能衣衫褴褛,住地下室,靠着几美分的面包和牛奶生存,不时地还饥肠辘辘。更不要说还有很多人在大学鬼混,完全没有生活目标。"因此,瓦勒认为,如果一个老兵中学时成绩达到顶尖的二成,进大学学习还有考虑的余地,其余的根本无法完成大学课程。老兵在战场上已经浪费很多青春时光,没有必要用政府的钱让他们去大学浪费更多时光。③

最具讽刺意味的是,贵族私立大学如哈佛、耶鲁、普林斯顿对校友和富人子弟网开一面,从来不顾忌所谓的学术标准;现在来自社会下层的人有可能进入大学,他们却立即成为大学学术标准的捍卫者。④

有趣的是,蓝金从种族主义的观点出发,担心黑人会在《军人复员法案》的掩护下进入大学;而哈钦斯和柯南特虽然未提种族问题,却从精英主义的观点出发,担心社会下层人士的进入会对高雅的学术殿堂造成冲击。历史有时就是这么吊诡,国会围绕《军人复员法案》展开的争论,起源是退伍老兵的就业和福利问题,争论却

---

① *Colliers*, December 30, 1944.

② Harvard Alumni Bulletin, January 1944 and February 1945.

③ G. C. Altschuler & S. M. Blumin(2009), *G.I. Bill: The New Deal for Veterans*. Cary, GB: Oxford University Press, p.77.

④ 程星:《大学国际化的历程》,商务印书馆2014年版,第102—123页。

触及最为棘手的社会公平与正义问题,而结果居然直接影响到美国高等教育后来的发展,特别是大学在20世纪后半期从精英教育向大众教育的转型。

三

美国独立不久,法国思想家托克维尔访问美国,以第三者的视角观察新大陆,并在1835年出版的 De la démocratie en Amérique(中文译本名为《论美国的民主》)一书中对民主制度在美国的成功大加赞赏。欧洲的思想家从柏拉图到孟德斯鸠对于私有财产一直持批判态度,认为如果财产不平等,那么拥有财产的人必然会掌握权力,因此财产的平均与社会的平等才是实现民主共和的必要条件。然而通过对美国的考察,托克维尔摈弃了这种传统观念。他感到,美国新大陆之所以如此繁荣,与欧洲旧世界相比最大的区别在于,美国社会将挣钱视为基本道德,结果使美国的百姓得以享受人类史上空前的自尊和自由。美国人志向远大,没有敬畏贵族与权威的想法,相信勤劳致富,从而将个人主义与市场资本主义发展到极致。

在此,让我们尝试一下穿越。一百年后,托克维尔又有机会访问美国,而且应邀参与国会正在进行的关于《军人复员法案》的辩论。他不仅有幸聆听蓝金对黑人老兵能否与白人一样享受退伍福利的发言,而且还作为嘉宾主持一个关于大学教育福利能否延及所有老兵的听证会,传召哈钦斯和柯南特两位校长到会作证。在华盛顿的行程一结束,托克维尔来不及看到《军人复员法案》最后通过的版本,更没有等到这个法案实施就急急忙忙地回法国去了,并在出版商的催促下推出《论美国的民主》一书的续集。试想,托克维尔还会在续集中那么不遗余力地称颂美国的民主吗?

可以这样推想:托克维尔在美国走马观花,看到美国人以金钱而非血统作为社会阶级的平衡器，大为感动。因为血统是天赐的，而钱则是人挣的（当然是一般而言），所以前者靠的是运气而后者靠的是机会。从这个意义上说，托克维尔心目中的民主社会为人民提供的是平等的机会，而不一定是平等的结果。但是，行色匆匆的托克维尔在他的美国之行中没有完全想通的是这样一件事：美国民主社会的基石虽然是机会的平等，但在贵族传承机制缺失的条件下建立一个新的机制来保证公平竞争却远非易事。即便在今天，每当我看到美国人对英国皇室如痴如醉的追捧时，都不由地猜疑，也许人们的心灵深处还是有一角为童话保留着。这个童话里有城堡，有皇家，有白马王子，有美丽公主，还有那永恒的灰姑娘的故事。[①] 只是当旧世界的清教徒为了逃避宗教迫害来到新大陆，过去的荣光已经无法继续辉煌。于是，他们只得将童话改写了。他们不能不舍弃城堡，于是创造出常青藤缠绕的校园；他们无法用婚姻来提携美丽却家境卑微的灰姑娘，于是编排出学术至上、人人平等的大学入学标准。但外人难以看懂的是，这些入学标准其实是为五月花号上白人盎格鲁-撒克逊新教徒（WASP）[②]的后代量身定制的。

关于这一点，加州大学伯克利分校著名社会学家杰罗姆·卡拉贝尔（Jerome Karabel）以洋洋洒洒700页的篇幅记述了私立名校哈佛、耶鲁和普利斯顿在过去百余年中如何通过大学选拔来培养贵族精英的。[③] 比如说，这些大学优先录取自己校友的子弟（所谓的legacies）早已是公开的秘密，但问题的严重程度却至今鲜为人知。普利斯顿校友会1958年的一份文件中是这样陈述有关校友子弟录取政策的："事实上，普利斯顿校友子弟无需与非校友子弟

[①] 程星：《细读美国大学》第三版，第38页。

[②] 关于WASP的描述和分析，参见 E. D. Baltzell（1987）, The Protestant Establishment: Aristocracy & Caste in America. New Haven: Yale University Press.

[③] J. Karabel（2006）, *The Chosen: The Hidden History of Admission and Exclusion at Harvard, Yale, and Princeton*. Boston and New York: Houghton Mifflin.

竞争。不管有多少其他男孩报考,对于普林斯顿子弟的审核只有一个问题:他是否能够毕业?假如答案是肯定的话,他就应当被录取。"① 哈佛的情况基本相同。假如你是哈佛的校友子弟并在1958年申请进入哈佛,你被录取的几率是69%;不是哈佛子弟的话,你的几率只有39%。②

为了保证WASP子弟在名校接受教育的机会不受到学术背景优秀的犹太和其他少数民族的威胁,私立名校几乎可以说是无所不用其极。一开始他们试图通过简单的犹太招生配额来限制,但这种只看背景不看成绩的政策遭到大学教授的抵制。眼看一计不成,招生官又生一计,试图通过将招生范围从犹太人集中的东部扩大到犹太人稀少的中西部,但这个策略的效果也不理想。于是,在哈佛的罗威尔(Abbott Lawrence Lowell)校长领导下,这些大学开始将原来很简单客观、基于成绩的录取标准复杂化,即我们今天熟悉的所谓"综合评定",录取标准包括"性格"、对校友子弟和体育人才的优先、面试与照片筛选、要求提交个人陈述与推荐信,等等。③

在此,托克维尔对于美国民主社会的美好想象遭遇挑战。假如他坚持机会平等原则是构成美国社会正义和民主的必要条件,那么,什么样的机会平等、多大程度的机会平等,就构成判断美国社会是否正义的重要标准。而在美国这样一个没有贵族传统的国家,大学教育特别是名校的文凭就成为社会流动的必要条件,因而,"大学之门为谁而开?"就成为美国人在制定社会政策时无法回避的问题。而国会围绕《军人复员法案》的辩论,虽然不是针对大学的,却正好从一个侧面反映了一个社会要真正地实现机会均等、社

---

① J. Karabel(2006), *The Chosen: The Hidden History of Admission and Exclusion at Harvard, Yale, and Princeton.* Boston and New York: Houghton Mifflin, p.240.
② Ibid., p.267.
③ 程星:《大学国际化的历程》,第108—109页。

会流动是多么困难。科举制度是古代中国实现社会流动的主要途径,贵族分封与世袭制是古代欧洲实现社会流动的主要途径,而高等教育则是现代社会实现社会流动的主要途径。从这个意义上说,大学入学制度的设计已经不是一个单纯的高等教育管理问题;这是关系到什么样的机会平等以及多大程度的机会平等的问题,直接影响到现代民主社会的基石——社会正义与公平。

有一位人物所起的作用不能不提。来自俄克拉荷马州的麦克法兰(Ernest William McFarland)参议员在"一战"中曾经当过海军二等兵。他对国会在讨论《军人复员法案》在受惠条件上的种种限制非常不满,所以和退伍军人协会合作,就正在讨论中的《军人复员法案》提出一个补充案,将教育和职业训练资助提供给除了被开除军籍之外、服役满六个月的所有退伍军人。前面提到过,蓝金的方案是只有在战前已经入学在校、只是由于参军而中断学业的老兵才能享受这笔教育资助。科尔梅里在国会作证时指出,要老兵证明他们的学业是因为战争而"中断"的,这既不现实也不可行。人们由于种种原因离开学校,有家庭原因、服役原因,也有人战前辍学却在战争中改变想法,等等。为老兵提供学习机会,从而将他们从"战争的恐怖和严酷的现实"带回来,并在对美国生活的和平追求中得到发展,这是国家"不可推卸的责任"。[①] 那么,大学如何决定老兵的入学资格问题呢?麦克法兰提出,老兵需要在入大学的第一年成功地完成学业要求,以此证明其继续学业对国家发展能有所贡献,就可以得到接下来三年的学费和生活费。科尔梅里一再向国会议员们保证,想要利用这笔教育资助进入大学的老兵应当只是少数,而议员们也不愿意看到政府为了查证谁的学

[①] Senate Subcommittee of the Committee on Finance, 253; "Senate Subcommittee Completes Action on Education Bill: Reaches Agreement on Billion-dollar Program on Post-war Education," *New York Times*(Jan. 14, 1944).

业曾经"中断"或谁的学术能力达到大学标准另设一大堆官僚机构,甚至没有人想要估算一下这笔可能支出的教育费用。①

由此可见,国会之所以在讨论《军人复员法案》时为谁能得到何种福利纠结不已,原因在于老兵成分过于复杂,涉及社会各个阶层。麦克法兰的贡献在于他能够超越种族、阶级、教育等各种差异,为每一位退伍军人争取同等权利与待遇。而这一点恰恰是托克维尔对于美国式的民主赞赏不已的原因所在。后来的事实证明,正是麦克法兰的这临门一脚,把《军人复员法案》的现实作用及其历史意义提升了一个档次,而麦克法兰本人也因此得到"《军人复员法案》之父"的称号,成为"二战"后美国社会走向全面繁荣的重要推手。

以麦克法兰补充案为基础,参众两院通过一个妥协版本。国会党派之间又经过一系列讨价还价,最终通过的版本包括:拨款5亿美元为退伍老兵建立包括医院在内的各种服务设施;为老兵提供就业指导,同时支付每星期20美元的失业补助至52星期;参军至少90天、未过25岁生日的老兵都以学业因战争"中断"处理,可得到每年500美元、最多四年的大学学费(外加单身人士每月50美元、带眷属人士每月75美元的生活费);由政府担保50%的农场、住房和商业贷款,以2000美元封顶。②

1944年6月22日,罗斯福总统在白宫签署《军人复员法案》,参众两院和美国退伍军人协会的代表到场见证这个历史性的时刻。可是,这个时刻的"历史性"对于罗斯福来说,根本不是这个法案所提供的前所未有的教育机会。罗斯福一向自认为"新政"是他政治遗产中最重要的一项,而此时的他从老兵的福利想到全体美国

---

① G. C. Altschuler & S. M. Blumin (2009), *G.I. Bill: The New Deal for Veterans*. Cary, GB: Oxford University Press, pp.68-69.

② "Roosevelt Signs G.I. Bill of Rights," *New York Times* (June 23, 1944).

人民的福利：既然所有的老兵都能享受《军人复员法案》带来的经济利益，那么他理想中的"经济权利法案"岂不是指日可待？可惜的是，罗斯福没有活着看到这个法案给美国社会带来的历史性转机，想不到这个法案会成为美国历史上在提升社会公平与正义方面最为成功的法案，更不会预料到这个法案直接促成了20世纪后半期美国公立大学的扩展和私立大学的提升。[1]

四

《军人复员法案》实施的结果让所有人跌破眼镜。国会之前围绕这个法案及其可能产生的影响所作的预测、估算、辩论、妥协，最后都毫无例外地成了"无事烦恼"（Much Ado About Nothing）。

《军人复员法案》给老兵支付每星期20美元的失业补助至52星期，被人们戏称其为"52-20俱乐部"。最后进入这个俱乐部的老兵居然不足20%，使得这个福利条款成为法案所有条款中人们谈得最多、用得最少的一项；[2]而预料之中鲜会有人问津的条款（大学教育资助）却成为法案中用得最多的一项。至1946年春天，经退伍军人管理局（Veterans Administration）授权接受《军人复员法案》款项的2268所大学、学院或专科学校有30万老兵注册入学，是前一年的三倍。据统计，1947年美国在校的230万大学生中，有115万也就是将近一半是"二战"老兵。1949年的一个问卷调查显示，佐治亚大学和得克萨斯大学有超过90%的学生得益于《军人复员法案》的款项；连西北大学、范德堡大学和波莫纳学院（Pomona

---

[1] S. Suberman（2012），*The GI Bill Boys: A Memoir*. Knoxville: University of Tennessee Press, p.12.

[2] Ibid., p.181.

College）这样的私立大学都有超过 80% 的学生受到《军人复员法案》资助。① 华盛顿聚集了如此之多的精英人士，加上政府各部门如此之多的政治家和他们的政策研究和辅助人员，居然没有一个人预计到，这些在罗斯福总统夫人眼中毫无绅士风度的老兵竟然会舍弃"52-20 俱乐部"的嗟来之食，义无反顾地冲进大学校园去"享受"新一轮的"折磨"。从炮火纷飞的战场到静谧平和的校园：老兵在这两个时空的跨越有了一点超现实的意味。

同样感受超现实的是大学的管理者。《时代》周刊报道说，很多大学人满为患，教室里只能接受"站票"了。一位记者调侃道：大学里突然涌进这么多的老兵，就像一个家庭"得到一大笔遗产——一群大象，不知道把它们搁在哪里是好……大学的管理者上了一杯苦茶：（老兵们上大学的）机会梦想成真，但大学却没有准备好（教学）设施、（学生）住宿、任课老师和教室来应对"②。

其实，大学硬件设备的短缺还是一个很快可以得到解决的暂时性问题。更重要的是，战争将大学的生源几乎完全掐断，特别是靠学费生存的诸多私立大学度日如年。现在不仅学生回到了校园，而且他们中近一半的人还带着政府的资助而来，大学管理者自然欣喜若狂，无需掩饰。为解决教室短缺问题，有大学见缝插针，设立了"门廊学校"；很多大学开出辅导课程专门帮助老兵在正式进入大学课程之前复习或补习。③ 伊利诺伊大学和波士顿学院（Boston College）都为老兵学生建立了学术与职业指导中心；明尼苏达大学则设立了一站式服务中心，以保证每一个上门求学的老

---

① S. Mettler（2006）, *Soldiers to Citizens: The G.I. Bill and the Making of the Greatest Generation*. Cary: Oxford University Press, p.68.

② G. C. Altschuler & S. M. Blumin（2009）, *G.I. Bill: The New Deal for Veterans*. Cary, GB: Oxford University Press, p.86.

③ S. Mettler（2006）, *Soldiers to Citizens: The G.I. Bill and the Making of the Greatest Generation*. Cary: Oxford University Press, p.66.

兵都能顺利入学。许多大学打破传统的学期限制，全年开课，以帮助学生在较短时间内完成四年大学课程。①

在此我们看到，《军人复员法案》在给大学制造巨大压力的同时，也在悄悄地改变着大学的管理文化。以前私立大学之门只向精英开放，平民百姓有才无钱莫进来；公立大学虽然面向本州居民，但学术门槛始终是大学和考生双方都无法逾越的心理标杆。《莫里尔法案》和《军人复员法案》在联邦政府如何资助大学教育的问题上形成一个有趣的对比。通过《莫里尔法案》，联邦政府将钱交到州政府手中，让他们根据本地经济发展的需要决定如何设立赠地学院和州立大学；通过《军人复员法案》，联邦政府将钱直接交到学生手中，让他们在自己认为合适的大学注册选课。不管政府、大学和学生各自的意向如何，一个显而易见的结果是，《莫里尔法案》促成了美国大学在办学使命、方向、专业、类型等各个方面的百花齐放，而《军人复员法案》则让学生根据自己的需要和能力在齐放的"百花"中间选择最爱。前者客观上促成了各州之间、公立和私立大学之间的竞争，而后者则客观上促成了每一所大学与其潜在对手之间的竞争。美国大学这种春秋战国式的局面持续至今，其最大的受益者是学生。

学生赢在他们手中攥着的、联邦政府让他们随意支配的大学学费。假如《军人复员法案》没有将钱交到老兵手中，而是将钱交给由政府授权的大学手中，那么大学也能利用这笔钱来为老兵提供大学教育。事实上，这是世界上绝大多数政府为达到某个既定的目标资助大学的主要模式。这种模式的效率之高无可厚非，因为专款专用对政府和大学都简单明了。但是，这种模式有效地剔除了政府拨款项目中原本可以包含的竞争机制。一般大学都会使出浑身解数

---

① S. Mettler(2006), *Soldiers to Citizens: The G.I. Bill and the Making of the Greatest Generation*. Cary: Oxford University Press, p.67.

去争取进入政府授权的名单,可一旦经费到手,他们完全可以故态复萌,对学生颐指气使,因为大学的钱来自政府,而不是来自学生。

接下来的问题是:老兵手中有了学费,但他们是否有能力完成大学学业呢?对政府来说,《军人复员法案》的成功不在于他们送多少老兵进入大学,而在于他们中有多少人能顺利地出来。这一次老兵们用自己的学术表现让哈钦斯和柯南特们吃惊了。研究表明,老兵们在大学的成绩比其他学生要好得多,而且结婚的老兵比单身的成绩要好。[1]事实上,老兵们已经跳过传统大学年龄的学生所必经的调皮捣蛋期,将所有的时间都花在学习上,为进入职业生涯作准备。他们一开始确实少了一点自信,但在学校教授和教辅人员的帮助下很快进入角色,抓紧宝贵的学习机会。更多的人选择工程、医学、牙科和教育等应用领域。联邦政府在1956年发布的一份报告显示,只有大约有1/4的老兵用《军人复员法案》提供的学费进入大学却未能完成学业,[2]而当代美国大学起码有接近40%的学生在进入大学后不能完成学业。[3]这样比较的话老兵的记录一点也不差。

《军人复员法案》是特殊时期的一项应急措施,本意是通过大学招生为行将告急的就业市场制造缓冲。但这股从就业的洪峰分流过来的人潮却在无意之中冲垮了大学之前高耸而又神秘的学术门槛,为20世纪后半期高等教育大众化作了铺垫。

此前美国人对于大学的印象是"远离都市,私立、小型、精英、

---

[1] Stephen E. Epler, "Do Veterans Make Better Grades than Nonveterans," *School and Society*, October 4, 1947, 270; "Data on Veterans Now Enrolled in Indiana University," *School and Society*, April 21, 1945, 245−246; Robert H. Faber and Lawrence Riggs, "Veterans in a Privately Endowed Liberal-Arts College—1946−1950," *School and Society*, August 12, 1950, 105−106; Clark Tibbitts and Woodrow W. Hunter, "Veterans and Non-Veterans at the University of Michigan," *School and Society*, May 10, 1947, 347−350.

[2] President's Commission on Veterans' Pensions, "Readjustment Benefits: General Survey and Appraisal," Part A, Table 24, 261.

[3] S. Mettler(2006), *Soldiers to Citizens: The G.I. Bill and the Making of the Greatest Generation*. Cary: Oxford University Press, p.72.

白人的、清教徒的";① 它们服务上流社会,和平民老百姓没有什么关系。《军人复员法案》的意义在于它让穷人、黑人及其他本来不属于也从不认为自己属于大学的美国人,从此可以理直气壮地走进象牙之塔,不会因为囊中羞涩而却步,也不会因为学术底气不足而自卑。而大学为留住这些老兵学生所作的一切努力,包括提供补习和学术辅导等服务,不管是出于对老兵为国献身经历的尊崇,还是对他们手中学费的觊觎,客观上将学术门槛从高不可攀变得高却可攀。对于普通百姓来说,大学从此可望也可即了。

讽刺的是,《军人复员法案》最后得以通过,原因之一是几乎所有人都低估了老兵通过高等教育提升自己的强烈愿望,而老兵大批涌进学校之时又恰逢战后美国经济复苏与繁荣的前夜。经济发展直接导致社会职业结构和阶级构成的变化,工厂、企业、公司中"白领工人"的比例逐年上升。据统计,1950年"白领工人"占就业总数的36%,1960年上升到40%,而1970年已有75%的劳动力从事服务行业。② 这样看来,《军人复员法案》真是天时、地利与人和全占了:当老兵们从大学毕业之时正是美国蓬勃发展的经济急需高素质人才之时。据估计,政府通过《军人复员法案》在老兵身上的投入给国家带来高达8倍的回报。③

从今天的眼光看,《军人复员法案》成为美国高等教育大众化的前奏纯属巧合。但是,从制度设计的角度看,这种巧合背后的逻辑值得我们深思。如前所述,高等教育从精英模式向大众模式转型过程中最难以克服的不是硬件设备的短缺;学术门槛或录取标准才是高等教育大众化过程中最难以逾越的心理障碍,尤其是对

---

① M. Greenburg(2004), "How the GI Bill Changed Higher Education?" *Chronicle of Higher Education*, B9, supra note 1, at 3.
② 施晓光:《美国大学思想论纲》,北京师范大学出版社2001年版,第103页。
③ S. Suberman(2012), *The GI Bill Boys: A Memoir*. Knoxville: University of Tennessee Press, p.xii.

习惯于面对精英的教授和大学管理者而言。《军人复员法案》的作用在于,它将退伍老兵送进大学,让大学在道义上无法拒绝(谁能对这些从战场上死里逃生的国家英雄说不呢?),在经费上心满意足(哪个大学的管理者能够将如此巨大的一笔经费拒之门外呢?)。然而,在大学投入巨资之后,联邦政府悄悄地退居幕后了:它没有以金主的身分对大学颐指气使,更不会要求大学对这批特殊的学生有任何特殊的照顾。

有意思的是,著名历史学家德沃托早在1943年就在《哈泼杂志》上发文预言,假如《军人复员法案》得以实施,联邦政府一定会设立一个巨大的教育监管部门,对大学的教学内容和方法、录取标准以至教授的聘用进行指导。他的结论是:(政府对大学的)资助就是毁灭;大政府干预大学是早晚的事,而大学一定会逐渐失去其自治的权力。[1] 今人可以将德沃托的忧虑当成笑谈,可是这种笑谈对很多其他国家的大学管理者来说一点也不幽默,因为德沃托的预言在他们那里早已成为现实。

美国政府对于大学的信心或信任并非毫无根据。假如他们之前没有找到合适的机会扩大高等教育的规模的话,那么老兵退伍成为千载难逢的良机。这个群体的构成就是当时社会的镜像,因此用这个群体来做全民教育素质提升的实验再合适不过了。将学术背景如此繁杂的群体送进大学,却没有降低大学的整体水准,原因在于大学对学术标准的坚持——那1/4用《军人复员法案》进入大学却未能如期毕业的老兵就是明证。换言之,美国高等教育大众化与后来其他国家推行扩招最大的区别在于,美国大学敞开大门让人进入,却将出来的门卡得很死,不达到学术标准的学生不能毕业。亚洲国家大学百分之百的毕业率与此形成鲜明对比。

---

[1] Bernard DeVoto, "The Easy Chair," *Harper's Magazine*, May 1943.

第十章　军工起家：大学如何走出象牙塔

　　战后的若干年对于斯坦福来说极为重要、极为关键。我相信我们或将巩固既有的潜力，在西部打造一个与东部的哈佛相应的基础，或将沦落到与达特茅斯比肩，声誉不错但在全国却只有哈佛2%的影响。斯坦福能够成为西部主导因素，但这需要许多年的规划才能实现。

——弗雷德里克·特曼

S. W. Leslie (1993), *The Cold War and American Science: The Military-Industrial-Academic Complex at MIT and Stanford*. New York: Columbia University Press, p.20.

　　斯坦福的崛起是战后一个具有重大意义的奇观；它显示了在地方与国家历史的交叉路口，雄心勃勃的杰出领袖们如何在不到一代人的时间里打造出一个世界一流的大学。

——乔纳森·科尔

J. Cole (2009), *The Great American University: Its Rise To Preeminence, Its Indispensable National Role, Why It Must Be Protected*. New York: Public Affairs, p.117.

1955年，特曼（1900-1982）被任命为斯坦福大学学务副校长，竭尽全力在大学诸多学术领域里建设"卓越的塔林"。凭借其"塔林"战略，特曼不仅实现了将斯坦福变成"西部主导因素"的诺言，而且直接挑战东部名校麻省理工与哈佛。特曼打破传统的大学学术理念，将学科发展的优先权与争取外来资源的能力直接挂钩——不管经费来源是政府、企业还是基金会。

（插图：程黛曦）

一

1929年，斯坦福大学校长威尔伯（Ray Lyman Wilbur）应好友胡佛总统之召，去华盛顿担任联邦内务部长（Secretary of the Interior）。四年之后，随着失去宝座的胡佛回到帕罗奥托（Palo Alto），威尔伯面对的是一个在大萧条蹂躏之下苟延残喘的校园。这一年，仰赖州政府财政资助的加州大学刚经历15%的预算紧缩，比起密歇根大学44%的削减还算幸运。私立大学亦难以幸免：哈佛大学的校务基金惨遭缩水，其营运预算急降18%，而斯坦福从年度投资收益中丢了30万美元，降幅达到20%。[①] 回校两个月后，威尔伯向董事会报告说，斯坦福大学财政告急！为了保住现有教席，他决定全面减薪10%，无限期推迟职称评定，冻结所有空缺职位的替补，停止学校大楼的修葺与设施的更新，并削减由大学资助的科研经费。[②]

面对如此恶劣的财政状况，威尔伯全无招架之力。对于来自联邦政府的资助，威尔伯和美国其他私立大学的校长一样，保持着高度的警惕，生怕政府的支持会影响大学的学术独立。这种担心并非空穴来风。在大萧条阴影下接任的罗斯福总统大力推行带有浓厚社会主义色彩的"新政"，本来就让追随胡佛自由资本主义经济政策的威尔伯反感至极，再加上新政府的联邦紧急救济署（Federal Emergency Relief Administration，FERA）史无前例地动用联邦救急款项来资助家庭困难的大学生，让他担心政府正在以救急为由介入大学管理。以哈佛和耶鲁为代表的130所私立大学已经公开拒绝接受这项资助，但威尔伯却无法效尤。不是不想，只是不能。在

[①] R. S. Lowen (1997), *Creating the Cold War University: The Transformation of Stanford*. Berkeley, CA: University of Californian Press, p.26.

[②] Ibid., p.27.

1934-35 学年，400 名斯坦福学生接受了联邦资助方得以继续学业，占到了大学所有学生的 12%。①

按照常理，经济危机的来临对于大学来说并不总是坏事，因为失业是职场中的人们回到学校进修的最佳理由和机会。到 1930 年代中期，公立大学的入学人数已经超过大萧条之前的水平。但是，斯坦福大学却无法从中得益，光是学费一项就让人却步：斯坦福大学每学期的学费是 115 美元，而附近的加州大学仅为 25 美元。② 至于通过私立大学最传统的筹款途径——慈善机构得到捐助，斯坦福也运气不佳。由于筹款不力，斯坦福失去了洛克菲勒基金会许诺给大学的 75 万美元配对资金和给医学院的 250 万配对资金。③

对于来自企业的任何形式的资助，私立大学传统的态度是以清高或不屑拒之门外，斯坦福也不例外。比如说，斯坦福大学的航空工程系在美国名列前茅，但教授们长期恪守一个原则——不参与任何"商业项目"。此时即便加州理工学院（Caltech）的航空工程系已经通过为工业界承担测试项目收益颇丰，斯坦福的教授们却依然毫不动心。与旧金山湾对面的加州大学伯克利分校相比，斯坦福就更加显得寒酸。物理学家欧内斯特·劳伦斯（Ernest Orlando Lawrence）在大萧条期间为他在伯克利的实验室筹款达 27.5 万美元，而同时间斯坦福的物理学家却不得不两次将捐赠的回旋加速器（cyclotron）拒之门外，因为他们缺乏建设与维修的资金。④ 整个 1930 年代，斯坦福大学的名声随着经济状况的恶化如江河日下。

1943 年，斯坦福大学工程学院教授、未来的工程学院院长和

---

① *Review of Activities of the State Relief Administration of California, 1933-1935.* Sacramento: State Printing Office, 1936, Appendix M, p.271.

② R. S. Lowen（1997），*Creating the Cold War University: The Transformation of Stanford.* Berkeley, CA: University of Californian Press, p.28.

③ Ibid., p.29.

④ Ibid., p.30.

学务副校长（provost）弗雷德里克·特曼（Frederick Emmons Terman）如此描述大学的前景：

> 战后的若干年对于斯坦福来说极为重要、极为关键。我相信我们或将巩固既有的潜力，在西部打造一个与东部的哈佛相应的基础，或将沦落到与达特茅斯比肩，声誉不错但在全国却只有哈佛2%的影响。斯坦福能够成为西部主导因素，但这需要许多年的规划才能实现。[①]

为了让斯坦福成为西部的哈佛，特曼贡献了余生。经过特曼和他的同仁20年的努力，斯坦福大学如他所愿被打造成西部的常青藤。用哥伦比亚大学前学务副校长柯尔教授的话说，"斯坦福的崛起是战后一个具有重大意义的奇观：它显示了在地方与国家历史的交叉路口，雄心勃勃的杰出领袖们如何在不到一代人的时间里打造出一个世界一流的大学。"[②] 回溯斯坦福从名不见经传的小学校摇身成为西部学术重镇的历程，我们可以看到这样一个轨迹：效法麻省理工（MIT）模式，走军工发家的捷径；却凡事瞄准哈佛，寻求学科全方位发展；最终实现产学研结合，成为当今世界电子与互联网产业的引擎。

二

麻省理工模式的始作俑者是凡尼瓦尔·布什。早在"一战"结束不久，作为MIT电机工程系的一名年轻教授，布什就将眼光投

---

① S. W. Leslie（1993）, *The Cold War and American Science: The Military-Industrial-Academic Complex at MIT and Stanford.* New York: Columbia University Press, p.20.

② J. Cole（2009）, *The Great American University: Its Rise To Preeminence, Its Indispensable National Role, Why It Must Be Protected.* New York: PublicAffairs, p.117.

向科研与企业的联合。他早年曾自掏腰包为一项发明申请专利，却因为找不到企业投资铩羽而归。他转而为一家企业担任咨询，除了挣钱之外还将实际问题带回校园和他的学生一起研究。这个经历让他看到学术研究背后的商业价值。布什游走在学术界与企业界的交叉地带，结交了一批志同道合的朋友，成为雷神公司（Raytheon Corporation）的创立者之一。至此，一个"学术研究—商业咨询—课堂教学—创新创业"的模式初步形成。[1] 这个模式在布什成为 MIT 的工程学院院长和副校长之后延伸到其他领域，并在康普顿校长（Karl Taylor Compton）的推动下成为美国研究型大学日后发展的基本模式。

然而，当"二战"的硝烟飘向北美大陆，布什的模式开始发生一些根本性的变化。以哈佛为代表的私立精英大学仍在死守"为学术而学术"的阵地，却无力抵挡军工企业对精英大学校园的全面入侵。1938 年布什辞去麻省理工的职位来到首都华盛顿担任卡内基研究院院长，并在其后被罗斯福总统任命为科学研究与发展局局长，主持联邦政府研发武器装备的资金发放工作。到"二战"结束，从布什手中发出的军工研发资金达到 4.5 亿美元，[2] 而能否从其中能分得一杯羹、分得多大一杯羹就成为战时美国大学科研和财务实力的标志。

尽管布什在战后力主取消科学研究与发展局，推动大学科研的独立发展，但军工导向的科研经费不减反增。由海军资助在约翰·霍普金斯大学建立的应用物理实验室（Applied Physics Laboratory）、陆军资助在加州理工学院设立的喷气推进实验室（Jet

---

[1] H. Etzkowitz（2002），*MIT and the Rise of Entrepreneurial Science*. London and New York: Routledge, pp.2–3.

[2] S. W. Leslie（1993），*The Cold War and American Science: The Military-Industrial-Academic Complex at MIT and Stanford*. New York: Columbia University Press, p.7.

Propulsion Laboratory）、原子能委员会（Atomic Energy Commission, AEC）资助在加州大学伯克利分校建立的洛斯阿拉莫斯武器实验室（Los Alamos Weapons Laboratory）等,[1] 以其强大的吸金能力，不仅为顶尖大学提供了经费上的支持，而且最终推倒了大学精英在科研成果与企业应用（这时主要是军工企业）之间最后的心理障碍。随之而来的冷战，加上朝鲜战争烽烟再起，为政府在军工研发（R&D）上的投入制造了一个完美的借口。1950 年美国国防研发预算回到战时水平，军工—企业—大学这个三角鼎立的局面最终形成。麻省理工的林肯实验室（Lincoln Laboratory）、伯克利的劳伦斯·利福摩尔国家实验室（Lawrence Livermore National Laboratory）和斯坦福的应用电子实验室（Applied Electronics Laboratory）便是在这一时期由军工研发预算资助、所在大学管理的应用与保密研究机构。

可以这么说，布什的"学术研究—商业咨询—课堂教学—创新创业"模式彻底改变了麻省理工在美国高等教育界作为一所技术学院原有的卑贱地位，使之一跃成为与哈佛并驾齐驱的顶尖大学。而布什的博士研究生特曼除了从他的老师那里传承专业知识而外，更重要的是，他将老师关于大学发展的理念带回了斯坦福。早在 1937 年，特曼就对 MIT 和 Caltech 作了深入的研究。他的结论是，与工业界的联系直接关系到大学的声誉。MIT 和 Caltech 的研究生从企业得到奖学金，并在毕业后去企业就业；他们在职业生涯上的取得的成功进而提升了大学的声誉。同时，大学教授在企业资助下从事研究，不仅得到经费上的支持，而且能够不断调整自己的研究方向以适应业界的需求。[2]

---

[1] S. W. Leslie（1993）, *The Cold War and American Science: The Military-Industrial-Academic Complex at MIT and Stanford*. New York: Columbia University Press, p.8.

[2] R. S. Lowen（1997）, *Creating the Cold War University: The Transformation of Stanford*. Berkeley, CA: University of Californian Press, p.37, p.103.

作为布什的学生,特曼对他的老师在政府资助大学科研上的理念和态度有着深刻的理解。因此,他和学界同仁最大的区别在于,他不仅不排斥政府、军工和企业对大学的资助,反而努力为大学争取这样的资源。他知道,他的老师布什之所以不担心大学的独立性会受到侵犯,是因为大学手中握有一把尚方宝剑,那就是同行评审。不管是政府项目、企业研发项目还是军工项目,只要研究质量的把关是由专家组成的同行来做,那么学术的质量就会得到相应的保障;而且引进企业资助最大的好处是,他们能够鼓励创新以至创业。[1]

1955年特曼被斯特林(John Ewart Wallace Sterling)校长任命为斯坦福大学学务副校长(Provost)。在接下来的十年里,特曼多年来对于东部名牌大学的研究及其对斯坦福未来发展的理念终于得到一个付诸实现的机会。用特曼自己的话说,他希望在大学诸多学术领域里建设"卓越的塔林"(steeples of excellence)。

不言而喻,特曼心目中学科的"塔林"与传统的学科均衡发展的概念是背道而驰的。试想,假如一所大学由诸多"塔林"构成,那么有塔尖必然就会有谷底。特曼相信,好的大学必须集中精力在一些关键学科领域中发展顶尖项目。能否建成"塔尖"学科最关键的一点是这个学科是否对于国家具有重要性:只要重要,国家就会投入资源,而国家的投入就是大学发展的机遇。不难想象,假如一个学科不能对于国家的安全或发展具有直接的意义或贡献,那么它们必然不能给大学带来资源——这就注定了这些学科在大学里置身"谷底"的命运。特曼甚至不能容忍这些学科在斯坦福的"半山腰"占有一席之地:它们必须在谷底自求出路或者自生自灭。

特曼自己领导的斯坦福电子实验室(Stanford Electronics

---

[1] J. Cole(2009), *The Great American University: Its Rise To Preeminence, Its Indispensable National Role, Why It Must Be Protected.* New York: Public Affairs, p.120.

Laboratories, SEL）就是诸多"卓越的塔林"中的一个。这个实验室最初是用国防项目的资金建立的，吸引了一批具有业界经验的教研人员。实验室通过企业人员培训、军工项目和教授咨询取得大量资金，而这些款项又被用来资助教授的基础研究和应用研究。同时，实验室培养的研究生在毕业后大多随即进入相关企业，利用学校学到的知识和技能进行创新以至创业。这些毕业生为斯坦福教授们的研究和创新能力带来了巨大的声誉。斯坦福当时的研究生院院长强调，他们在接受军工研究项目时和其他大学有根本区别："按照政策，我们接受的所有项目都必须由教授主管，而且必须与基础研究和研究生培训直接相关。"[1]

统计系跻身"塔林"靠的是系主任鲍克尔（Albert Bowker）教授在学界和政府之间长袖善舞。"二战"时由布什领导的科学研究与发展局在哥伦比亚大学资助一个统计研究的项目，因此参与这个项目的统计学家为海军研究处所熟知。这批顶尖的统计学家在战后被鲍克尔挖走不少，并在朝鲜战争爆发后为斯坦福从海军研究处得到大笔研究合同。鲍克尔利用这一大笔人才资源，在斯坦福建立起应用数学和统计实验室。1953年这个实验室在美国大学数学领域里吸引政府研究经费最多，而斯坦福大学的统计学也因此在业界名声鹊起。[2]

最让人不可思议的是哲学系，系主任哥欣（John Goheen）教授利用军方对于决策过程研究的兴趣，成功地从海军研究处和陆军军械处（Army Ordnance）取得研究合同。通过与统计学系联合聘任，哲学系不仅得以招兵买马，扩大编制，而且还开出高等逻辑、

---

[1] S. W. Leslie（1993），*The Cold War and American Science: The Military-Industrial-Academic Complex at MIT and Stanford*. New York: Columbia University Press, p.74.

[2] R. S. Lowen（1997），*Creating the Cold War University: The Transformation of Stanford*. Berkeley, CA: University of Californian Press, p.151.

数理逻辑、集合论等课程,完全跳出了哲学系的传统课程范围,如伦理学、道德哲学、哲学史等。①

对于那些没有成为"塔尖"潜力的学科,特曼的原则是"自食其力"(Every tub must stand on its own bottom)、不升即降。古希腊罗马研究系(Department of Classics)在特曼眼中就是一个完全"无用"的学科,它的存在对于学校的资源是一种耗损。因此,特曼在上任伊始就宣布将其降级为教授公共课的单位(service department),并在两名教授退休后将他们的空缺完全取消,不再替补。而生物系、化学系、地质系和经济系虽然有潜力取得政府与企业的资助成为"塔尖",但特曼认为这几个系的教授特别是系主任脑子不开窍,所以他软硬兼施,先礼后兵,逼着那些哪怕有一点可能取得研究资助的教授"自食其力",用研究经费支付或部分支付教授工资及院系的运营开支。

地质学家、矿物科学学院院长帕克(Charles Park)反对用政府研究合同经费支付教授工资及研究生培养,认为这样会鼓励他的教授们一味迎合政府的要求,而忽略学科本身的特点和研究方向。在对特曼争取研究合同的要求采取消极抵抗的态度的同时,帕克却对他所推行的大班教学政策发声抗议,认为此举不仅无助于减少开支、提高效率,还有干预学术自主之嫌。他给校长写信抱怨说:"未来的地质学家必须学会在纷繁的印象和感觉中梳理出相关的事实,由此形成诸多合理的假设……并在同时间不偏不倚地掂量各种假设,在心中将每一个假设参照他所累积的数据加以测试……总之,地质学家比起其他科学家更需要培养判断能力。"而这种判断能力只能在小课堂里通过和教授的直接对话才能形成。个性强硬的特曼毫不退让,他以各种方式向帕克发出不悦的暗示,

---

① R. S. Lowen(1997), *Creating the Cold War University: The Transformation of Stanford*. Berkeley, CA: University of Californian Press, p.152.

甚至找借口拒绝了帕克任命一名助理教授的要求。1956年，帕克辞去院长职务以抗议特曼对他的打压。①

正是凭借他的"塔林"战略，特曼不仅实现了将斯坦福变成"西部主导因素"的诺言，而且创造了一种新的大学发展模式，直接挑战东部名校麻省理工、哈佛。这种战略的成功固然是特曼审时度势、准确把握时代脉搏的结果，却也从根本上挑战了传统的大学学术发展理念，即学术的非功利性及基于好奇心的研究（curiosity-based research）。结果是，政府和企业对研究的投入成为大学学科布局的指挥棒。从某种意义上说，斯坦福的成功是借了冷战的东风，因为政府在国防预算上的大手笔恰恰是在特曼自己熟悉的工程领域，特别是电机工程。他有选择地在科学和其他工程领域瞄准麻省理工，争夺人才，为斯坦福从国防预算中争取巨额研究合同创造先决条件。1946年斯坦福从政府得到的研究经费（包括国防项目的经费）总共是12.7万多美元，这个数字在十年后达到450万美元，并在下一个十年中翻了3倍，达到1300万美元。②

三

1938年两位斯坦福大学电机系的毕业生威廉·惠列特（William Redington Hewlett）和大卫·帕克特（David Packard）向他们以前的教授和系主任特曼借了600美元，在帕罗奥托租来的一间小车库里开始创业。③后来的故事如今已是妇孺皆知：惠普

---

① R. S. Lowen（1997），*Creating the Cold War University: The Transformation of Stanford*. Berkeley, CA: University of Californian Press, pp.161-162.

② S. W. Leslie（1993），*The Cold War and American Science: The Military-Industrial-Academic Complex at MIT and Stanford*. New York: Columbia University Press, pp.45-46.

③ Frederick Terman interviewed by Bill Moggridge, c. 1980；papers of the late Bill Moggridge. B. M. Katz, J. Maeda and J.Antonelli（2015），*Make It New: The History of Silicon Valley Design*. Cambridge, MA: MIT Press, 2015, p.228.

（Hewlett-Packard Company，HP）成为世界电子行业的龙头老大，而那间小车库所在地则在之后的七十多年里成为科技创新与风险投资的圣地。由于1971年的1月11日一份名为《每周商业》的电子新闻系列文章，这片高科技公司云集的地方得到一个响亮的名字：硅谷（Silicon Valley）。特曼，这位自始至终毫无保留地支持学生创新创业的斯坦福大学学务副校长，为此赢得了"硅谷之父"的称号，而他的两位学生当初创业时租来的小车库则成为"硅谷诞生地"。

然而，将特曼的名字和硅谷连在一起其实是有点奇怪的，因为等到他苦心经营的这一片土地终于有了一个响亮的名字时，特曼已经到了退休年龄。换言之，这个"父亲"养育了一个红透世界的"孩子"，却从未给它起过名字。但不可否认的是，他确实自始至终按照自己的理念培育着这个"孩子"。为了实现他关于大学科研与工业应用结合的理念，1951年特曼在属于斯坦福大学的一片土地上建立工业园区（Stanford Industrial Park，后改名为Stanford Research Park），陆续吸引了包括惠普在内的大批高科技公司入驻，不仅将诸多打上斯坦福烙印的科研成果直接推上生产线，而且为大学培养的人才提供了一个用武之地。特曼在打造这个工业园区时还为入驻的公司量身定制了一个具有硕士学位的"荣誉合作项目"，接受公司选定的技术人才到斯坦福培训，参与教授的科研项目。这个项目将斯坦福大学工程学院变成业界的人才基地，也大大提升了大学的总体声望。1957年斯坦福大学入学人数增长20%，其中1/3进的是工程学院，比全国平均数高出一倍！[1]

当然，硅谷的成长并非凭借特曼的一己之力，而是占尽了天时、地利与人和。"二战"后，加州经济的起飞、电子工业的勃兴，

---

[1] B. M. Katz, J. Maeda and J. Antonelli（2015），*Make It New: The History of Silicon Valley Design*. Cambridge, MA: MIT Press, 2015, pp.118-119.

加上特曼非同寻常的远见及其操作能力,共同促成了以微芯片(microchips)为核心的现代电子工业在硅谷的集聚、发展与繁荣。[①]通过斯坦福大学教授和他们的学生、校友携手发明创新,许多科研成果成功地转化为可以在市场上直接销售的电子产品。为了鼓励大学与企业的这种合作,有些公司开始将他们所持有电子产品的专利交给斯坦福大学,容许其他公司将这些专利与斯坦福所持有的知识产权一起使用,而有的发明者索性将他们的专利交给大学。当诸多中小企业将他们所持有的专利交给斯坦福大学,大学逐渐形成自己的专利库并开放给所有参与的企业,供他们进一步开发新产品或拓展现有产品。有了斯坦福大学的牵头,硅谷的电子企业间你死我活的竞争被合作所取代,而大学则通过收取特许费用赢得大笔款项,转而投入学术发展和学科建设。[②]

1970年代,后来被称为"互联网之父"的斯坦福大学助理教授文顿·瑟夫(Vinton Gray Cerf)和他的同事们一起设计了TCP/IP协议和互联网基础架构,开启了一个崭新的网络时代,斯坦福大学和硅谷也因此顺理成章地成为互联网滋生、发育及成长的风水宝地。1990年代杨致远(Jerry Yang)在斯坦福大学电子工程系攻读博士期间和戴维·费罗(David Filo)共同创立雅虎(Yahoo)互联网导航指南;之后斯坦福大学的两位博士研究生谢尔盖·布林(Sergey Brin)和赖利·佩吉(Larry Page)在就学期间共同研究搜索引擎,最后创立谷歌(Google)公司。其他公司如思科系统(Cisco Systems, Inc.)、财捷集团(Intuit)、太阳电脑系统(Sun Microsystems)等著名电脑公司,最后都是依托硅谷,成为现代社会的产业支柱。[③]

---

① J. M. Findlay(1992), *Magic Land: Western Cityscapes and American Culture After 1940*. Berkeley, University of California Press, pp.117-159.
② H. Etzkowitz(2002), *MIT and the Rise of Entrepreneurial Science*. London and New York: Routledge, p.106.
③ https://www.stanford.edu/about/history/history_ch3.html.

行文至此,过去百余年来美国大学与企业界渐行渐近的漫长而又曲折的轨迹初现端倪。史家们常常将麻省理工作为现代大学"产学研"结合模式的始作俑者,而将斯坦福和硅谷作为麻省理工模式中的一个成功案例,但两者之间的区别还是很鲜明的。麻省理工从建校开始就意识到大学与波士顿地区传统工业基础之间的关系,加上它作为莫里尔赠地法案受惠者的出身,因此对教授从事应用科学与工程技术研究项目一直抱着支持的态度。加上与哈佛为邻,麻省理工似乎较少其他大学的那种"常青藤"情结,而是更加专注于自己的技术优势与特长,因为只有这样它才有可能最终走出哈佛的阴影,在大学圈里别树一帜。斯坦福则不同。大学在19世纪末建校,校址是加州前州长斯坦福(Leland Stanford)在帕罗奥托购买的一片广渺的畜牧场。因此,斯坦福大学虽然瞄准了麻省理工的发展模式,但它必须"无中生有",在荒原上创造出一个工业基地来支撑大学的发展。选中了电子工业作为大学"产学研"结合的基础,是远见,恐怕也有运气。与麻省理工还有一点不同:斯坦福人从一开始就有"常青藤"情结,因此它念念不忘的是寻找任何机会甩掉理工大学的帽子,向多学科综合性大学靠拢。特曼在建设法学院和医学院上如此用功,可见事关重大;[1] 而他不遗余力地推动文科院系争取基金会研究资助,既体现了他"自食其力"的学科发展原则,又反映了他对科研造福社会一如既往的关注。

四

将"产学研"结合模式送进现代大学正常运行轨道的最终助推器是1980年国会通过的"拜杜法案"(The Bayh-Dole University and

---

[1] J. Cole(2009), *The Great American University: Its Rise To Preeminence, Its Indispensable National Role, Why It Must Be Protected.* New York: PublicAffairs, pp.122-126.

Small Business Patent Act of 1980, Public Law 96-517）。之前大学接受联邦政府资助的研究项目，其知识产权归政府所有。但是，政府拥有大学科研的知识产权，却无法有效地将这些成果在工业界加以应用。这里除了政府本身功能的欠缺而外，经济学上的"搭便车问题"也是原因之一。试想，A公司运用政府资助的科研成果推出一项新产品，B公司看到有利可图，也向政府申请同一成果的知识产权。因为是纳税人出资的研究项目，政府无法对A说"是"而对B说"不"，于是B公司依样画葫芦，也推出同样的产品。长此以往，A公司便不再愿意在技术开发上作任何投入，更不想从政府那里取得任何知识产权。[1] 针对这个问题，"拜杜法案"规定，任何在政府科研经费支持下得到的知识产权不再归政府所有，而是归研究者所在的大学所有。大学在接受联邦政府科研经费的同时，必须作出技术转移的承诺，而不是仅仅通过传统的学术杂志和学术会议来发表或分享研究成果。

"拜杜法案"的重要性在于：它在大学、政府和企业之间建立起一个有效的机制，让大学成为新技术的酝酿、发明、保存、推广之地。大学通过技术转移收取特许费用，鼓励了教授的科研热情，促进了大学与企业的合作，扩大了教育经费的来源，也弥补了政府在推广技术创新方面的短板。按照大学的传统理念，教授通过出卖一个全新的想法或知识产权来获取报酬始终是一个禁忌。"拜杜法案"突破这个禁区，创造了一个全新的激励机制，让大学教授除了通过发表论文来传达他们在自己领域里的突破和创新而外，还能通过技术转移或转让来获取自己的劳动所得！这个法案由此彻底改变了大学、政府和企业这个传统的三角关系，为大学从法理上解决了纠结多年的"产学研"矛盾。

---

[1] H. Etzkowitz（2002），*MIT and the Rise of Entrepreneurial Science*. London and New York: Routledge, p.113.

"拜杜法案"一经通过,诸多研究型大学几乎是在第一时间设立了技术转移办公室,确认大学需要专利保护的研究项目,帮助科研人员申请专利,并将属于大学的知识产权积极推广到企业并鼓励合作。比如说,哥伦比亚大学的政策是,教授的发明专利所得只要不超过某个既定的数额,发明者可以得到几乎所有的收入;当发明通过技术推广变得收入丰厚时,回报在发明者、实验室、教授所在学院以及大学之间进行合理分配;大学会将自己的这一份收入转而投入那些没有这类收入的院系,如人文与社会科学专业。[①] 在"拜杜法案"通过之前的1970年代,美国大学每年大约得到250至300项专利;这个数字在法案生效后激增10倍以上。以2006年为例,当年进入市场的新产品中起码有700项利用了大学所拥有的专利。据柯尔统计,至2010年代末,美国大学掌握1.3万多个专利许可证,由此催生了5700多个新兴企业。最让柯尔感到骄傲的是,在他担任学务副校长的1990年代末至2000年代初,哥大通过出卖知识产权,连续好几年达到年收入2亿美元。作为学校的大总管,他得以用这笔钱来做一些一般大学无法做到的事情,比如建立了至今独一无二的"地球研究所"(Columbia Earth Institute)来推进多学科合作与交叉研究项目,资助了古希腊罗马研究系、建筑系和新闻系的研究项目,引进了一批世界级专家来校任教,等等。[②]

斯坦福大学多年来鼓励师生创新创业,不仅为"拜杜法案"所倡导的"产学研"结合模式提供了无数的可行性实验论证,而且在这个法案得以实施之后获得巨大的经济收益。比如说,布林和佩吉在攻读博士期间,搜索引擎只是他们的一个研究项目。大学将它所拥有专利的搜索技术开放给布林和佩吉进行研究开发。2004

[①] J. Cole(2009), *The Great American University: Its Rise To Preeminence, Its Indispensable National Role, Why It Must Be Protected.* New York: PublicAffairs, p.163.

[②] Ibid., pp.166-168.

年8月19日,谷歌公司在纳斯达克上市,斯坦福大学因为当年开放专利而分得180万股"谷歌"股票,卖出后得到3.36亿美元的收入。这笔收入超过了许多大学积累多年的校务基金!

五

孙中山先生有句名言:"世界潮流,浩浩荡荡,顺之者昌,逆之者亡。"说话人气势恢宏,高屋建瓴,大有登泰山而小天下之气派。遗憾的是,世界潮流并不如黄河长江一般自西向东单向流动;它可以逆流,可以顺流,可以向前,也经常倒退,所以观潮者往往连何时顺之、何时逆之都未必搞得清楚,更无法以潮流代言者自居,指点江山,挥斥方遒。

认识到这一点,我们便不难理解为什么大学在研究的取向问题上如此纠结。中国历代学者文人向以"成一家之言"为人生之最高境界,为此不惜"上穷碧落下黄泉""语不惊人死不休"。传统的大学学术理念推崇基于好奇的研究,与我们老祖宗所说的"究天人之际,通古今之变"并无二致,其目的都是"成一家之言"。至于所成之言对社会有何贡献,他们不关注或不屑关注。在他们看来,应用是业界的事,而关注应用必然会"玷污"其研究的纯洁性。这种学术观念可以说在"二战"之前的美国大学一直占有主导地位,特别是私立大学的精英更是将所谓的"纯"研究当成他们和州立大学的本质区别所在。

从这个角度看特曼,我们对他在斯坦福大学的发展进程中所起的作用开始有了一点敬意。我们无法断定是由于他个人的洞察力还是纯属运气,但这个人的确是看到了时代大潮的走向并顺而应之,或者,更准确地说,他是逆时代潮流而动,反"为学术而学术"之主流,竭尽全力推动大学学术朝着应用研究的方向发展。除了他对斯坦福大学无可置疑的忠诚之外（他的父亲就是斯坦福的著名教授，他自己是斯坦福的毕业生），我们也无法推断他的动机，究竟是造福社会，还是舒缓大学的财政危机，或是两者兼有。我们只知道结果是两者兼有。

其实，我们之所以在研究特曼的大学发展观时总是隐隐约约地感到此中有运气作祟，因为这里有太多的巧合。比如说，要不是"二战"发生，美国政府也许永远也无法如此肆无忌惮地进入大学的实验室，要求那些象牙塔中深居简出的物理学家、化学家、数学家转而研究武器特别是大规模杀伤性武器；要不是"二战"，战后美国大学的研究人员亦无法从军工向和平时代的产业转型中得到如此巨大的经济利益。再比如，由于特曼自己是电子工程专家，于是便有了他在这方面的实验室及其成功，有了其他应用领域给大学带来的收入，有了以电子工业为主的硅谷和现代互联网产业的勃兴。再比如，假如没有特曼及斯坦福和麻省理工等大学在产学研结合方面多年的探索和所积累的经验，"拜杜法案"的通过和实施也许不会如此顺利，美国大学的财富积累大概也无法达到今天的水平。

说过运气，也承认凡事有一定的运气，然后我们可以回头对美国大学在产学研结合方面走过的历程略加考查。在这个大学排行榜盛行的年代，几乎所有的大学都在摩拳擦掌，跃跃欲试，做着赶超哈佛、剑桥之梦。然而，让很多大学特别是发展中国家的大学欲哭无泪的是，没有一所大学单靠教书育人名扬天下，也没有一所大学能在不发达国家里靠政府扶持闯进世界大学前列。钱不是万能的，但没钱的确是万万不能的：这个道理不言自明。因此，当斯坦福大学在20世纪三四十年代面临经济危机之时，他们既没有哈佛那样雄厚的校务基金垫底，也不能像麻省理工那样依托周围的工业基础，用技术服务换取教育经费。他们不得不向帕罗奥托这片广渺的畜牧场要钱,而且钱的来源还必须具有可持续性。也算是天助大学:太平洋战争的爆发为美国政府打着爱国的旗号要求大学从事军工研究提供了一个完美的借口,而面临生源流失、经费短缺局面的大学,在政府大笔研究经费的诱惑下,也就半推半就地接下一单又一单的军火合同,心甘情愿地成为御用研究机构。

特曼的贡献在于,他敢冒天下之大不韪,直接挑战传统的大学学术理念,将学科发展的优先权与其争取外来资源的能力直接挂钩——不管经费来源是政府、企业,还是基金会。结果是可以预见的:工程与应用学科的教授们扬眉吐气,而人文与社会科学的学者们垂头丧气。但是,假如特曼止步于此,那么我们今天也许再也不会听到他的名字;他和他所钟爱的大学也早被历史的大潮所淹没。事实是,特曼并未因工科优先而怠慢滞后的文科,尽管他关注的方式有时让身处其中的文科教授们难以接受。他没有放弃让人文学科得以发展的机会——从逼迫他们争取基金会研究经费的支持,到直接将技术领域的丰厚回报与之分享,尽管他的行动也许因此将这些从本质上非功利的学科推向了功利的极致。试想,今天大学的文科教授们所热衷的所谓项目和课题,有多少是基于好奇的研究?当课题承担者为自己解决了一些具体问题洋洋自得之时,他们是否仍然对于通过研究探究人类社会的奥秘、推动思想和文明的进步抱有热忱?

美国诗人罗伯特·弗罗斯特(Robert Frost)在著名诗作《未择之路》(The Road Not Taken)中描述了一种人类普遍的生存状态,即站在两条道路的岔口,被迫择一而行。无论哪个选择,对于选择者来说都是一条不归路,也都将对未来造成深远的影响。大学在功利与非功利研究取向上的选择,又未尝不是如此?国家大敌当前,政府要求大学的工程与技术人员帮助研究武器以克敌制胜,本来无可非议。然而大学或个人一旦走上科研致富之路,便无回归之可能。由于这样的选择,人类在"究天人之际,通古今之变"道路上的得与失,我们也许永远无法评估。我们唯一可以看到的是,今天的美国大学富可敌国、在世界大学的排行榜上名列前茅。假如我们满足于用这两点来评价美国大学发展,那么特曼们有太多的理由为自己的成就而感到骄傲。

当然了,"二战"之后西方大学开始从过去的精英教育向大众教育转化,以前大学教育的经费资助模式确是无以为继了。没有一个私立大学的校务基金能够满足激增的学生需求,更没有一个公立大学能够仅靠政府资助成为一流。所以,大学研究和管理的日益商业化和市场化势在必行。对此表达出最深刻忧虑的是哈佛大学前校长德里克·博克(Derek Bok)。在《市场上的大学》一书中,博克担心今天的研究型大学和市场作了一桩浮士德式的交易,即通过出卖灵魂来换取商业利益。[1]换言之,大学为了迎合市场需求而从事研究,却因此牺牲了他们本身担负的使命,即为人类的福祉而工作。

这样的担忧并非杞人忧天。由于"拜杜法案"能够给研究型大学及其教授带来的潜在利益,大学科研人员在实验室里一旦有任何发现,他们首先考虑的不再是通过学术渠道发表研究成果,而是为了潜在的商业利益先申请专利,待价而沽,以求得未来利益的最大化。假如这项研究是由某公司资助,那么他们甚至在研究开始之前已经将未来的研究成果出卖给资助研究的公司。在"拜杜法案"的保护下,这样的研究可以给研究者带来利益、给大学带来利益,却可能有效地延宕人类对于大自然奥秘的探索和认知。最让人无奈的是,我们甚至无法知道,人类由于大学科研的商业化和市场化而失去了多少宝贵的认识世界的机遇,因为这是一条"未择之路"。

---

[1] D. Bok (2003), *Universities in the Marketplace: The Commercialization of Higher Education*. Princeton, NJ: Princeton University Press.

第十一章　国防教育："斯普尼克 1 号"的刺激

（我们这样）一个国家，就像一个人那样，居然能变得如此软不拉几、安于现状。一个处处以世界第一自居的国家居然能落后如此之远。斯普尼克同志，您在这一小时的课上教给我们关于俄罗斯的事情我们花了 40 年都没有学到。

——加布里尔·海特尔

G. J. De Groot（2006）, *Dark Side of the Moon: The Magnificent Madness of the American Lunar Quest*. New York and London: The New York University Press, p.78.

一个大学并不仅是一笔资产、一堆大楼、诸多书籍、机器与实验设备，以及它的校务基金。大学亦非仅由一群经过严格训练的科学家、学者和教师与物质场所加上金钱捐赠的组合。这是一笔由机构传统加上知识传统组成的资产；每一个成员及其每一个发明、阐释和传递的动作都得益于这些传统。知识的传统来自散居美国及世界各地的科学家和学者在最近及遥远的过去所取得的所有成就。

——爱德华·希尔斯

E. Shils（1979）, "Government and universities in the United States", *Minerva*, 17（1）, p.140.

苏联为1957年第一颗人造地球卫星"斯普尼克1号"升空发行的纪念邮票。美国国会随之举行听证会并神速通过《国防教育法案》,旨在"将美国教育提升到与社会需求相应的水准"。"斯普尼克1号"为政府创造了一个"大敌当前"的借口,使得它有可能通过《国防教育法案》为大中小学提供一系列政策性资助。

第十一章　国防教育:"斯普尼克 1 号"的刺激　223

一

　　有那么一些历史事件,不管过去了多久,人们总能清晰地记得当时自己身在何处、有何反应、如何应对,甚至还能记得与当天相关的许多细节:天气如何、自己的衣服是什么颜色、身边还有什么人,等等。1957 年 10 月 4 日对于美国人来说,就是这么一个日子。

　　莫斯科时间晚上 10 时 29 分,第一颗人造地球卫星从哈萨克斯坦拜科努尔航天中心(Baikonur Cosmodrome in Kazakhstan)发射升空。这颗以"斯普尼克 1 号"(Sputnik 1,俄语 Спутник,原意"旅行者")命名的卫星重 184 磅、直径 2.2 英尺。虽然只有沙滩皮球那么大,却是人类制造的物体第一次脱离地球引力进入外太空。卫星以 1.8 万英里的时速飞行,绕地球一圈仅需 1 小时 36 分钟。日出前或日落后用一般望远镜能够看到,而且它送回地球的无线电波只要业余无线电爱好者的设备就能收听到。[1]

　　当这一消息通过美国国家广播公司(NBC)的电台传到首都华盛顿的时候,五十多位科学家正在苏联驻美使馆二楼的宴会厅举行晚会。这些是参加科学界的一场盛会——国际地球物理年(International Geophysical Year)的顶尖科学家,这个为期六天的关于火箭与卫星的研讨会刚刚进入第四天。为了向这个盛会献礼,美苏两国早前都曾宣布过要向太空发射人造地球卫星,但人们似乎并没有将苏联的告示放在眼里,一心期待着美国的卫星不日升空。事实上,在 9 月 30 日大会开幕式上,当苏联专家波罗斯科夫(Seigei M. Poloskov)提到"发射前夜的'斯普尼克 1 号'"时,在座的美国科学家不是没有注意到他所用的时态,只是听众太过相信

―――――――――――

[1] "This Day in History: 1957-Sputnik Launched". See http://www.history.com/this-day-in-history/sputnik-launched.

处于"发射前夜"的非美国卫星莫属,当美国政府科学官员纽埃尔(Homer E. Newell)带着嘲讽的口吻问道,苏联何时才能将卫星放进轨道时,他的"幽默"引得全场哄堂大笑,连一脸严肃的波罗斯科夫也只好附和地咧了咧嘴。

参会的科学家显然是被苏联的捷足先登震惊了。但作为科学家,美国人不能不为自己同行的成就感到激动与骄傲,纷纷向苏联的与会者表示祝贺。使馆二楼的宴会厅里杯觥交错,欢呼声震耳欲聋。有人找来了短波收音机,很快"斯普尼克1号"的声音便充满整个大厅。人造卫星,这个抽象的概念瞬间既有了名字,又有了声音! ①

作家迪克森(Paul Dickson)在《斯普尼克号》一书中记录了许多难忘的"斯普尼克时刻"。晚上8时7分,纽约一个电台第一次收到斯普尼克1号的讯号,立刻通过位于曼哈顿的国家广播公司进行转播,而这时卫星已经在西半球上空经过三次!后来成为美国第一个进入太空的宇航员亚伦·谢帕德(Alan Shepard)此时还是罗德岛海军战争学院的学生。他记得当时看着十月的夜空,对自己说,"这个小流氓"将对他的后半生产生直接影响。后来成为美国国家航空航天局(NASA)第九任局长的丹尼尔·戈尔丁(Daniel S. Goldin)是纽约城市学院的大一新生。第二天他的物理教授在黑板上写了一行字:"斯普尼克正在看着你。"戈尔丁说,他从此时起对太空的痴迷一发不可收拾。美国著名政治活动家、多次以独立参选人身分竞选总统的拉尔夫·纳德(Ralph Nader)当时正在哈佛法学院念书。他对记者说:"(斯普尼克号)如霹雳一般击中校园!" ②

未来的美国总统肯尼迪(John Fitzgerald Kennedy)当时还是来

---

① P. Dickson(2001), *Sputnik: The Shock of the Century*. New York: Walker & Company, pp.12–13.

② Ibid., pp.17–20.

自马萨诸塞州的参议员,卫星升天的那晚正在波士顿常去的一家酒吧和他弟弟罗伯特(Robert "Bobby" Kennedy)一起喝酒。正好麻省理工学院教授、火箭制导专家德拉普尔(Charles Stark Draper)也在,酒吧招待就给他们作了介绍。多少年后德拉普尔回忆说,那天晚上他和肯尼迪就"斯普尼克1号"的问题争得不可开交,因为肯尼迪根本就不相信人类对于太空的探索有任何意义。肯尼迪认为火箭研究就是浪费钱,用在太空更是无聊。但历史记住的却是另一个肯尼迪:即便他作为美国总统没有做任何其他事情,他对美国太空研究的大力推动足以永垂青史。他下面的这段话也早已成为美国人对于那个时代的集体记忆:

  我相信,这个国家应该致力于实现这样一个目标,在这十年结束之前将一个人送上月球,并让他安全地返回地球。①

  1969年7月20日,正是在1960年代结束之前几个月,阿波罗11号(Apollo 11)成功地将三名宇航员送上月球,并让他们安全地返回地球。

  其实,半个多世纪后回望历史时刻,最值得我们关注的还是在任总统艾森豪威尔的反应。有趣的是,他当时的反应是没有太大的反应。大约在傍晚六点半,艾森豪威尔在宾州盖茨堡他的农庄得到消息。晚上白宫新闻秘书对记者说:苏联卫星发射成功在科学上当然是一个伟大的突破,但这个消息并没有让我们感到吃惊,因为我们从来就没有认为我们的卫星项目是在和他们竞争。第二天早晨有记者还在高尔夫球场上见到艾森豪威尔。后来解密的文件显示,艾森豪威尔的确不是故作镇定,因为他当时的关注点全在

---

① "Special Message to the Congress on Urgent National Needs", President John F. Kennedy spoke before a joint session of Congress, May 25, 1961. See http://www.nasa.gov/vision/space/features/jfk_speech_text.html#.V_2tWeV96Ul.

美国正在秘密研制的一颗间谍卫星上。假如成功,美国就能够清楚地监视苏联所布置的每一颗导弹的位置。但飞越主权国家上空不仅非法而且没有先例,苏联卫星率先升空为此创造了先例。因此,美国不仅不关心美苏卫星孰先孰后的问题,相反,苏联的先发制人反倒为艾森豪威尔建立"自由太空"的原则减少了一重障碍。[①]

二

美国人对"斯普尼克1号"的反应很快从惊喜、震撼和错愕,转为迷茫、担心和愤怒。《新闻周刊》记者这样写道:"人们隐约感到我们从此进入了一个新的时代,但他们谈论此事时远没有像美式足球或亚洲流感那么投入。"接下来几天的民意调查开始透露出一般民众的担心。有一个调查显示,为了推进空间研究,美国人居然愿意放弃正在讨论中的一个减税计划,并愿意提高国债的上限,尽管有学者后来指出这个调查的样本仅限于受过高等教育的白人白领。盖洛普在华盛顿和芝加哥的调查表明,50%的美国人认为"斯普尼克1号"是对美国声誉的严重打击,可是60%的美国人依然相信下一个科学上的重大突破一定来自美国而不是苏联。另一个调查显示,13%的人相信美国已经远远落后于苏联,36%的人觉得落后但还能赶上。[②]

"斯普尼克1号"对美国人打击最大的其实是自尊心。以前他们一直以为自己作为科技大国、强国的地位不可动摇,而"斯普尼克1号"的"打脸"效应让很多美国人无地自容。那些天唯一

[①] P. Dickson (2001), *Sputnik: The Shock of the Century*. New York: Walker & Company, p.2; Y. Mieczkowski (2013), *Eisenhower's Sputnik Moment: The Race for Space and World Prestige*. Ithaca, NY: Cornell University Press, p.1.

[②] P. Dickson (2001), *Sputnik: The Shock of the Century*. New York: Walker & Company, p.23.

能够让美国人聊以自慰的是一篇发自莫斯科的报道,说苏联人直到美国人和全世界的人都已得知卫星的消息后,才从他们的官方媒体听到有关报道——至少美国的新闻自由还能让可怜的苏联人感到羡慕万分吧!① 可苏联人居然还没完:官方新闻社塔斯社宣布还有好几颗人造地球卫星正整装待发,它们不仅比"斯普尼克1号"更大、更重,而且还能在太空从事多项科学实验。美国人终于坐不住了。

《华盛顿邮报》10月7日周一早晨的标题是:"'斯普尼克1号'也许就是我们头顶上的间谍!"尽管苏联人一再告知外界,"斯普尼克1号"发出的射频信号只是为了让人们能够跟踪卫星的飞行轨道,但美国人却始终将信将疑。作家乌德贝里(David O. Woodbury)在他的书中写道:("斯普尼克号"中除了我们知道的部分外)"还有163英磅的重量是一些秘而不宣的东西。某种仪器?他们不想让世人知道的收集情报的方式?"② 科特勒(Susan Cottler)教授在40年后这样描述当时的情景:"每天人们——包括少年人、青年人和成年人,到了晚上都会仰望夜空,希望能看到(卫星)。他们不确定是否需要压低声音,或者在发生争执时是否需要拉上窗帘,生怕'老大哥'正在监视着我们。"③

然而,由无知而生的恐惧很快就被一种不甘所取代。1958年1月,著名新闻评论员希特尔(Gabriel Heatter)发表了一篇"谢谢您,斯普尼克先生"的广播评论,成为民间情绪转向的风标。他在向民众报告了"斯普尼克1号"从轨道坠落的消息后,转而对这位

---

① P. Dickson(2001), *Sputnik: The Shock of the Century*. New York: Walker & Company pp.23-25.

② D. O. Woodbury(1958), *Around the World in Ninety Minutes*. New York: Harcourt Brace.

③ P. Dickson(2001), *Sputnik: The Shock of the Century*. New York: Walker & Company, p.113.

已经永远留在外空的"斯普尼克先生"致辞：

> 您真没法想象自己闹出了多大的声响。您给我们带来的震撼与珍珠港不相上下。您给我们的骄傲以致命一击。您突然之间让我们意识到自己并非事事领先。您用那个老派的美国说法提醒我们要学会谦卑。您将我们从长梦中唤醒。您让我们看到，（我们这样）一个国家居然会花那么长的时间、那么多的精力、那么深的心计去谈论金钱之道。一个国家，就像一个人那样，居然能变得如此软不拉几、安于现状。一个处处以世界第一自居的国家居然能落后如此之远。斯普尼克同志，您在这一小时的课上教给我们关于俄罗斯的事情我们花了 40 年都没有学到。①

在美国人民的集体记忆中，"国耻"莫大于珍珠港；斯普尼克 1 号引起的联想在民间迅速发酵。唯一的区别是，日本袭击的是美国海军的军港军舰，而苏联触及的是美国大众的羞辱之感。无需更多的暗示，政治家开始行动了。威尔逊（Earl Wilson）众议员提出美国需要一所"科学的西点军校"来培养科学家与工程师；基廷（Kenneth B. Keating）众议员则号召联合所有的北大西洋公约组织成员国，发起一个新的"曼哈顿计划"来研制并完善卫星导弹以抗衡苏联。②而所有的问题最终落到一个点上，那就是科技人才的培养问题。虽然很少有人真正懂得苏联的教育，但似乎所有人都将美国的落后归咎于教育的落后。

可是，联邦政府似乎从未有意冷落过教育。事实上，自从 1950

---

① G. J. De Groot（2006），*Dark Side of the Moon: The Magnificent Madness of the American Lunar Quest*. New York and London: The New York University Press, p.78.

② P. Dickson（2001），*Sputnik: The Shock of the Century*. New York: Walker & Company, p.224.

年代开始，国会收到过一连串关于政府资助公立教育的提案，可最后都无疾而终，原因是议员们代表的各方势力对于政府资助教育可能产生的后果充满疑虑。南方的议员害怕政府趁机打击种族隔离政策，原教旨主义者害怕达尔文主义进入学校，罗马天主教派生怕其教会学校受到政府控制；而保守的共和党人从来就对政府干预教育提防有加。[1] 现在媒体就着"斯普尼克1号"事件对美国教育口诛笔伐，让那些平时关注教育的议员欣喜若狂：他们的机会终于来临！1958年新年伊始，国会教育与劳工委员会举行了一系列听证会，追究为什么美国的学校培养不出像苏联那样的科学家和工程师，美国的学校究竟在科学与工程教育方面出了什么问题。这一系列听证会上最耀眼的一位明星级人物就是德裔科学家冯·布劳恩（Wernher von Braun）。

冯·布劳恩是德国火箭专家、航天事业的先驱之一。他曾是纳粹德国著名的V2火箭的总设计师。"二战"后美国将他带回来，担任国家航天航空总署（NASA）的太空研究开发项目主设计师。后来他主持设计的土星5号运载火箭（Saturn V）成功地将阿波罗飞船送上月球，首次完成了人类登月壮举。他在国会听证会上大声疾呼，要求政府将更多的钱投入教育，特别是科学教育[2]，因为"现代国防项目是人类有史以来最为复杂和昂贵的项目，其发展涉及所有自然科学领域、最先进的技术、深奥的数学，以及新生的工业工程和制造行业"[3]。因此，美国的当务之急是培养更多的科学人才，而且不仅限于航空航天领域的人才。他的发言在气氛肃穆的

---

[1] P. Dickson (2001), *Sputnik: The Shock of the Century*. New York: Walker & Company, p.225.

[2] G. J. De Groot (2006), *Dark Side of the Moon: The Magnificent Madness of the American Lunar Quest*. New York and London: The New York University Press, p.75.

[3] P. Dickson (2001), *Sputnik: The Shock of the Century*. New York: Walker & Company, p.226.

听证会大厅里引发了罕见的掌声。

更为罕见的是,这些听证会直接催生的《国防教育法案》(National Defense Education Act)竟然以火箭般的速度通过参众两院并直达白宫。1958年9月2日,艾森豪威尔总统签署《国防教育法案》,这个旨在"将美国教育提升到与社会需求相应的水准"的紧急法案即日生效。

三

在《国防教育法案》出台之前,美国联邦政府早已通过《莫里尔法案》《军人复员法案》,或设立国家科学基金会等途径来资助高等教育,然而民间特别是教育界对政府的资助一直抱有抵触情绪,生怕拿了政府的钱就要受政府管。因此,政府在资助大学这件事上一贯的态度是小心翼翼。《莫里尔法案》走的是"给地不给钱"的"曲线救国"之路,《军人复员法案》打的是安置退役军人、缓解就业压力的旗号,国家科学基金会的钱表面上是支持科研而非干预教学。然而,《国防教育法案》从酝酿到通过,政府和学校之间却表现出一种难得的一致,而且联邦政府从中学到大学、从课程到管理,对教育的全面干预不仅史无前例,而且事无巨细。

"斯普尼克1号"为联邦政府创造了一个"大敌当前"的借口,它因而有可能通过《国防教育法案》为大中小学提供一系列政策性资助,并就此进入一些以前从未涉足的领域。比如说,按照政府要求,中学必须对数学和科学的教学从课程设置到教学方式进行改革,政府大力资助外语教学设备的更新改造,政府为大学英文专业的毕业生进入教师行业减免学生贷款,等等。最重要的是,联邦政府投入大笔款项,设立了奖学金、助学金和学生贷款,为所有学业优异、特别是在数学、科学、工程与外语方面展露天分的学生提供资助，鼓励他们完成大学教育；设立博士奖学金，为大学培养教授和专业研究人员。[1] 从教育政策的角度看，联邦政府通过《国防教育法案》为大学提供资助的同时，第一次明确地向大学传达了自己对数学、科学、工程和教育等领域的重视与偏好。当然，联邦政府之所以能够冲破多年的禁忌，直接向大学示意，是因为这一切都是在与苏联竞争的名义下进行的。但是，这种突破也可以视为政府对大学的一种试探，看看大学能够在多大程度上接受政府附带政策条件的资助。事实证明，美国大学后来在反歧视、争取民族平等、鼓吹多元文化等方面所取得的诸多进步，都和联邦政府"胡萝卜与大棒"双管齐下的鼎力推动不无关系。

《国防教育法案》为学生提供的资助与《军人复员法案》不同。它的目标既不是大学，也不是一个社会群体，而是那些确实有经济需求而且能够证明这种需求的学生。与此对比，《军人复员法案》更像是为曾经服务于国家的人们提供的奖赏，不管他们是否需要。《国防教育法案》将重点放在让所有希望也能够完成大学教育的人不会因为家庭经济状况而失去机会。[2] 这个政策将"需求"（need）当成资助的标准，使得联邦政府能够极大地降低进入大学经济上的门槛，为人群中的大多数扫清了除学术能力之外接受高等教育最大的障碍，也为后来美国高等教育的大众化铺平了道路。

行文至此，一个有趣的现象开始呈现。在美国，联邦政府好像是一个慈爱、唠叨而又有点胆怯的母亲，而大学倒像是一个被惯坏了的、任性的孩子。母亲老想给孩子多塞点钱，让她活得潇洒一

---

[1] A. S. Fleming (1960), "The philosophy and objectives of the National Defense Education Act". *Annals of the American Academy of Political and Social Science* 327, pp.132-138.

[2] S. Brooks (2015), *The First Twenty Years: A History of the National Association of Student Financial Aid Administrators 1966-1985*. Washington, DC: National Association of Student Financial Aid Administrators (NASFAA), p.6.

点,而孩子却对母亲心怀疑虑,生怕拿了钱会被母亲要求做一些有违意愿的事。所以母亲和孩子始终在猜疑中爱并痛着。结果是,母亲只得借着一些突发事件、创造一些不可拒绝的理由来给她惯坏的孩子塞钱。然而,拿了母亲的钱之后,孩子有否会对母亲多一些温顺、少一点叛逆呢?

芝加哥大学著名的社会思想委员会(Committee on Social Thought)中的社会学教授爱德华·希尔斯(Edward Shils)在1972年一个关于政府与大学关系的著名讲演中对于这两者之间错综复杂的关系做过非常贴切的分析。希尔斯指出,19世纪时大学、社会和州政府之间有一个不成文的契约,而这个三方契约并未给联邦政府留下多少插足的空间。整个19世纪加上20世纪初,美国的大学成长迅速,为社会培养大批专业人士,大大提高了农业产量、健康水准,并为交通、建筑、食品、染织等行业提供了巨大的技术支援。这些领域的发展有的直接来自大学的科研成果,有的是大学开发的科研方法在实业中得到运用的结果。[1]因此,州政府资助大学,大学服务社会,社会也认可大学的贡献。但是,希尔斯认为,人们在满足于这个简单的契约所产生的物质上的成功时,往往忽略了大学的一个更重要的功能,即人类对纯粹知识的追求。正是这种学术的非功利的追求成就了早期美国大学的功名以及社会对大学的尊敬。而社会大众之所以支持政府将他们的钱用于大学,并不完全是因为大学对于社会物质上的贡献;他们清楚地知道并默认大学在非功利性研究方面的追求。"大学与他们公家与私家的赞助人之间这种平和的关系能够长期维持的基础是双方的宽容与互信。"[2]

---

[1] E. Shils (1979), "Government and universities in the United States", *Minerva*, 17 (1), p.164.

[2] Ibid., p.165.

问题是，在大学、社会和州政府这个和谐的三角关系里，联邦政府缺席了。这种缺席的命运从美国宪法第十修正案①将教育的管理权赋予州政府那天起就注定了。对于联邦政府来说，当地方利益与国家利益一致的时候，大学四面卖乖，社会与政府亦皆大欢喜；可当这两者不那么一致的时候，联邦政府就不得不想一些点子来对付大学这个常常有点桀骜不驯的孩子了。

可以这么说，直到"二战"之前，联邦政府基本上不太直接干预大学事务。不错，通过两个《莫里尔法案》联邦政府在给大学赠地的同时，的确也提出了一些诸如发展农业技术或推动黑人权利的要求，但它并未在大学的教育或研究方向上、特别是如课程设置这样具体的教学问题上发表过意见。这种局面从"二战"开始发生变化。以布什及其领导的科学研究与发展局在大学招兵买马，为政府和军方研制雷达、原子弹等新式武器为标志，联邦政府正式介入大学、社会和州政府这个三角关系。

四

对于世界上绝大多数的大学来说，政府就是上帝：上帝要有光，就有了光；上帝要有水，就有了水。政府之所以能够如此率性，是因为他们作为大学"金主"的身分；换言之，政府对大学指手画脚的权利是他们用金钱换来的。试想，从法国、俄罗斯等国的老牌大学到新加坡、沙特等国家近年来新起的"名牌"，哪一所能够离得开政府的资助？

可美国的联邦政府在大学这件事上却没有法、俄政府那么率

---

① "本宪法未授予联邦、也未禁止各州行使的权力，保留给各州行使，或保留给人民行使之。"

性，因为它从大学那里已经得到太多而付出甚少。假如说毕业生是大学的"产品"，那么联邦政府往往是这种产品的重要"消费者"之一。一般情况下，政府无需下单就能得到大学的各种产品，从各种各类的人才，到经济和社会发展所需的研究成果。一旦战争临头，政府更是直截了当地向大学要人才、要装备、要新型武器，而后者几乎是有求必应。可美国联邦政府为这些产品和服务付出了什么呢？

希尔斯在讲演中所作的诠释值得重温。由于大学是非营利性的生产单位，政府在向大学"采购"产品时根本不需要考虑大学在"售出"他们的产品时能否赢利；而大学则连"明码标价"这点最基本的权利都无法坚持——一旦坚持便会失去"非营利性组织"所拥有的一切资格与特权。当生产成本提高时，一般企业会转嫁给消费者，可是大学却无法将日渐看涨的经营花费转嫁给用人的政府或其他单位。于是大学在为培养人才的成本做出垫付之后，转身向它们的"财神爷"要钱——在私立大学是校友和其他一切可能的捐赠人，而公立大学则是州政府，反正没有人能够直接向联邦政府要钱。联邦政府唯一能做的就是为大学的捐赠人提供减税优惠，只是这种间接的支持对于开支庞大的大学财政来说往往是杯水车薪。

时间久了，联邦政府和大学的关系就慢慢变得比较疏远了。希尔斯认为，联邦政府在和大学打交道时有点像从自动售货机里买可口可乐，把硬币塞进去后就指望出来的是可乐，却根本不知道可乐是怎么进入售货机的，更不知道可乐是如何生产出来的。它只知道自己付了钱就应该得到可乐。[①] 然而，大学毕竟不如可乐售货机那般简单：

---

① E. Shils (1979), "Government and Universities in the United States". *Minerva*, 17 (1), p.139.

第十一章 国防教育:"斯普尼克1号"的刺激 235

  一个大学并不仅是一笔资产、一堆大楼、诸多书籍、机器与实验设备,以及它的校务基金。大学亦非仅由一群经过严格训练的科学家、学者和教师与物质场所加上金钱捐赠的组合。这是一笔由机构传统加上知识传统组成的资产;每一个成员及其每一个发明、阐释和传递的动作都得益于这些传统。知识的传统来自散居美国及世界各地的科学家和学者在最近及遥远的过去所取得的所有成就。……政府尽可以将这笔具有学术资质的资产为己所用。但政府①不但没有善待并维持它,反而骚扰、猜疑并管控它,并以远低于成本的代价资助它。政府从学术资质中得到的是不求回报的津贴。从财物的意义上对于这笔资产的维持,即对图书馆、实验室、暖气设备、大楼维修的支持,政府的政策是能不管就不管;而政府的财政政策则是通过提高通胀来降低大学校务基金的价值并增加他们的开支。对于大学的非财物资产的维持政府给予的关注更是少得可怜。②

  在此,希尔斯可能有点过于尖刻了。联邦政府与大学之间这种若即若离的关系很大程度上缘自宪法的设置;而且从大学的角度看,他们也许并不指望政府明白"售货机"如何工作,更不需要它参与"可乐"的生产过程。但是,大学与生俱来的那种赔本的经营方式使得他们对来自政府的资助也许并非如其所表现的那么清高。那么大学为何对联邦政府的资助如此猜疑与警惕呢?历史经验告诉大学,联邦政府其实并不缺钱,有时也愿意在大学身上花钱,但它总是希望花了钱之后在大学管理方面有更多的发言权。政府常常自以为比谁都聪明,总想对大学的一些举措或行为指手画脚,好

---

 ① 原文为"凯撒",希尔斯在讲演中以罗马大帝凯撒比喻政府。
 ② E. Shils(1979),"Government and Universities in the United States". *Minerva*, 17(1),p.140.

像不说点什么别人就会当它傻子似的。它还时常和其他国家的政府攀比，羡慕他国政府能对大学颐指气使，尽管和这些政府相比，人家给大学是"百万英镑"的大钞，而美国联邦政府给的只是几枚硬币。

最让大学无法接受的是，政府常常会在给大学提供资助的同时夹带"私货"，根据当时的政治情势和需要向接受资助的大学及其学生提出附加条件。哈佛大学校长普塞（Nathan Marsh Pusey）在他的回忆录中提到，《国防教育法案》为学生提供联邦补助和贷款。但是，政府要求在大学的帮助下取得每一名接受资助的学生所签署的"效忠誓言"（Loyalty Oath），保证他们不属于任何意在用暴力手段推翻美国政府的反政府组织。最让普赛校长反感的是，政府所提供的这笔资助还需要大学拿出自己的资金来配对，这样一来，大学在使用自己的资金资助学生时都会受到政府的监管和支配。[1]卡尔顿学院（Carleton College）的校长责问道，为什么政府给农民60亿美元的补助却无需"效忠誓言"？[2] 美国宪法保障公民信仰自由，而政府所要求的"效忠誓言"分明是对信念而非行为的惩罚，这在大学这样的自由思想的摇篮与温床里是绝对无法容忍的。在普赛校长看来，政府对接受补助的农民、商人等网开一面，却对大学格外严厉，正好反映了政府对于大学的不理解和不信任。

因此，哈佛等十所大学几乎是在《国防教育法案》通过后第一时间宣布拒绝执行"效忠誓言"，也不接受政府提供的学生资助款项。艾森豪威尔总统尽管对大学反对"效忠誓言"理由表示理解，却对他们不接受联邦资助表示遗憾。1959年约翰·肯尼迪参议员

---

[1] N. M. Pusey (1978), *American Higher Education, 1945-1970: A Personal Report.* Cambridge, MA: Harvard University Press, p.135.

[2] Y. Mieczkowski (2013), *Eisenhower's Sputnik Moment: The Race for Space and World Prestige.* Ithaca, NY: Cornell University Press, p.161.

提出议案,试图从《国防教育法案》中去除"效忠誓言"的条款,却在参议院未获通过。国会直到 1962 年才最终通过取消"效忠誓言"的要求。政府干预大学的意愿之强烈,由此可见一斑。①

五

日历翻回到 1957 年 10 月 4 日,后来成为美国总统的林顿·约翰逊(Lyndon B. Johnson)当时担任参议院多数党领袖。那天晚上他正在得克萨斯老家的农场里用他的招牌菜得克萨斯烤肉款待客人。当"斯普尼克 1 号"升空的消息传来时,原本热烈喧闹的晚宴顿时变得沉静肃穆。饭后,宾客们在约翰逊参议员和他太太的带领下在广渺的得克萨斯星空下走了很久。约翰逊后来在回忆录中写道:"我感到不安和恐惧。在西部的旷野里,你懂得如何与星空共处;它是你生活中的一部分。可此时,由于某种原因,或是以一种新的方式,天空几乎一下子变得深不可测。"②

约翰逊不愧是一位深谋远虑的政治家,他敏锐的嗅觉早已探测到这个事件背后所隐含的政治机遇。他立即开始行动,与两党的参议员通话,在得到共识与支持后很快举行了以"斯普尼克 1 号"为主题的调查听证会。而原本对太空研究抱怀疑态度的肯尼迪总统后来也以"斯普尼克 1 号"为契机,成为美国空间计划最有力的推手。事实证明,正是在艾森豪威尔、肯尼迪、约翰逊这些具有远见卓识的领袖推动下,联邦政府利用"斯普尼克 1 号"事件成功地介入空间项目的发展,并进而插手大学科研与人才培养。以"国

---

① Y. Mieczkowski (2013), *Eisenhower's Sputnik Moment: The Race for Space and World Prestige*. Ithaca, NY: Cornell University Press, p.162.

② L. B. Johnson (1971), *The Vantage Point: Perspectives of the Presidency, 1963-1969*. New York: Holt, Rainhart and Winston; Dickson, p.18.

防"的名义推动教育,联邦政府推出《国防教育法案》为学生提供联邦补助和贷款,成为之后联邦政府资助大学的一系列行动的开端。后来美国大学名目繁多的学生资助项目大致以《国防教育法案》为范本,而1965年11月8日约翰逊总统签署的《高等教育法案》(The Higher Education Act of 1965)则成为一部事实上的美国联邦政府高等教育拨款法。

至此,关于联邦政府与大学之间的互动似乎已经开始形成套路。精明能干的政治人物、见缝插针的联邦政府、半推半就的大学校方、伶牙俐齿的知名教授,围绕大学自治和政府干预这对矛盾展开了一场旷日持久的争夺战。理论上说,联邦政府似乎从来就没有突破宪法第十修正案的限制,直接干预大学事务,但事实上,联邦政府也从未完全放手,将大学的事务交由学者自行打理。只是在现有的行政框架下,联邦政府无法直接对大学发号施令,于是借助公共事件来凝聚共识、或创造"大敌当前"的危机意识来争取民意,便成为联邦政府与大学争夺话语权的惯用手法,而这种争夺的前奏往往是由政府出资支持大学的某些项目或人员。这样的"利诱"常常让大学爱恨交加,进退两难。特别是当联邦政府将金钱以学费或补助的形式交到学生手里、以科研经费的形式交到教授手里,间接获利的大学不仅难以拒绝,而且天长日久还会产生财政上的依赖。

总之,联邦政府以"国防"(或其他危机)的名义资助教育,以资助为契机干预大学;大学在半推半就地接受政府对其物质资产资助的同时,竭尽全力抵制其对非财物资产的干预:这套组合拳成为"斯普尼克1号"事件之后美国联邦政府与大学之间基本的互动模式。

从美国高等教育发展的历史进程来看,《国防教育法案》具有突破性的意义。其一,它最终打破了大学与政府之间胶着多年的僵局,联邦政府直接资助高等教育从此成为一个可以接受的事实。由于"斯普尼克1号"事件在民间所引发的危机意识,国会名正言顺地宣布,联邦政府所采取的行动是为了应对"教育上的紧急状态"。为了"帮助尽快培养在国防上至关紧要的各种技能"[1],联邦政府在对大学的研究和教育项目投入时可以有所选择。这不仅使得联邦政府对大学的投资师出有名,而且还能通过这种投资影响高校的行政以至学术决策。其二,以"国防"的名义资助大学的先河一开,联邦政府在此后干预大学事务的时候便有了先例可循。进入1960年代,以"国防"的名义推动高等教育不再适用,而高等教育的平等问题则逐渐进入联邦政府的视野。遵循约翰逊总统"伟大社会"(Great Society)的施政目标,联邦政府高等教育政策的核心从"国防"问题转向"机会平等"问题。联邦政府在为大学提供教育资源的同时,从招生到课程到研究等许多过去完全由大学自主的问题上提出诸多要求,从而全方位地介入大学的管理及其政策的制定。

---

[1] R. L. Geiger(1993), *Research and Relevant Knowledge: American Research Universities Since World War II*. New York: Oxford University Press, p.165.

第十二章　明星陨落："穷人的哈佛"之兴衰

我会停下脚步，凝望那青藤缠绕的红墙、神秘的高窗，和那渐远渐微的塔尖；我会站在远处看着校园里和大门周围的学生，离开时心中充满敬仰、嫉妒和希望，充满静静的痴迷。这不仅仅是一个在我投入生活的搏斗之前需要装备自己的地方，也不仅仅是一个容我摄取知识的地方。这个地方也是精神提升的一个象征。经过大学培养的人才是当今世界真正的高贵者。大学文凭是道德与智力上的贵族才拥有的身分证。

——亚伯拉罕·卡汗

A. Cahan（1917）, *The Rise of David Levinsky*, http://www.gutenberg.org/cache/epub/2803/pg2803-images.html.

我们将要进行一场实验，看看人民的孩子——全体人民的孩子，能否接受教育；看看大众的意愿、而不是少数特权者的意愿能否成功地管理一所最高学府。

——贺拉斯·韦伯斯特

https://www.ccny.cuny.edu/about/history.

1847年哈里斯在纽约创办"自由学校"。1960年代上半期,城市学院站在了它自己的历史峰巅,在科学、医学和经济学领域里为美国贡献了十位诺贝尔奖得主;在其他许多领域也为国家输送了大批杰出人才。城市学院从出身卑微的自由学校到举世闻名的名牌大学,这个过程花了整整一百年、几代人的辛劳,但毁掉这个名牌却只花了几天工夫。

第十二章　明星陨落："穷人的哈佛"之兴衰

一

题头取自亚伯拉罕·卡汗1917年出版的自传体小说《大卫·莱温斯基的发迹》(*The Rise of David Levinsky*)。小说主人公大卫·莱温斯基是俄裔犹太人，在19世纪后半期欧洲的移民潮裹挟下来到纽约。这个初出茅庐却又野心勃勃的年轻人每次走过纽约城市学院（在当时被称为"穷人的哈佛"），都会情不自禁地驻足凝望，心中充满无限的向往。虽然由于致富心切，小说主人公最终也未能实现其大学梦，但城市学院在当时人们心目中的形象和地位却通过小说家的笔尖表露无遗。

在这段描写中，让小说主人公仰慕不已的城市学院校园应当是建校初期位于23街和列克星顿大道交界处的哥特复兴式建筑。这是建筑师伦威克（James Renwick, Jr.）年轻时代的作品，以比利时与荷兰市政厅为模本，红砖覆盖。[1]1906年校舍迁至曼哈顿北面的哈勒姆，黑白相间的哥特建筑出自著名建筑师波斯特（George Browne Post）之手，雍容华贵，至今仍是曼哈顿的一处著名地标。

当然，让大卫·莱温斯基心动不已的并不只是学院的建筑。事实上，由于美国古典学院实行的是精英教育，所以能够进入哈佛、哥伦比亚这样的私立名牌大学本身就是一种财富和身份的象征。这种情形即便是在《莫里尔法案》得以通过、州立大学已经遍地开花之后，也并没有太大的改变。那时候，能够进入大学对于农工子弟、新移民来说固然是在社会的台阶上迈进一大步，但这与晋身社会上流、跻身贵族行列毕竟还相距甚远。因此，一直到19世纪末

---

[1] S. S. Roff, A. M. Cucchiara, & B. J. Dunlap（2000）, *From the Free Academy to CUNY: Illustrating Public Higher Education in New York City, 1847-1997*. New York: Fordham University Press, p.5.

20 世纪初，大学，特别是精英大学，还是甄别一个人社会阶层的重要指标。正是在这一点上，城市学院以其严格的学术标准及其古典与实用相结合的课程，成为大卫·莱温斯基这类来自底层的新移民进入社会上层的唯一通道。城市学院的文凭之于他们，就是"道德与智力上的贵族才拥有的身分证"。

1846 年的纽约是一个有 45 万人口的港口城市，而当时曼哈顿的 23 街就是这个城市的北部疆域。纽约在 1805 年开始建立无宗派的免费学校，但各个宗派和非宗派学校之间就教育经费问题一直争斗不已。1842 年纽约市教育董事会（New York City Board of Education）成立，开始管理市内的公立学校；各个行政小区在这个公共教育的管理机构里从此有了自己的代表。可是直到 1847 年，纽约公立学校毕业的学生，如果不能支付哥伦比亚学院这样的私立学院的学费，就再也没有学可上了。哥伦比亚学院（1754 年建校）和纽约市大学（University of the City of New York，即后来的纽约大学，1831 年建校）两所私立大学总共才招收 245 名学生，远远不能满足这个欣欣向荣的城市对高等教育的需求。①

1846 年纽约商人汤森·哈里斯（Townsend Harris）成为教育董事会的主席。哈里斯出生于纽约郊外一个大家庭，因家境清寒而早早就辍学了，来到纽约帮助哥哥经营瓷器生意。生意上小有成功后，他积极参与纽约民主党的活动，成为所在学区代表，进入纽约市教育董事会，并在 1846 年当选主席。哈里斯上任伊始就开始推行他关于公立高等教育的想法，组成一个三人委员会研究如何将原本用来支持私立教育的"州立文学基金"（the State Literature Fund）转而支持公立教育。1847 年 1 月 20 日，哈里斯的委员会向教育董事会提交一份报告，要求州议会将"州立文学基金"中属

---

① 以下关于纽约城市学院早期历史的叙述大多取自：*From the Free Academy to CUNY: Illustrating Public Higher Education in New York City, 1847—1997*, pp.4-6.

于纽约市的份额,加上州税,在纽约筹建"自由学院或学校"(Free College or Academy)。

哈里斯在学校的命名上可谓费尽心机。当时人们心目中的"Academy"一般指大学预科,而"College"则几乎是哈佛、哥伦比亚之类的私立学院的代名词。其时美国大约有120所本科学院,2.5万左右学生,大多是小型私立学院,提供哈佛、哥伦比亚式的"自由教育"(liberal education)①。公立、免费、面向平民百姓的"学院"(College)几乎闻所未闻。直到1862年国会通过《莫里尔法案》资助州立大学,大学的校门才开始向平民子弟打开,但由于联邦赠地建立的学院面向农工,其课程自然也大多是农业、机械、工程等应用性较强的学科。因此,他提出用"Free"一词,既可以解读为"免费",又可以引发"liberal"的联想:学校能够利用"州立文学基金"的资助为学生提供免费教育,特别是这个原本用来支持私立教育的基金能够资助学生学习古典语言与文学科目。哈里斯也清楚地知道纽约市内公立中学的质量较之私立学校差距不小,其毕业生进入大学课堂有一定困难。因此用"Academy"(学校)而不是"College"(学院),使得这个学校的课程具有可塑性。由于"自由学校法案"要求学校必须从纽约市的公立学校中招生,所以"学校"既可以为公立学校的平民以至穷人家孩子开设大学预科课程,又能提供大学课程以满足学生对于高等教育的需求。

---

① 美国古典学院的教育是不包括任何职业教育的概念的。英文 Liberal Education 直译成中文应是"自由教育",而大学本科教育的内容是 Liberal Arts,直译为"自由的艺术"。这两个概念中文中至今没有确切对应的翻译。最接近的译法是"通才教育"或"通识教育",或者是近年来流行的所谓"素质教育"。在西方的教育传统中,自由教育的重点在于追求人类潜能的充分发挥,在于培养人的才智与想象力,在于发展人的伦理、道德和社会责任感。"自由的艺术"是从中世纪教育中衍生出来的。它原来包括两个部分:第一部分包括三个科目——文法、修辞与逻辑,这些科目教人如何读、写、听、说以及思考;第二部分包括四个科目——算术、几何、天文与音乐,这里音乐是以数学方式对音乐的表达,这些科目教人如何观察、计算、测量以及如何理解数量化的世界。

从未受过高等教育的哈里斯对于高等教育的理解显然超越了他的时代。用今天的话说，他提出的是高等教育平民化或民主化的高等教育的理念。试想，19世纪前期的美国社会仍然处在前工业化时代，除了医学、法律和教堂很少几个行业之外，大多数工作并不需要大学学位。哈里斯的先知先觉之处在于，他不仅看见到传统大学的"自由教育"与其毕业生在未来社会安身立命所需的一技之长之间的必然联系，而且预见到高等教育平民化、民主化以至大众化的大趋势。因此，他为"自由学校"设计的课程蓝图首先对"职业生涯中必须履行的职责给予特别关注，而不是仅仅传授在教堂、法院和医院执业的人员所需的知识"，但具体课程又包括了传统的拉丁语、希腊语、修辞等课程，加上化学、机械、农业、建筑、航海、物理、道德与心理科学等当时最新的科学与技术领域。

哈里斯在保存自由教育传统的同时提供应用学科教育的设想甫一问世，便遭到很多人的攻击。一位署名"正义"的作者在报纸上发文揶揄哈里斯为自由学校设计的课程是将"肥皂制造与油画构思"相结合。[1]但"正义"大概做梦也没有想到的是，他那不无恶意的攻击，本身就是一则再生动不过的预言，预示了城市学院在接下来一个多世纪不断面临各种困境与艰难挣扎。问题的核心在于：美国大学自由教育的精英特色与传统，究竟能否在平民化的公立大学开花结果？或者，反过来说，平民子弟能否通过公立大学接受精英式的自由教育？

哈里斯的报告在董事会通过后，作为提案交由州议会审议，也遭到反对。有议员认为，有志于接受高等教育的学生完全可以通过私人捐助的奖学金进入哥伦比亚学院或纽约市大学，没有必要另起炉灶。哈里斯为此撰文在报纸上揭露道，那些捐助奖学金的

---

[1] J. Traub（1994），*City on a Hill: Testing the American Dream at City College*. Reading, MA: Addison-Wesley Publishing Company, p.23.

人根本无意支持穷人的孩子进入私立大学,而是通过为这两所大学捐赠的奖学金为他们自己的子弟换取免费入学的资格。哈里斯提出,"自由学校"应当"向所有人开放——让富人和穷人的孩子坐在一起,除了勤奋、操行和智力而外不分彼此"[1]。有趣的是,当时对建立"自由学校"的提议反对最力的一位纽约富人韦伯(James Watson Webb),他的儿子当时正在申请西点军校。若干年之后,西点军校毕业生韦伯将军(Alexander Stewart Webb)成为纽约城市学院的校长,将他生命中33年的宝贵时光献给了这所大学。老韦伯在"自由学校"建立后立场也大有转变;他利用自己在纽约的影响力为这所大学贡献良多。

"自由学校法案"最终在参众两院得以通过,并于1847年5月7日由州长约翰·扬(John Young)签署批准。但由于学校的建立需要当地税款的支持,纽约市为此举行全民公投。6月7日,纽约市民以6∶1的绝对多数通过设立"自由学校"。经过不到两年的紧张筹备,1849年1月21日自由学校正式开学,第一批149名学生参加了开学典礼。校长韦伯斯特(Horace Webster)的致辞至今仍然被人们记得、传诵:

> 我们将要进行一场实验,看看人民的孩子——全体人民的孩子——能否接受教育;看看大众的意愿,而不是少数特权者的意愿能否成功地管理一所最高学府。[2]

到19世纪末,学校课程在五个学科领域里渐趋成熟:古希腊罗马研究、拉丁文与法文、现代语言、科学、机械工程。南北战争之后,学校的规模与其声誉一起水涨船高。1866年,自由学校正式更

---

[1] J. Traub(1994), *City on a Hill: Testing the American Dream at City College*. Reading, MA: Addison-Wesley Publishing Company, p.24.

[2] https://www.ccny.cuny.edu/about/history.

名为纽约市立学院（College of the City of New York），在美国东部林立的私立和公立大学中开始占据一席之地。

二

自由学校是一场伟大的实验，其成功与否取决于人民的孩子而且是全体人民的孩子能否接受教育，而且是高等教育。

既然是一场实验，那么结果就会有很多不确定性。古诗云，"旧时王谢堂前燕，飞入寻常百姓家。"自由教育这个以往仅在权贵家厅堂的檐檩之上栖息的旧燕，如今要飞进百姓之家，的确需要经历一些考验。比如说，哈里斯最初的设想是，学院根据学生完成课程的情况颁发结业证书（certificate），而不非要授予学位。这个建议其实非常合理，因为当时社会上需要学位的工作也就是律师、医生和牧师等几个有限的行业，因此接受高等教育在他看来只是有机会进入学院深造，通过自由教育接受人类文明的熏陶，和取得什么学位没有必然联系。其实，纽约直到1895年才有了第一所公立高中——男子高中（Boy's High），而纽约州政府从1896年才开始建立并普及公立高中。因此，当时的城市学院就是一个高中、职业学校和大学的混合体，让平民子弟各取所需。这样的学校毕业率不高情有可原。我们今天尽可怪罪哈里斯的短视，但这个小小的瑕疵后来却成为城市学院发展史上挥之不去的短板。据统计，城市学院在最初的半个世纪中有3万学生就读，却只有2730名学生从该校毕业。[①] 这样的毕业率不仅在当时让城市学院蒙羞，甚至到20世纪末还成为保守派围攻纽约市立大学的把柄之一。

人民的孩子特别是全体人民的孩子，也没有如哈里斯之愿顺

[①] J. Traub（1994），*City on a Hill: Testing the American Dream at City College*. Reading, MA: Addison-Wesley Publishing Company, p.25.

利进入城市学院。最初的学生群体大多来自在纽约经商的家庭，以英格兰、爱尔兰、苏格兰、德国等新移民族群为主。这种情形在1880年代有所改变。1881年沙皇亚历山大二世遇刺后，以尼古拉一世（Nicholas I）为首的沙俄当局趁机掀起一股反犹浪潮。面对此起彼伏的反犹骚乱（Pogrom），俄罗斯与东欧的大批犹太人开始了新的"犹太大出逃"（Exodus），远渡重洋来到美国，其中大部分定居纽约。至1924年美国国会通过《约翰逊-里德法案》（Johnson-Reed Act，又称《1924年移民法案》，Immigration Act of 1924）限制南欧和东欧移民，从1881年开始的移民潮已将280万东欧犹太人送进美国。

犹太新移民的到来彻底改变了城市学院。19世纪七八十年代城市学院的犹太学生多为来自中产阶级家庭的德裔或塞法迪犹太人（Sephardi Jews，祖籍伊比利亚半岛，遵守西班牙裔犹太人生活习惯的犹太人）。在"犹太大出逃"的影响下，1890年城市学院的犹太毕业生已经占到1/4，1900年超过一半，而这个比例在1910年达到70%。此时的犹太学生大多是俄罗斯、波兰和匈牙利的移民。[①] 犹太学生比例如此之高，将这个原本为"全体人民"开设的大学变成犹太学生的"飞地"（enclave）。这种情况的出现虽然不是哈里斯和其他创校者的初衷，却完全符合他们的设计，即为纽约市出身平（或贫）民家庭、由于各种原因被哥伦比亚这类私立学院拒之门外的学生提供免费的高等教育。唯一出乎设计者预料的大概是犹太移民的大批涌入，但为什么这些新移民单挑城市学院？

著名记者特劳博（James Traub）在《山顶上的城市学院》[②] 一书中对此作了精辟的分析。由于大多数跟随"犹太大出逃"来到美国

---

① J. Traub (1994), *City on a Hill: Testing the American Dream at City College*. Reading, MA: Addison-Wesley Publishing Company, p.28.

② Ibid.

的犹太人身无分文,所以他们选择免费的城市学院应当是最简单的解释。但是,其他族裔的新移民也是身无分文,为什么城市学院受到这么多犹太人的青睐?他们天生热爱学习、崇尚知识又成为顺理成章的解释。然而,也有其他族群崇尚知识,为什么他们没有像犹太人那样对城市学院趋之若鹜呢?特劳博的解释是,犹太人从城市学院看到的是机遇。[1]

美国是一个没有贵族传统的国家,但并非没有贵族。只是产生贵族的机制在美国不是血统而是东部的私立名校。建国之后,哈佛、哥伦比亚这类古典学院虽然为这个新兴的民主国家输送了大批政商法医和工程等各个领域的建设人才,但是一个不可否认的事实是,进入古典学院的学生大多是富家子弟,而学校的课程基本传承英国牛津剑桥式的自由教育模式。因为不为稻粱谋,"为学术而学术"(learning for the sake of learning)就成为私立名校教育的特点与标志。[2] 话说回来,尽管受尽排挤,犹太人对进入哈佛、耶鲁和普林斯顿这类私立名校、跻身上流社会的热情与其他族群相比有过之而无不及。[3] 只是南北战争之后美国工业革命的发展逐渐进入快车道,许多行业开始对经过专业训练的会计、律师、工程师等产生需求,而急剧扩张的公立学校系统也亟需大批教师。对于那些历经颠沛流离、逃亡来到美国的犹太人来说,进入上流社会此时远不如养家糊口来得重要,而城市学院那兼具精英色彩和应用导向的课程对他们自然产生了一种不可抵御的吸引力。假如说私立名校的教育使得他们的学生能将家族的财富和地位代代相传,那

---

[1] J. Traub(1994), *City on a Hill: Testing the American Dream at City College*. Reading, MA: Addison-Wesley Publishing Company, p.28.

[2] C. B. Nelson(2011), "Learning for Learning's Sake: The Foundation for a Liberal Education". http://www.acenet.edu/the-presidency/columns-and-features/Pages/Learning-for-Learning%E2%80%99s-Sake-The-Foundation-for-a-Liberal-Education.aspx.

[3] 程星:《大学国际化的历程》,商务印书馆,第102–123页。

么城市学院将犹太新移民变成美国人、知识分子、中产阶级和专业人士。

所以,城市学院在来自五湖四海的新移民心目中代表着机遇,只是犹太人抓住机遇的欲望或动机较之同样贫穷的爱尔兰和意大利新移民来得更加强烈。著名作家卡津(Alfred Kazin)是城市学院的毕业生,他是如此描述他的犹太父母的成功观的:

> 我母亲和父亲疯狂地工作,目的是让我们超越他们的处境;他们的婚姻将我们变成一种可能性。我们是他们所有奋斗唯一可以想见的结果;我们就是他们的美利坚。①

社会学家葛莱泽(Nathan Glazer)和莫伊尼汗(Daniel Patrick "Pat" Moynihan)在他们合作的名著《大熔炉之外》②中将三个移民族群加以比较后发现,爱尔兰人来到纽约后脱贫一般经历三代人,意大利人脱贫发生在两代人之后,而犹太人基本上实现了一代脱贫。脱贫有各种方式,经商可说是财富积累的捷径。但是,城市学院另一位著名校友、后来成为著名文学与社会批评家的欧文·豪(Irving Howe)回忆道,他的父母亲认为,上大学是他完全不用考虑的选择:"我的儿子根本就不应该在商铺工作!"③但当时哥伦比亚一年600美元的学费也根本不在他们的选项之内,连稍稍便宜一点的纽约大学也是望尘莫及的。所以学费全免的城市学院成为犹太家庭不二的选择:一天花费30美分——10美分双程地铁票,加上20美分伙食费。

---

① E. Goodheart(2017), *Confessions of a Secular Jew: A Memoir*. New York: Routledge, p.8.
② N. Glazer & D. P. Moynihan(1963), *Beyond the Melting Pot: The Negroes, Puerto Ricans, Jews, Italians and Irish of New York City*. Cambridge, MA: MIT Press.
③ G. Sorin(2003), *Irving Howe: A Life of Passionate Dissent*. New York: NYU Press, p.15.

结果是，与其说是城市学院收留了犹太人，不如说是犹太人造就了城市学院——美国高等教育史上的一个奇迹。一位1906届城市学院的毕业生如此回忆他的大学生活：

> 很多人求知之切，宛若在沙漠迷途已久之后渴望甘霖。带着如此根深蒂固的决心，无人会在学习上望而却步或败下阵来。我们奉为福音信条的是，这所朴实无华的学院为我们每一个人提供的是通往高尚与高贵生活的通行证。①

任何大学有了这样一群求知若渴的追梦人，不成功才是怪事。20世纪上半叶，城市学院开始进入它的黄金时代。首先，它的入学标准极高。1900年的美国，具有高中毕业学历的人仅在6%—17%之间，因此一个学生只要持高中文凭便可以进入城市学院学习。但到1924年，城市学院的入学标准已经提高到只有高中平均分数在72以上的才获录取。1930年代后期，入学平均分数达到80至83，而且学生必须在高中完成至少15个学分，包括两年半数学和五年外语。这个标准在今天纽约公立高中都只有少数人能够达到。②

其次，城市学院几乎是美国高教史上绝无仅有的、以服务平民为宗旨的高水平大学。1944年州议会就纽约市公立学院的教育状况进行调查，发布"斯特雷耶报告"（Strayer Report）③。报告指出："也许同样规模的学生群体中我们已经找不到比（城市学院的学生）更高的学术水平了。"然而，"高达40%的（学生的）父亲属于无技能劳工、靠救济度日、失业、与家庭分居或已经过世。"他们

---

① J. Traub（1994）, *City on a Hill: Testing the American Dream at City College*. Reading, MA: Addison-Wesley Publishing Company, p.31.

② Ibid., p.33.

③ Report of the Subcommittee of the New York State Legislature Relative to the Public Educational System of the City of New York（Strayer Committee）, 1944.

几乎都是第一代移民。在1938年入学的新生中只有17%的父亲和22%的母亲是美国出生的；只有10%左右的父母亲受过大学教育，40%的父母亲学历不超过八年级。[1]

从20世纪三四十年代城市学院毕业生的回忆录中我们可以看到，这所大学并没有多少杰出的教授，学生的课外生活更是乏善可陈。许多学生往往是坐地铁来校上课，中间还要冲出去打工挣钱，下班后再来学校学习，直到筋疲力尽才坐着地铁回家。当哈佛的学生正在他们的兄弟会俱乐部里喝着鸡尾酒，城市学院的学生却在埋头苦读。聚在餐厅里争论托洛茨基主义或资本主义的利弊得失也许是他们唯一的课外活动。然而，城市学院的文学学士学位毕业生必须掌握拉丁语及一门罗曼语言（如西班牙语、葡萄牙语、法语、意大利语、罗马尼亚语等）；理学学士必须通过高等几何学、代数学、基础物理学，等等。[2] 这样的要求即使在今天很多大学都未必能够做到。

1960年代上半期，城市学院站在了它自己的历史峰巅，让人高山仰止。这所大学用一个世纪的时光在科学、医学和经济学领域里为美国贡献了十位诺贝尔奖得主；在其他各个领域也为国家输送了大批杰出人才，其中包括很多至今如雷贯耳的名字：英特尔公司总裁葛罗夫（Andrew Grove）、政治家基辛格（Henry Kissinger）、美军参谋长联席会议主席鲍威尔将军（Colin Powell）、作家辛克莱（Upton Sinclair, Jr.）、社会学家贝尔（Daniel Bell），等等。特劳博如此描述1964年的城市学院：学生群体中犹太人高达2/3，他们大多已经是第二或第三代美国人，却是他们家庭中第一代的大学生。他们不再坐着地铁上学，而是开着自己的小车。学校还是免费，但

---

[1] J. Traub (1994), *City on a Hill: Testing the American Dream at City College*. Reading, MA: Addison-Wesley Publishing Company, p.33.

[2] Ibid., pp.39-40.

是大批杰出的犹太学者已经成为教授,因此学院整体学术水平与当时美国最好的大学平起平坐。① 城市学院英文系教授克里格尔(Leonard Kriegel)认为,此时的城市学院代表着"一个人在他所生活的城市里所能够享受的最好的大学教育"②。

三

然而,纽约城市学院向世界一流大学挺进的步伐在1960年代的政治风暴中戛然而止——其辉煌的历史在1964年永久定格。

1961年,纽约市立大学(City University of New York)成立,政府将城市学院和其他公立的四年制大学连同社区学院一起纳入市立大学系统进行管理,并成立了新的市立大学研究生院(the Graduate Center)。③ 这个设计是为了让市立大学系统中的本科学院特别是城市学院这样的旗舰学院,能够继续录取学术表现优异的纽约公立高中毕业生,而社区学院则以较低的标准接收其余有志于上大学的学生。通过这个改组,哈里斯让全体人民的孩子接受教育而且是高等教育的理想似乎又向前迈进了一大步。至1968年,纽约市立大学成为世界上规模最大的城市大学系统:它旗下的

---

① J. Traub (1994), *City on a Hill: Testing the American Dream at City College*. Reading, MA: Addison-Wesley Publishing Company, p.43.

② L. Kriegel (1972), *Working Through: A Teacher's Journey in the Urban University*. New York: Saturday Review Press.

③ 纽约市立大学除了城市学院以外还包括亨特学院(Hunter College,创建于1870年,最初是一所女子师范学院)、布鲁克林学院(Brooklyn College,创建于1930年)和皇后学院(Queens College,创建于1937年)。1956年斯坦顿岛学院(College of Staten Island)建校;1961年布朗克斯(Bronx Community College)和皇后区(Queensborough Community Colleges)社区学院先后建校。1964年国王区(Kingsborough Community College)与曼哈顿区(Borough of Manhattan Community College)社区学院建校。同年纽约技术学院(New York City Technical College)从纽约州学院系统分离加入纽约市立大学。两年后约克学院(York College)建校,而巴鲁克学院(Baruch College)和雷曼学院(Lehman College)则从城市学院和亨特学院中分别独立出来。

九所本科学院总共有46800名本科生在读，六所社区学院有15000名学生在读，而研究生院则有1000名博士生在读。[1] 不可否认，纽约市立大学的设计者仍然坚持着为"全体人民的孩子"服务的崇高理想，只是1960年代纽约的社会结构与政治生态与一百多年前哈里斯时代已经不可同日而语。

作为一个移民城市，纽约新移民的背景发生了很大的变化。犹太移民潮早已结束，而非裔美国人从1920年代开始离开南方移居纽约，其人口从1920年的15万增加到1960年的110万。同时，"二战"后波多黎各人（Puerto Rican）[2] 也开始大批移民纽约，其人口从1940年的7万增加到1961年的72万。至1960年代纽约非裔和波多黎各裔人口加起来占了纽约总人口的1/4。比较1960年代的新移民和八九十年前来自欧洲的移民群体，两者从历史渊源、文化背景、家庭观念到教育理念都有很大差异。城市学院非裔历史学教授巴拉德（Allan Ballard）在纽约两所非裔学生较多的高中做了一个统计：位于曼哈顿的本杰明·弗兰克林高中1968年的318名毕业生中只有11名非裔学生达到城市学院的入学标准，而位于布鲁克林的男子高中的353名毕业生中只有7名非裔学生达到城市学院入学标准。纽约非裔中学辍学率是50%，而白人仅为13%。[3]

结果可想而知。虽然纽约市立大学服务的对象是纽约所有族裔的市民，但是其中的旗舰学院如城市学院对非裔学生来说依然是可望而不可即。至1964年，纽约市立大学的教授基本上全是

---

[1] C. Gunderson (n.d.), "The Struggle for CUNY: A History of the CUNY Student Movement, 1969–1999". https://macaulay.cuny.edu/eportfolios/hainline2014/files/2014/02/Gunderson_The-Struggle-for-CUNY.pdf, p.2.

[2] 波多黎各自由邦（The Commonwealth of Puerto Rico）是美国在加勒比海地区的一个自由邦（境外领土），当地语言是西班牙语。

[3] A. B. Ballard (1973), *The Education of Black Folk: The Afro-American Struggle for Knowledge in White America*. New York: Harper & Row.

白人。在州议会非裔议员的压力下,纽约市立大学高等教育董事会(Board of Higher Education)在大学系统里创立"发现大学项目"(College Discovery Program),录取 250 名非裔学生进入社区学院。①1965 年巴拉德教授和一些激进的白人教授一起在城市学院设立"探索教育、提升与知识项目"(Search for Education, Elevation and Knowledge, SEEK),接收 105 名未能完全达到入学标准的非裔和波多黎各裔学生,为他们提供补习课程、学习辅导与经济资助,以期他们能够最终进入大学课程的学习。1966 年 SEEK 成为市立大学的项目,每一所本科学院都开始接收未达到大学入学标准的非裔和波多黎各裔学生,为他们提供英文和数学等基本课程的补习,帮助他们尽快进入大学本部。1968 年市立大学已经有 1500 名 SEEK 学生,其中 600 名在城市学院就读。②

1960 年代纽约政治生态的另一个特点是左翼思潮的涌动。早在 20 世纪三四十年代,城市学院就是马克思主义思想的大本营。东欧和南欧的犹太移民深受社会主义和共产主义思想的影响,将财富和权力的平等分配、社会政治秩序的重建作为自己的诉求。至 60 年代,随着民权运动和妇女运动的兴起,纽约有很多犹太知识分子思想激进,主张社会变革。加上非裔和波多黎各裔新移民的涌入,种族隔离与贫富悬殊有增无减,纽约成为美国各种社会矛盾的集聚之地,社会动荡一触即发。1963 年左翼组织"争取民主社会的学生"(Students for a Democratic Society, SDS)在城市学院成立支部,③开始组织各种学生抗议活动。④然而,颇具反讽意味的是,

---

① A. B. Ballard(1973), *The Education of Black Folk: The Afro-American Struggle for Knowledge in White America*. New York: Harper & Row, pp.120-121.

② Ibid., p.122.

③ K. Sale(1973), *SDS*. New York: Random House, p.29.

④ C. Gunderson(n.d.), "The Struggle for CUNY: A History of the CUNY Student Movement, 1969-1999". https://macaulay.cuny.edu/eportfolios/hainline2014/files/2014/02/Gunderson_The-Struggle-for-CUNY.pdf, pp.3-4.

意在为非裔和波多黎各裔学生提供高等教育机会的 SEEK 项目却成为城市学院激进的学生组织攻击的首要目标。[1]

其实，城市学院校方在其学校发展的总体规划中已经提出要扩大 SEEK 项目的招生，至 1975 年人数翻倍达到 1200 人。但非裔和波多黎各裔学生认为这个目标过于保守，并组成"非裔和波多黎各裔学生联盟"（The Black and Puerto Rican Student Community, BPRSC），开始请愿要求学院进一步扩大招收少数族裔学生。1969 年 1 月纽约州长洛克菲勒（Nelson Rockefeller）在政府预算中提出削减对 SEEK 项目的投入，并将当年秋天入学的 SEEK 项目新生人数减少 25%。[2] 这一行动对于城市学院的非裔和波多黎各裔学生来说无疑是火上浇油。1969 年 2 月 6 日，BPRSC 起草给加拉格尔（Buell Gordon Gallagher）校长的声明，提出五项要求，并给校长一个星期来考虑：建立非裔和波多黎各裔研究学院，为非裔和波多黎各裔学生专门安排迎新活动，吸收非裔和波多黎各裔学生参与 SEEK 项目的管理，少数族裔学生在新生中的比例达到他们在纽约公立高中的比例（即 40%—50%），教育学专业的学生必修非裔和波多黎各裔历史以及西班牙语。2 月 13 日，加拉格尔校长发表声明接收关于学习西班牙语的要求，但希望有更多的时间考虑其他要求。学生们对校长的回答表示不满，并占领行政大楼三个半小时之久。[3] 3 月 18 日，纽约 1.3 万名学生聚集在奥尔巴尼市的州政

---

[1] 以下关于城市学院学潮的叙述取自 J. Traub（1994），*City on a Hill: Testing the American Dream at City College*, pp.43-68；C.Gunderson（n.d.），"The Struggle for CUNY: A History of the CUNY Student Movement, 1969-1999"；W. C. Gibbons, A. Petty, & S. C. Van Nort（2014），"Revolutionary Times Revisited: Students' Interpretations of the City College of New York Student Protest and Takeover of 1969". *The History Teacher, 47*（4），pp.511-528.

[2] "Cuts in State Budget Threaten Cutback of SEEK Program and Fall Admissions" *The Campus*, Thurs., February 6, 1969, p.1.

[3] "Third World Studies Heard Warns Against Funds Cut" *The Campus*, Wed., March 12, 1969, p.1；A. B. Ballard,（1973），*The Education of Black Folk: The Afro-American Struggle for Knowledge in White America*. New York: Harper & Row, p.124.

府门前举行抗议活动,其中包括从纽约去的五辆满载城市学院学生的巴士。州议会不仅不理会学生的抗议,而且在示威活动之后不久就通过了洛克菲勒州长的预算案。加拉格尔校长宣布辞职,并公开了他的辞职信:

> 难道这(削减 SEEK 预算)是世界上最富有的国家之中最富有的州之中最富有的城市所作的最后决定?……与其在这政治上的权宜之计和经济上的小家子气后面亦步亦趋,我想放手一搏,为了自由、正义和情谊。[①]

在加拉格尔校长大义凛然的辞职信感召下,城市学院 27 个系主任中的 23 位亦随之递上了他们的辞职信。BPRSC 的五项建议不仅得到教授中激进分子的支持,也为部分白人学生所认同。4 月 21 日 1000 名非裔和波多黎各裔学生在校园举行示威游行,要求校方接受五项建议,并开始罢课。示威者随即关闭了学校南校门,阻挡学生进入校园。两天后加拉格尔校长在征得学校教授的同意后宣布关闭整个校园。

以后见之明回望当年城市学院的学潮,我们必须承认,这场被后人贴上要求"免试入学"(Open Admission)标签的学潮,其发动者一开始并未将"免试入学"作为条件。也许,感召那些热血沸腾的年轻人的只是哈里斯那为"全体人民的孩子"服务的崇高理想。对于一个没有贵族世袭制度的社会来说,教育,特别是高等教育,早已成为现代社会流动的唯一途径。所以,任何关于社会正义的讨论都很难绕开高等教育这个话题。然而,当代大学既不是世外桃源,也不是象牙之塔,而是一个充满矛盾的地方:一方面,教育者使出浑身解数,试图将人类平等自由的思想植入年轻稚嫩的心灵;

---

① "Text of Gallagher's Letter to BHE", *The Campus*, Tues., April 2, 1969 p.5.

另一方面，大学本身却是一个充满傲慢与偏见的地方，且不说名目繁多的排名早就将大学分成三六九等，而且学生在进入大学之后除了学术之外还要在许多其他方面比拼——出身、家境、才艺、种族，甚至肤色。不可否认，犹太人在城市学院的成功造就了一个神话，但这个神话有其不可复制的独特历史背景，与城市学院对过去荣耀的自恋与想象相距甚远。不幸的是，后来的新移民以他们对现代教育制度有限的理解，也将自己复制神话的能力无限地夸大了。加上1969年美国各方政治力量都在较量：民权运动、黑豹党[1]、反越战运动、无政府主义、社会保守势力，等等，从加拉格尔校长同意与学生坐下谈判的那一刻起，城市学院的命运便被交付给一场结局难以预测的政治赌博。

城市学院在示威者的胁迫下关闭，触动了整个社会的神经，包括正在寻求市长宝座的纽约市检察官马里奥·普罗卡奇诺（Mario Procaccino）。为了取悦他的白人支持者，普罗卡奇诺申请并取得法院临时禁制令，要求加拉格尔校长立即重开校园。几乎同时，国会议员比亚吉（Mario Biaggi）与犹太人组织也取得禁止令，要求校方在四天后重开校园。加拉格尔校长没有理会这两个禁止令，继续与学院教授商量对策，并于5月4日大致达成共识，同意满足BPRSC的五项建议。

次日，校方正在与BPRSC交涉，占领校园的学生突然接到市立大学高等教育董事会要求他们立即撤出校园的命令。就在占领者撤出的过程中，白人与黑人团体之间发生肢体冲突。据《纽约时报》报道，七名白人学生受伤，其中三人送医救治。一名白人女孩受到

---

[1] 黑豹党（Black Panther Party，BPP）是一个在1966年至1982年活跃的一个美国组织，是由非裔美国人所组织的黑人民族主义和社会主义组织，其宗旨主要为促进美国黑人的民权，另外他们也主张黑人应该有更为积极的正当防卫权利，即使使用武力也是合理的。（引自Wikipedia"黑豹党"词条）

攻击，另一名白人女孩在尖刀胁迫下遭到抢劫。万般无奈之际，加拉格尔校长报警求助，但 200 名警察进入校园后并未能够平息暴乱。5 月 8 日下午 2 点 33 分，学生中心突然起火，随后又有十处小火在校园里四面开花。学校焦黑的礼堂成为次日各大报纸的头条新闻，也成为示威者给校方的最后通牒。5 月 9 日加拉格尔校长宣布正式离任，而市立大学高等教育董事会也同时宣布愿意考虑 BPRSC 的五项建议，包括在市立大学实行"免试入学"。事后纽约市立大学总校副校长海曼（Seymour H. Hyman）如此描述当时的心境：听到学生中心起火的消息后，"我心中唯一的念头是，我们怎样才能拯救城市学院呢？唯一的回答是，妈的，让所有人都进来吧！"[1]

加拉格尔的继任者是柯伯兰（Joseph John Copeland）教授。他作为校长与学生谈判的第一项成果是：校方撤出进驻校园的警察，而 BPRSC 和激进的白人学生则同意不在学校制造新的骚乱。在此基础上，5 月 19 日双方重开关于五项要求的谈判。经过一番艰难的博弈，双方达成协议，城市学院的新生中一半按传统的方法根据成绩择优录取，另一半则从曼哈顿和布朗克斯少数族裔居多的高中录取学生。这个结果的实质是为非裔和波多黎各裔学生进入城市学院设定配额，其代价是许多合格的白人学生将因此失去进入城市学院的机会。

消息传出在社会上招来骂声一片。所有的市长候选人、犹太人组织、城市学院校友包括诺贝尔奖得主，都站出来表示反对。然而，在市立大学系统里，招生政策并不由城市学院说了算，其最终决定权在大学董事会。当董事会坐下来讨论招生政策时，他们实在觉得无从下手。6 月初，董事会宣布："我们的结论是，市立大学

---

[1] D. Levin, R. D. Alba & R. Silberstein（1981），*Right versus Privilege: The Open-Admissions Experiment at the City University of New York*. New York: The Free Press, p.13.

必须开始实行免试入学的政策,而且越快越好。"[1]但如何实行免试入学,董事会与城市学院的谈判者一样束手无策。敞开大门招生、吸收少数族裔、坚持学术标准:同时满足这三个要求几乎不可能。讨论一直拖延至11月,董事会最终决定:纽约公立高中平均成绩80分以上或毕业班里排名50%以上的学生可以进入市立大学的本科学院,成绩较好的学生可以选择自己心仪的学院。SEEK项目将从学术上为非裔和波多黎各裔学生提供帮助,使之尽快进入大学课程的学习。其余的学生则保证在社区学院里有一席之地。董事会还要求,这个新的免试入学政策在1970年秋季立即开始实施。

四

历史的演进有时就是这么诡异:这场由非裔和波多黎各裔学生一手导演的学潮,其本意并非要在城市学院实行免试入学;他们充其量不过是希望看到更多的少数族裔学生进入这所著名的学术殿堂,接受免费的高等教育。他们提出非裔和波多黎各裔学生在城市学院的比例与他们在纽约公立高中的比例相匹配,从逻辑上也说得通。可结果却大大出乎他们的意料:纽约市立大学从此大门敞开——英雄不问出处,大学不看分数。表面看来,抗议者攻城略池,完胜而归。但是,他们攻下的是怎样一座城池呢?胜利者将如何享用胜利成果呢?其实,优秀的大学教育是现代社会的奢侈品,并非人人都能享用;一旦老少皆宜,就不再是奢侈品。这个道理,纽约人花了整整30年的时间才想清楚。

比较BPRSC提出的配额入学政策和董事会最后实行的免试入学政策,我们可以清楚地看到,虽然后者听上去更加激进、夸张,但

---

[1] J. Traub (1994), *City on a Hill: Testing the American Dream at City College*. Reading, MA: Addison-Wesley Publishing Company, p.66.

前者其实对大学的破坏性更大。一旦实行配额,纽约高中毕业生中一大批白人孩子将彻底失去进入城市学院的机会;同时,按照巴拉德教授的研究,几乎所有进入城市学院的非裔与波多黎各裔学生,即新生中的一半,都不能应付大学课程。[1] 在这种情况下,董事会作出免试入学的决定也许算是两害相权取其轻,虽然不足以挽救城市学院,起码没有将这所学术殿堂推进一个万劫不复的境地。在免试入学的新政策之下,纽约其他族裔,特别是家境清寒的白人学生,只要学习成绩优异,还是能够进入城市学院及其他几所本科大学学习。非裔与波多黎各裔学生只要能够在 SEEK 项目的辅导下提高学术能力,他们也有较好的机会成功完成大学课程。

1970 年秋,免试入学在城市学院正式实施。新生数目与前一年的 1752 人相比激增 60%,达到 2742 人;SEEK 学生则增加了三倍,达到 2000 人。[2] 新生入学后必须参加一个评估考试,不能达标的学生必须在完成数学、写作和(或)"大学技能"(College Skills)等三门补习课程后才能正式进入大学课程的学习。1970 年入学的 2700 多名新生中 90% 都需要补课。这些补习课程耗费了学院巨大的人力和物力。更有甚者,SEEK 并不仅仅是一个教学辅导项目,它还包括经济资助。因此,当如此之多的学生涌进 SEEK 之时,维持学术水准已经不再是大学管理者所能关注的问题了。

1970 年代中期,纽约迎来其历史上最为严重的财政危机,而市立大学的预算则在 1976 年被砍掉 1/3。5 月 17 日,市立大学校长联席会议(CUNY Council of College Presidents)提议并通过由大学收取每学期 650 美元学费的决定。董事会随即批准了这个决定。

---

[1] A. B. Ballard(1973), *The Education of Black Folk: The Afro-American Struggle for Knowledge in White America.* New York: Harper & Row.

[2] J. Traub(1994), *City on a Hill: Testing the American Dream at City College.* Reading, pp.69-70.

5月28日市立大学总校长奇比（Robert J. Kibbee）宣布，由于资金短缺整个市立大学无限期关闭。直到州议会拨出紧急援助资金后，市立大学6月14日才得以重开。从免试入学到收费上学：那个为纽约"全体人民的孩子"提供免费、优质高等教育的城市学院至此已经寿终正寝。

时钟快进30年，我们来到1990年代的城市学院。1997年入学的新生中，51.8%未能完全达标，因此必须修读至少一门补习课程，而78.9%的SEEK学生至少需要修读一门补习课程。[1] 原本70%的英文课程是文学，现在70%的英文课程是英文补习。城市学院和其他市立大学的本科学院一样，不得不聘请一大批教授，既不作研究也不上专业课程，而是专为那些尚未达到大学水平、却又已经进入城市学院的学生补习高中课程。1990年代，城市学院教授SEEK课程的特殊项目系（Department of Special Programs）共有29名教授和讲师，它光是用于学生辅导的预算每年就达到100万美元。结果如何呢？据统计，SEEK虽然投入巨大资源，但进入这个项目学生八年之后的毕业率从未超过13%，非裔和波多黎各裔男生的毕业率分别是6.2%和10.1%。[2]

1999年6月7日，一个由纽约市长朱利安尼（Rudolph "Rudy" Giuliani）任命的专案小组经过一年的搜证和调查，发布了一份题为《迷途的纽约市立大学》[3]的报告。报告指出，纽约市立大学已经完全迷失方向，在一个急速下降的旋涡中无法脱身。报告重申纽约市立大学的使命是为纽约广大的市民提供高等教育的机会，而

---

[1] http://www.geocities.ws/ccnymess/feb1999/remedial.html.

[2] H. Mac Donald（1994），Downward Mobility. *City Journal,* Summer, 1994. https://www.city-journal.org/html/downward-mobility-12583.html.

[3] B. C. Schmidt, *et al.*（1999），*City University of New York: An Institution Adrift*. Report of the Mayor's Advisory Task Force on the City University of New York, June 7, 1999. http://home.nyc.gov/html/records/rwg/cuny/pdf/adrift.pdf.

且这种机会随着21世纪信息社会和全球化经济的到来显得尤其重要。但是，在报告作者们看来，目前市立大学的现状并未能够实现城市学院创立者的初衷。市立大学不仅是美国最大的公立大学系统之一，它的服务对象也是所有大学之中最为多元的。如此规模的系统中居然没有一所学院能够提供高质量的本科教育，没有一所学院能够在美国众多的公立大学中名列前茅。更让人难以释怀的是，30年前开始的免试入学政策，其直接结果是从生源上彻底摧毁城市学院——这所"穷人的哈佛"的学术根基。市立大学包括城市学院高居不下的辍学率便是明证。因此，报告作者虽然没有宣布免试入学这场持续30年的教育实验的失败，但改变现状、重新设计市立大学这个为全体市民服务的高等教育系统已是刻不容缓。

纽约人为他们30年前的一时冲动付出了高昂的代价。唯一的收获是领悟了一个道理，即提供更多的入学机会并不等于降低入学标准，为"全体人民的孩子"服务也不等于将不合格的学生送进大学。城市学院从出身卑微的自由学校到举世闻名的名牌大学，这个过程花了整整一百年、几代人的辛劳，但毁掉这个名牌却只花了几天工夫。作为市立大学和城市学院这段历史最后一个阶段的目击者和参与者，我的感慨只剩下一句"却道天凉好个秋"。拙著《细读美国大学》一书中有详细叙述，此地不再赘言。

第十三章　体坛风云：学霸间的角力

> 我并不认为找大学校长开会讨论（美式）足球会有什么意义。大学校长根本无法改革足球，我甚至不肯定凭他们一己之力能否取缔足球……死伤事件不是反对足球运动最强有力的理由。作弊与暴力能够牟利——这才是万恶之首。
>
> ——查尔斯·艾略特
>
> R. A. Smith（2010），*Pay for Play: A History of Big-Time College Athletic Reform*. Urbana, IL: University of Illinois Press, p.42.

> 学院不是一个非凡的体育联盟和社交俱乐部，其智力活动只是在体力和社交活动之余偶尔为之。学院是一个学者的联盟；它是为每一个想要成为任何社区里心智健全、有所作为的成员在参加纯粹智力活动之外所提供的一个培育其特点与能力的发展场所。
>
> ——罗伯特·梅纳德·哈钦斯
>
> R. M. Hutchins（1931），*The New College Plan*. Chicago: University of Chicago Press, p.16.

1852年8月3日哈佛与耶鲁赛艇在新罕布什尔州温尼珀索基湖上举行赛艇比赛，成为美国大学校际体育比赛之滥觞。图为1952年哈佛与耶鲁为庆祝两校举行赛艇比赛100周年制作的海报。

一

我们今天已经不太清楚,1852年6月的这一天在波士顿开往蒙特利尔的列车上,厄尔金斯(James Elkins)与维顿(James Whiton)这两个似乎没有太大关系的人怎么会坐在了一起,他们之间的谈话又是从何开始。① 厄尔金斯是波士顿—康科德—蒙特利尔铁路公司总监,而维顿只是耶鲁学院的一个大三学生和耶鲁赛艇俱乐部(Yale Boat Club)的成员。当时社会的热点,如美国南北两方关于奴隶制的废存、庄园经济与工业革命的矛盾等问题,似乎并没有进入他们讨论的话题。当火车开进新罕布什尔州温尼珀索基湖区(Lake Winnipesaukee),湖水突然变得宽阔起来,那平滑如丝的水面让维顿突发奇想:要是能够坐在火车上观赏赛艇,岂不是天下一大美事!厄尔金斯也来了灵感:"如果你能让耶鲁和哈佛(的赛艇队)在(温尼珀索基)湖上进行一场比赛,我为整个赛事买单。"② 两人一拍即合。

1852年7月30日是周五,耶鲁的三支赛艇队和哈佛的一支队伍如约来到温尼珀索基湖区。耶鲁带去三条赛艇——两条八桨船肖马特(Shawmut)和温迪妮(Undine)、一条四桨船阿塔兰忒(Atalanta),哈佛只去了一条八桨船奥奈达(Oneida)。周六他们将船移到比赛地点。周日是安息日,所以直到周一,四支队伍才得以稍作训练。参加这次比赛的41名哈佛和耶鲁学生,既不了解活动的商业意图,也没有多少竞争意识。对于他们来说,这为时一周的免费旅行只是一场"快乐的游戏"。

---

① 历史学家们对于哈佛与耶鲁第一场赛艇比赛的描述大都根据 J. M. Whiton (1901),"The First Harvard-Yale Regatta (1852)", *Outlook* LXVIII (June 1901), pp.286-289.

② Ibid., p.286.

8月3日是一个几近完美的夏日，静谧的湖上万里无云，风和日丽。大批观众坐着火车如期而至，其中包括民主党总统候选人皮尔斯将军（Franklin Pierce）和麻省最高法院大法官阿伯特（Josiah G. Abbott）。为了给那些专程来此观赏比赛的游客助兴，两校的赛艇在上午11点进行了一场表演赛，结果是哈佛的奥奈达以两个船身的优势领先耶鲁的肖马特，以四个船身领先温迪妮。下午3点比赛正式开始，这一次奥奈达优势更大，以四船之遥领先肖马特、八船之遥领先温迪妮。皮尔斯将军为哈佛的奥奈达赛艇队颁发了战利品——一对镶着银边的黑核桃桨，并即席发表简短而又热情洋溢的讲话。这年年底皮尔斯当选为美国第14任总统。

今天看来，厄尔金斯不仅具有商人的精明能干，而且富有战略家的远见卓识。他将哈佛和耶鲁这两所名校作为铁路公司的广告招牌，从大学生课余的消遣活动中看到了无限商机，并请到未来的美国总统作为活动的主礼嘉宾。虽然在扣除了41名赛艇队员一周的花费后他的收益并不太理想，但他让这个宁静的夏日度假胜地"充满生气",[1]并为当地酒店、湖上游船和其他服务业带来大笔生意。

当然，168年后的今天，和厄尔金斯这个名字连在一起的既不是赛艇，也不是铁路，而是他误打误撞所开辟的一个新天地：校际体育比赛（intercollegiate sports）。假如我们可以将1852年夏天的这场比赛视为美国大学校际体育比赛的滥觞，那么这是一个从诞生那天起就毁誉参半的领域。它曾给美国的大学带来王者荣耀，譬如享誉世界的"常青藤"（Ivy League）大学起初就是校际体育比赛联盟，而所谓的"十大联盟"（Big Ten）更是在体育赛事和学术能力两方面都达到了顶尖水平。然而，由厄尔金斯首创、哈佛耶鲁

---

[1] *New York Herald*, 10 Aug. 1852, p.2.

开头的大学体育赛事的商业化运作，也让所有参与校际联盟的大学饱受诟病：批评者将它视为商业社会中美国大学走向堕落的象征。

二

其实大学体育比赛还真不是美国人的发明。

从16世纪开始，赛艇、板球、赛马和网球就已经是牛津大学和剑桥大学的日常体育项目，后来又增加了绿色保龄球、拳击、斗鸡、钓鱼、游泳等许多其他项目。[1] 牛津大学在泰晤士河、剑桥大学在剑河举行的游泳比赛广受学生欢迎，但大学的管理层显然对此不太感冒。1571年剑桥大学还曾通令禁止学生进入任何河流湖泊游泳。16世纪牛津大学一个学院宣布禁止学生将猎狗、猎鹰、野兔等动物带进学校宿舍。随着一些出身贵族的学生加入体育项目，大学管理人员的看法如何已经不太重要。一位牛津大学学生如此描述17世纪初的大学里老生和新生的两大区别："当你磨光了学袍上的丝绒并学会了打网球，而且能够打完整场比赛，你就不再是一名新生了。"[2] 后来以拜伦爵士（Lord Byron）头衔闻名的著名诗人乔治·拜伦于1805年进入剑桥三一学院，赌博、拳击、板球、游泳等无所不精。一位牛津的学生认为，"对于一个有身分有地位的年轻人来说，学习之余还有什么比在一群猎犬后面奔跑更好的打发时光的方法？"再说了，有教养的牧师和学者只有自己是运动健将，才能更好地影响年轻人。[3]

直到19世纪初，英国大学的校园体育运动基本上是自发的、无

---

[1] R. A. Smith（1990）, *Sports and Freedom: The Rise of Big-Time College Athletics*. New York: Oxford University Press, p.5.

[2] Percy Manning, "Sports and Pastimes Pursued in Oxford and Neighborhood Down to About 1850," Vol. II, p.373, Ms. Top. Oxon. d. 202, Oxford Univ. Library.

[3] "Certain Passages in the Life of an Oxford Scholar," *The Sporting Magazine* XX, n.s.（June 1827）, 74.

组织的。真正将大学体育推向流行并形成竞赛，英国桂冠诗人华兹华斯（William Wordsworth）的侄儿查尔斯·华兹华斯（Charles Wordsworth）功不可没。1827年，身为剑桥大学学生的查尔斯·华兹华斯借助家庭的关系在伦敦的罗德板球场（Lord's Cricket Ground）组织了牛津与剑桥之间的一场板球比赛。历史学家史密斯认为，这场比赛标志着大学校际体育比赛的诞生。[①] 两年后，他再次参与组织两校在泰晤士河畔的小镇亨利（Henley）的一场赛艇比赛。这次比赛牛津以两船之遥领先剑桥，赢得胜利。比赛吸引了两万名观众，"我永远也忘不了（比赛时）观众那响彻两岸山峦的喊叫声，"一位伦敦的记者如是说。[②] 由于这次比赛的成功，更出于商业的考量，牛津与剑桥在1840年代开始将两校的年度赛艇比赛移到伦敦的泰晤士河上举行。此时哈佛与耶鲁有各自的赛艇队却尚无比赛。

有一点反讽的是，美国古典学院早期的创办者虽然是来自英国的清教徒，很多人还在牛津剑桥受过教育，但他们对于大学与大学生活的理解却比其故国的学院派人士还要保守。殖民地时期美国的古典学院校方虽然并不完全反对体育活动，但许多管理人员却对娱乐和竞赛极其反感。1665年哈佛校规允许学生有一些课外自由活动，可是，"本科学生不允许以娱乐活动为借口……离开书房，而应当珍惜他的时间。"[③] 费城学院（后来的宾夕法尼亚大学）校董会认为，学生的体育活动有损学院的荣誉与声望，因而明令禁止在校园内进行任何娱乐与比赛。[④] 国王学院（King's College，后来的

[①] R. A. Smith (1990), *Sports and Freedom: The Rise of Big-Time College Athletics*. New York: Oxford University Press, p.6.

[②] Ibid., p.8.

[③] "Laws of Harvard College, May 4, 1655," *Harvard College Records*, Vol. XXXI, p.330.

[④] University of Pennsylvania Board of Trustees Minutes, 10 March 1761, Univ. of Pennsylvania Archives.

哥伦比亚大学)的一个学生跑到校外游泳被发现后,校方给他的处罚是关一个星期的禁闭,翻译拉丁文。①

正如牛津与剑桥远离伦敦,早期美国古典学院也效法英国,大多远离都市;纽约的国王学院也许是唯一的例外。因为校园在郊外,学校必须为学生提供食宿,于是校方的管理人员便顺理成章地成为代理父母(in loco parentis),对在校学生进行宗教与道德的教育与管束。学生被要求参加学校教堂的礼拜与祈祷,一天两次,每周多达14次。②在新英格兰漫长的冬日里,或是夏天灿烂的阳光下,那些四合院(quadrangles)风格的宿舍楼如修道院一般严肃而又略带阴森,里面禁锢着一大堆过剩的荷尔蒙,无时不在寻求发泄之地。于是,恶作剧成为当时最常见的课外活动。学生在教堂里抛扔赞美诗集,在条椅背上涂鸦,在祈祷时学猫狗叫;校长在校园里被学生奚落以至叫骂,家里的白兰地和红酒被学生偷去喝光;学生用刀子捅舍监、用石头砸校长、纵火焚烧学校财产这样恶性的事件亦时有发生。③正是这种严格的宗教氛围,加上枯燥的校园生活,催生了各种学生团体及其形式各异的课外活动,竞争的元素亦随之进入这些团体和活动。

假如说1852年夏天哈佛和耶鲁赛艇队之间的那场比赛开了美国大学校际体育比赛的先河,那么真正将这类学生自发的校园之间的竞争与狂欢变成全社会关注的盛事,还有待另一种更加激烈而又疯狂的赛事美式足球(American football)的诞生。

历史学家鲁道夫认为,美式足球起源于10世纪的英国,一开始只是两个小镇之间互踢骷髅头或充气的牛膀胱这样的游戏。1869

---

① R. A. Smith(1990), *Sports and Freedom: The Rise of Big-Time College Athletics*. New York: Oxford University Press, p.10.

② Ibid., p.11.

③ Ibid., p.15.

年11月6日，罗格斯大学（Rutgers, The State University of New Jersey）与普林斯顿大学之间进行了一场足球比赛，成为美式足球诞生的标志。[1] 当时所用的球为圆形，只能用脚踢、手打、头顶，但不能用手抓住，更不能带球跑。1870年代，哈佛和耶鲁之间在进行美式足球比赛时逐渐地改变了游戏规则，从原来足球（soccer）以踢为主的玩法向英式橄榄球（Rugby）抱球跑的玩法转变，比赛目的是持球冲到对方球门线后方以球触地（touch down）得分。美式足球由此成为英式橄榄球的美国版本。

在接下来的40年里，美式足球如星星之火从大学校园逐渐蔓延至整个美国社会，但随之而来的两个问题却开始挑战大学教育的底线。首先由于校际比赛在社会上产生的轰动效应，许多大学开始频繁地将球队拉出校园参加比赛，因此干扰到正常的教学秩序。一开始大学对此还采取抵制态度。1873年康奈尔大学校长怀特（Andrew D. White）在收到密歇根大学去俄亥俄州的克利夫兰市举行比赛的挑战书后，回了一份著名的电报："我才不会允许30名球员跑到400英里之外的地方去和大风作战。"[2] 但校长们很快就在强大的社会压力之下屈服了。1881年密歇根大学队跑到东部，一周之内与哈佛、耶鲁、普林斯顿三家名校一一对阵。另外，令人稀奇的还有：俄亥俄州的迈阿密大学（Miami University, Ohio）校长为了取胜居然要求教授们跟着球队一起出去比赛。

其次，金钱的介入给大学带来道德危机：商业化、职业化与暴力化的倾向开始抬头。1893年感恩节期间，耶鲁与普林斯顿在纽约举行的一场比赛让全市旅馆爆满，万人空巷。由于球赛的胜负对大学来说变得日渐重要，大学开始雇用职业球员，并付给学生球

---

[1] F. Rudolph（1991），*American College and University: A History*. Athens, GA: University of Georgia Press, pp.373-374.

[2] K. Sagendorph（1948），*Michigan: The Story of the University*. New York, p.150.

员相当不错的报酬。据说一位学生球员得知自己在球队中的"价值"后,在比赛即将开始时将洗衣账单交给领队:"我没钱付账。你不付账,我不出场。"由于职业球员的加入,也为了让比赛更加"好看",球员们在场上的暴力行为有增无减,加上早期美式足球的规则不够完善,导致球员伤亡事件日益加剧。1905 年全美共有 18 名球员命丧球场,而哈佛一个赛季下来只有两场球赛没有球员因冲撞导致脑震荡。①

1905 年宾夕法尼亚大学与斯瓦斯莫尔学院美式足球队在费城交手,一名斯院球员在场上遭到群殴,满脸鲜血,蹒跚离场。照片在报纸上刊出后轰动全国。西奥多·罗斯福总统看到照片与相关报道后异常愤怒,扬言若大学不对此类行为采取措施,他将宣布取缔美式足球。1905 年 10 月 16 日,哈佛、耶鲁与普林斯顿的校长和教练被叫到白宫,②午餐桌上总统要求他们从道义上作出担当,将美式足球变为一项"完全干净"的赛事。③

罗斯福的干预虽然促成了美式足球若干规则的改革,但并未能杜绝球场上的暴力事件。不仅如此,哈佛与耶鲁之间还通过媒体打起笔仗,公开指责对方违反体育规则和道德。有的大学如哥伦比亚、加州大学、斯坦福决定停赛达十年之久;西北大学与联合学院则决定停赛一年。

1905 年 12 月 8 日,在纽约大学校长麦克拉肯(Henry M. MacCracken)的召集下,美国 13 所大学的代表聚会纽约,商讨如何

---

① F. Rudolph(1991), *American College and University: A History*. Athens, GA: University of Georgia Press, p.375.

② Ibid., p.376. 罗斯福总统的召见发生在 1905 年 10 月 9 日;但据 J. Shulman and W. G. Bowen(2001), *The Game of Life: College Sports and Educational Values*. NJ: Princeton University Press, p.7, 这场会见的日期是 10 月 16 日。

③ E. E. Morison(ed.)(1952), *The Letters of Theodore Roosevelt*. Cambridge, MA: Harvard University Press, V, p.46.

改进美式足球的比赛规则，以提高安全保障。在12月28日的会议上，代表们达成共识，宣布成立美国校际运动协会（Intercollegiate Athletic Association of the United States，IAAUS），共有62所大学成为创会成员。1906年3月31日协会机构正式成立；1910年改名为全国大学体育协会（National Collegiate Athletic Association，NCAA）。这个名字沿用至今，但其功能在过去的一个多世纪中已经发生了很大的变化。NCAA起初只是一个为大学之间的美式足球制定规则的组织，但在1921年它以NCAA的名义首次组织校际体育赛事——全国大学田径锦标赛（National Collegiate Track and Field Championships）。此后，NCAA不断增加新的体育项目规则制定委员会，而且开始主办各种校际体育比赛。[①]

在此值得一提的是哈佛大学校长艾略特对改革美式足球乃至整个大学校际体育运动的态度。1852年当哈佛和耶鲁在温尼珀索基湖上举行第一场赛艇比赛时，艾略特是哈佛的大四学生，也是赛艇队的队员。作为哈佛校长，艾略特始终是大学生体育运动的积极倡导者。但是，当校际体育特别是美式足球在1905年陷入暴力丑闻无法自拔时，他却一反常态，表现消极。艾略特应当是早有预感了：大学校际比赛从一开始就显露出商业化倾向，就像潘多拉的盒子，一旦打开就再也无法收回了。因此，当联合学院一名球员在与纽约大学的比赛中不幸身亡后，纽约大学校长麦克拉肯立即致电艾略特，请他出面召集大学讨论如何改善美式足球规则。艾略特一口回绝：

> 我并不认为找大学校长开会讨论（美式）足球会有什么意义。大学校长根本无法改革足球，我甚至不肯定凭他们一

---

① https://web.archive.org/web/20070430205324/http://www.ncaa.org/about/history.html.

己之力能否取缔足球……死伤事件不是反对足球运动最强有力的理由。作弊与暴力能够牟利——这才是万恶之首。[1]

艾略特不幸一语成谶。在接下来的80多年里，美国大学在校际体育比赛的问题上经常丑闻缠身，由民间基金会资助的大型调查报告以及相应的改革尝试也时有所闻。比如说，1929年卡内基基金会发表的著名报告《美国大学运动员》，严厉批评大学体育的职业化与商业化倾向，被认为是美国大学体育改革的第一份、也是最重要的历史性文件。[2] 然而这份报告所推动的改革效果实在是乏善可陈。至1989年诺特丹大学（University of Notre Dame）校长海斯伯格（Reverend Theodore M. Hesburgh）与北卡大学（University of North Carolina）前校长弗雷迪（William C. Friday）在奈特基金会（John S. and James L. Knight Foundation）资助下成立了一个全国委员会，旨在对美国大学校际体育的问题进行调查并找到解决方案。1991年该委员会发表的报告[3] 的确轰动一时，但它究竟能够解决什么问题却至今存疑。[4]

三

作为大学改革的先锋，艾略特对于美式足球规则改革的消极态

---

[1] R. A. Smith（1990），*Sports and Freedom: The Rise of Big-Time College Athletics*. New York: Oxford University Press, p.42.

[2] H. J. Savage, *et al.*（1929），*American College Athletics*（Bulletin No. 23），New York: Carnegie Foundation for the Advancement of Teaching.

[3] W. C. Friday and T. M. Hesburgh（1991），*Keeping Faith with the Student-Athlete: A New Model for Intercollegiate Athletics*. Knight Foundation, Charlotte, NC. Commission on Intercollegiate Athletics.

[4] R. A. Smith（1990），*Sports and Freedom: The Rise of Big-Time College Athletics*. New York: Oxford University Press, p.3.

度的确有点反常。但这种反常本身也许就是一种抵抗，一种消极的抵抗。身为那个时代美国大学众望所归的领袖，艾略特不会不知道自己的参与对这场改革的影响和作用，他只是不想明知不可为而为之罢了。

1890年芝加哥大学建校，首任校长哈珀（William Rainey Harper）走马上任时才35岁。这位精力充沛的年轻校长看到了校际体育对提升同样年轻的大学的潜在作用。为此他修建了大型体育场，在推销美式足球比赛球票以取得巨大商业利润的同时宣传大学。为了实现他的愿景，哈珀将耶鲁毕业生、美式足球巨星斯塔格（Amos Alonzo Stagg）请来芝加哥大学，担任体育部主任兼美式足球教练。在接下来的40年中，斯塔格不仅帮助芝加哥大学的球队跻身全国最强之列，更重要的是，他在哈珀和芝加哥大学董事会的支持下将体育部在大学中提升到一个至高无上的地位。体育部主任直接向校长和董事会报告，他的预算无需经过任何学术或行政部门的审核，他可以用学校的资源进行体育营销、举办全州中学生运动会等活动，收入却归体育部和他个人。[1]这种在商业利益驱动下形成的大学体育管理结构为美国其他大学争相仿效。

19世纪下半叶，美国大学球队的一般做法是延聘毕业生中的最佳球员担任教练，因此瑞德（William T. Reid, Jr.）在1901年毕业后成为哈佛美式足球队的"学生教练"。这年他带领哈佛队取得赛季近乎完胜的记录，特别是以22∶0的大比分打败耶鲁，让哈佛人振奋不已。但随后他就接受了一所中学的聘任回加州教书去了。瑞德离任后哈佛队一蹶不振，败绩连连，甚至不敌耶鲁，让

---

[1] J. R. Thelin & J. R. Edwards（n.d.），"College Athletics-History Of Athletics In U.S. Colleges And Universities," http://education.stateuniversity.com/pages/1846/College-Athletics-HISTORY-ATHLETICS-IN-U-S-COLLEGES-UNIVERSITIES.html.

哈佛人耿耿于怀。1905年哈佛体育委员会迫于各方压力,以7000美元的年薪将瑞德请回哈佛担任教练。这个工资是哈佛一般教授年薪的两倍,比哈佛最高年薪的教授工资还多出30%,几乎赶上了校长艾略特的工资。[①] 在此,哈佛不仅开了美国大学聘用职业教练的先河,而且还创下一个先例:只要能够赢球,教练工资完全可以超过校长;直到今天美国很多大学体育部主任和教练的工资还高于校长。

随着校际体育的职业化,运动员的资格认定问题浮出水面,而资格认定又和大学招生紧密相连。当哈佛和耶鲁举行第一次赛艇比赛时,资格认证还不是问题,但1855年两校赛艇队再次较量时,为哈佛在三年前第一次比赛立下汗马功劳的布朗(Joseph Brown)已经毕业两年,但他还是参加了比赛,而且耶鲁也没有提出抗议,只是要求哈佛下不为例,不再允许毕业的校友参加校队。假如这样的君子协定在两校之间还有可能,那么后来多校加盟、竞争加剧,资格认定就成为校际比赛中最为棘手的问题之一。特别是随着研究生院与专业学院(如法学院、商学院等)的发展,以本科为核心的古典学院逐渐向本科加研究生院和专业学院的综合性大学模式演进。因此,一个本科时代参加校队的球员有可能在毕业后进入研究生院或专业学院,继续为校队效劳。就在东部大学为资格问题争论不休时,1896年中西部大学宣布组成"十大联盟"(Big Ten),[②] 共同制定体育规则与道德规范。联盟制定的12条规矩中有

[①] R. A. Smith (1990), *Sports and Freedom: The Rise of Big-Time College Athletics*. New York: Oxford University Press, p.156.

[②] 联盟成立于1895年,初期名称为西部联盟(Western Conference)。创始时共含七所学校:芝加哥大学、密歇根大学、伊利诺伊大学、明尼苏达大学、西北大学、普渡大学、威斯康星大学。印第安纳大学以及爱荷华大学两年后加入。至俄亥俄州立大学于1912年加入后,十大联盟最后成型。后来芝加哥大学退出联盟,密歇根州立大学加入,联盟学校数再度回到10所。(据维基百科词条"十大联盟"改写:https://zh.wikipedia.org/wiki/十大联盟)

8条涉及资格认定,宣布研究生不能参加校际比赛。①

然而,比资格认定更麻烦的是体育奖学金,因为一旦大学给参与校际比赛的学生任何金钱上的报酬,大学与学生的关系便开始发生质的变化。耶鲁美式足球队队长霍根(James Hogan)为大学打了四年球。其间他住在耶鲁最豪华的宿舍,食宿免费,学费全免,外加每年100美元的奖学金。此外,他和另外两名球员还获许出售棒球计分卡,并将所得全部利润收入腰包。他为美国烟草公司代言,并从纽黑文市(耶鲁大学所在地)所卖出的每一包香烟中抽成。1905年霍根从耶鲁毕业,打完最后一场球后学校送他去古巴度假,费用全包。②芝加哥大学的斯塔格在花钱请球员方面更是出手大方,因为他背后有着洛克菲勒财团的资助。

1905年,全国大学体育协会(NCAA)的成立就是为了在大学间建立统一的标准和规则,从而杜绝校际比赛商业化和职业化之后出现的问题。但在协会建立之初,几乎所有的名牌大学都没有加入。原因很简单,哈佛、耶鲁和普林斯顿这样的名牌原来在大学体育界就是比赛规则的制定者,因此他们不希望NCAA另起炉灶,建立新的规则委员会,更不希望看到自己在美式足球、棒球等主要体育项目中龙头老大的地位被"十大联盟"之类的新兴联盟所取代。尽管如此,NCAA还是为大学校际比赛规则的讨论设立了一个平台,并以协会名义对学生运动员资格等一系列可能出现的问题作了防范性的规定。比如说,运动员必须是选满学分的全日制本科学生,参加球队或比赛不能接受任何酬劳,等等。③这些规则虽然是没牙的老虎(tiger without teeth),约束力有限,但毕竟是大学间平等对话、公平竞赛的良好开端。

---

① R. A. Smith(1990),*Sports and Freedom: The Rise of Big-Time College Athletics*. New York: Oxford University Press, p.180.

② Ibid., p.188.

③ R. A. Smith(2010),*Pay for Play: A History of Big-Time College Athletic Reform*. Urbana, IL: University of Illinois Press, p.54.

四

大学校际体育是美国高等教育领域里的一朵奇葩。有的大学因为拥抱它而声誉鹊起，从此兴旺发达；也有的大学在抛弃了它之后反而声誉鹊起，从此兴旺发达。

路易斯安那州从南北战争结束后一直被贫困压得喘不过气来。1928年朗格（Huey Pierce Long, Jr.）竞选州长时，全州铺有路面的道路长度在全国忝陪末座，而成人文盲率却在全国排名第二。朗格许诺为那些因贫穷而哭泣的人擦干眼泪，他的竞选口号是："每一位百姓都是免冠之王"（Every man a king!），由此得到"鱼王"之外号。当选后面对百废待兴的局面，他将改革州立大学视为为政之本。在他看来，一流的大学不仅能够为州里的年轻人提供社会流动的机会，而且能成为路易斯安那州经济发展的引擎。

此时的路易斯安那州立大学（Louisiana State University，LSU）是一所规模不大、学生不多、学术平平的乡间大学，要让它担当起为本州培训教育、工程、法律与商业等各方面专业人才的重任谈何容易。更有甚者，朗格上任伊始便遇上了美国历史上最严重的经济大萧条，几乎所有的州都在削减教育经费。唯有LSU在1930年代头三年从州里得到的拨款翻了三番，达到300万美元。为了让低收入家庭的孩子能够上大学，他降低LSU的学费，并提高助学金。1929–1935年间，LSU在校学生人数从1800人增加到4300人；今天我们看到的LSU校园里一半以上的建筑是在那个时期完成的。[1]

朗格对于LSU如此偏爱，并非一时兴起。他认为，路易斯安那

---

[1] 此处关于路易斯安那州立大学的叙述取自J. R. Thelin（1994），*Games Colleges Play: Scandal and Reform in Intercollegiate Athletics*. Baltimore and London: The Johns Hopkins University Press, pp.72–77.

州之所以那么穷，原因之一是这个州的居民没有任何为自己家乡感到骄傲的理由；而在一所高质量的州立大学建立一支战无不胜的球队，不仅必要而且可行。在当选州长后他立即宣布："LSU（的球队）只能赢不能输；因为我不能和输家站在一起！"作为州长，他亲自挑选美式足球教练，并在 LSU 增加了体育部主任的职位。他除了亲临训练现场给予指导、进入更衣室为即将出征的球员打气之外，还将学校乐队扩大至 250 人，从新奥尔良请来名指挥，将比赛中场的乐队表演变成一场为球队、为观众打气加油的盛大表演。当乐队演奏"亲爱的 LSU""LSU 触地（LSU Touch Down）"[①]和"每一位百姓都是免冠之王"等乐曲时，观众的情绪随之达到沸点。朗格用心良苦，由此可见一斑。

最搞笑的是，他的事必躬亲让 LSU 球队的一位著名教练烦不胜烦。他为此要求在其聘用合同中增加一个条款，即州长不能进入球员更衣室。起初朗格还小心翼翼地遵守这条规定，因为教练是位常胜将军。但一次在一场关键的比赛中 LSU 输了上半场，朗格以路易斯安那州进入紧急状态、需要州长干预为借口，直接冲进更衣室为球员出主意并加油。

朗格的过人之处在于，他为建设一流的州立大学殚精竭虑，但并不随便干预大学的学术事务，而是巧妙地让一位对他忠心耿耿的校长史密斯（James Monroe Smith）来进行大学内部的改革。在两人的通力合作下，LSU 充足的经费和新建的设施果然开始吸引优质师资。1925-1935 年间，LSU 的教授队伍从 168 人增至 394 人，而且这些新增的师资来自全国各地，在农学和家庭经济学等直接服务本州经济发展的学科方面进步尤其显著。至 1935 年朗格不幸遇刺身亡，LSU 除了有一支响当当的美式足球队之外，其学术水

---

① 美式足球术语，一个达阵是 6 分，达阵后还有一次附加分机会，可以得 1 分或 2 分。

准也足以跻身美国南方最有影响的州立大学之列。

假如我们能够撇开其他因素,仅仅考虑校际体育与大学崛起之间的关系,那么芝加哥大学几乎就是路易斯安那州立大学的倒影。

芝加哥大学1890年建校,只用了短短30年的时间就在美国高等教育界异军突起,除了得益于洛克菲勒家族的慷慨资助和哈珀校长的远见卓识,斯塔格及其传奇式的美式足球队也功不可没。从1892年到1932年,斯塔格带领芝加哥大学美式足球队夺得两次全国冠军(1905年和1913年)、五次"十大联盟"锦标赛冠军(1899、1907、1908、1922、1924),为这所新兴的大学带来巨大声誉,其社会效应远远超越任何学界明星。

然而,这种由校际体育带来的声誉很快就开始产生反效果了。继卡内基基金会1929年的报告《美国大学运动员》之后,弗莱克斯纳也在他《美国、英国和德国的大学》[①]一书中严厉批评美国大学重体育、轻学术的倾向:

> 他们(大学管理者)对于竞赛及校际体育这个话题近乎痴迷,却没有胆量告诉其各自的校友,对校际运动的过分热衷其实证明了大学毕业生在文化上的平庸,也是大学生一届比一届更加堕落的根源所在……(学校)花在大学运动上的钱比花在正儿八经的大学活动还要多。在学生和一般大众心目中,美式足球教练的名气比校长还大,收入比教授的平均工资还高。这难道是大学或学院所能够容忍的?当然不是。可大学居然比容忍更进一步:他们还"广而告之"。[②]

弗莱克斯纳在此将矛头直指芝加哥大学:在芝加哥两个最引人

[①] A. Flexner(1930), *Universities: American, English, German.* New York: Oxford University Press.

[②] Ibid., p.64.

注目的路口竖着两块 15 英尺高、50 英尺长的广告牌,上书"芝加哥大学发布 1928 年美式足球竞赛时间表",其中包括即将和芝加哥大学对阵的大学名单和比赛时间。这些广告宣传持续两个半月之久,每一块广告牌每月花费大学 500 美元之多。[1]"难道(芝加哥)大学是在容忍一种难以避免的邪恶,还是在利用一种令人沮丧的恶俗?"[2] 弗莱克斯纳毫不留情的批评深深地刺痛了上任不久的哈钦斯校长。在这位以改革大学本科教育为己任的年轻校长看来,弗莱克斯纳不仅切中时弊,而且为他酝酿中的提升大学教育品质的计划提供了一个契机。他在《新学院计划》(The New College Plan)中写道:

> 学院**不是**一个非凡的体育联盟和社交俱乐部,其智力活动只是在体力和社交活动之余偶尔为之。学院**是**一个学者的联盟;它是为每一个想要成为任何社区里心智健全、有所作为的成员在参加纯粹智力活动而外所提供的一个培育其特点与能力的发展场所。[3]

然而,哈钦斯毕竟继承了一个以美式足球扬名天下的大学传统,任何不慎的举动都可能得罪以母校为骄傲的校友和神话式的英雄斯塔格。因此他在处理大学的体育问题上极其慎重且缓慢。1938 年哈钦斯在《周六晚报》(Saturday Evening Post)上发表署名文章"门票与荣耀"一文,指出:"假如一个年轻人对身体的关注超过对心灵的关注,那么他不应当上大学",更不应当上芝加哥大

---

[1] J. R. Thelin(1994), *Games Colleges Play: Scandal and Reform in Intercollegiate Athletics*. Baltimore and London: The Johns Hopkins University Press, p.42.

[2] A. Flexner(1930), *Universities: American, English, German*. New York: Oxford University Press, p.66.

[3] R. M. Hutchins(1931), *The New College Plan*. Chicago: University of Chicago Press, p.16.

学。①他认为美式足球对芝加哥大学这样以学术为本的大学毫无裨益,而是对于学术较弱的大学好处多多。1939年,在任上十年之后,哈钦斯才宣布芝加哥大学全面退出美式足球的校际比赛。

五

我们当然无法知道,哈钦斯在他24年的校长任上带领芝加哥大学登上学术世界的峰巅,和他其间毅然决然地退出大学足球联赛,这两件事情之间是否具有某种关联?学术重镇和体育强队:两者孰为因,孰为果?能否共存?唯一可以确定的是:芝加哥大学退出联赛之后学术地位不退反进,为哈钦斯校长关于一流大学应当以学术为重的言论提供了佐证。

然而,后人在写历史的时候对于哈钦斯处理芝加哥大学球队所采取的立场与措施并没有那么仁慈。史密斯指出,哈钦斯自己经常亲临球场为芝加哥大学球队摇旗呐喊,并参加庆功酒会。1933年斯塔格已经七十高龄且连连输球,不得已哈钦斯才让他走路,但此前此后一直对这位大学的功臣赞赏有加。他等了十年时间才痛下决心,可见他对球队重整旗鼓一直抱有幻想。无奈的是,即便是换了新教练也难挽颓势:1939年秋季开始芝加哥就败绩连连,先是输给威斯康星州一个小小的文理学院,接着以大比分败给哈佛,然后又在"十大联盟"中连输三场:伊利诺伊大学、俄亥俄州立大学和密歇根大学。如此战绩将芝加哥大学逼入死角:继续打下去就不得不面对瓦伯西学院(Wabash College)、巴特勒大学(Butler University)等学术声誉欠佳的对手,哈钦斯觉得有失脸面。即便如此,哈钦斯还是不愿自己出面取消美式足球。在以0∶85的比分大

---

① R. A. Smith(2010), *Pay for Play: A History of Big-Time College Athletic Reform.* Urbana, IL: University of Illinois Press, p.75.

败于宿敌密歇根大学之后，他鼓动大学董事会以投票表决的方式来决定球队的命运。结果可想而知。所以，在史密斯看来，哈钦斯与其说是主动地为了学术而牺牲体育，不如说是万不得已。[①]

尽管如此，哈钦斯还是美国大学校际体育发展过程中独一无二的开风气人物。试想，从哈佛和耶鲁1852年那场赛艇比赛开始，美国大学的校际体育在相当长的一段时间里是以东部私立名校为核心向外展开的。尽管常青藤（Ivy League）作为全国大学体育协会中的甲级联盟（NCAA Division IA）到1954年才成立，但常青藤大学在人们心目中从一开始就不仅代表着学术的精英，而且也是大学校际体育的精英。更重要的是，他们是校际体育比赛规则的制定者。1895年"十大联盟"诞生，中西部州立大学开始在大学校际体育、同时也在学术上挑战东部名校，但常青藤的光环并未因此受到任何伤害。至1920年代，作为"十大联盟"的创始成员芝加哥大学尽管还在校际比赛中维持着区域霸主的地位，但力不从心的感觉已经开始出现。换言之，假如芝加哥大学想要在学术上与东部私立名校一比高低，那么他们招收学生球员时就只剩下一个选项：那就是降低学术标准，而这正是美国大学校际体育丑闻不断的主要原因之一。特别是当大学在学术上进入最高层次之后，学术型和运动型这两类学生实在无法坐进一个课堂。这一点其实大家都心知肚明，只是没有人敢出头挑破这层薄薄的窗纸。

从这个角度看，美国大学及各种基金会资助的一次又一次关于大学体育比赛的调查和改革建议，虽然其主观愿望是为了让校际体育更加"干净"，但其背后的动机——维持常青藤学术霸主在校际体育上传统的霸主地位，也是不可否认的。哈钦斯的勇气在于，他在宣布芝加哥大学退出校际比赛的同时，也公开承认，学术重镇

[①] R. A. Smith（2010），*Pay for Play: A History of Big-Time College Athletic Reform*. Urbana, IL: University of Illinois Press, p.76.

和体育强队犹如鱼和熊掌,两者不可兼得。对于他来说,大学要的是学术上的活力,而不是体育上的强势;芝加哥大学已经不再需要借助体育来提升自己的形象了,它需要的是学术与智力上的提升。事实证明,哈钦斯的选择是明智的。他将许多大学校长用来"改革"校际体育的时间与精力花在改善大学的学术环境上,包括打造由哥伦比亚大学教授发明的"名著选读"(Great Books)课程。在他的推动下,芝加哥大学的核心课程不仅成为美国大学通识教育的一块名牌,而且推及整个社会,成为一个文化运动。

把哈钦斯放在一个更大的历史背景上看,他的勇气非同一般。"一战"之后美国大学经历了一段急剧扩张的时期,其间校园氛围是重社交而轻学术,特别是社会上对美式足球的狂热,让很多大学校长在面对学术与体育这对矛盾时顾此失彼。[1] 在这样的社会环境里哈钦斯的举动的确是有点反潮流。唯一让他有点失望的是,居然没有一个名牌大学的校长愿意追随芝加哥大学退出校际比赛。

其实,常青藤和其他名牌大学只是采取了与哈钦斯截然相反的策略:学问照做球照打,规则改革不放松。1931年普林斯顿大学校长肯尼迪(Charles W. Kennedy)当选全国大学体育协会主席,并得到耶鲁大学校长安吉尔(James R. Angell)的支持。他们两人在协会的年会上发表演讲,强调在进一步发展大学校际体育比赛的同时,要尽力降低球迷及一般社会大众对大学体育乃至大学事务的影响。[2] 至1954年"常青藤联盟"正式成立,八所精英大学首先"重申每所大学的体育必须由学术主管掌控的原则",[3] 并制定一系列

---

[1] D. O. Levine(1986), *The American College and the Culture of Aspiration, 1915-1940*. Ithaca, NY: Cornell University Press, pp.113–23.

[2] R. F. Kelley(1931), "Football Reforms Urged by Dr. Angell," *New York Times*, Jan. 1, p.57.

[3] W. G. Bowen & S. A. Levin(2003), *Reclaiming the Game: College Sports and Educational Values*. Princeton and Oxford: Princeton University Press, p.28.

规则以保证大学在选拔球员时坚持学术标准。

尽管如此,常青藤大学也无法超越鱼和熊掌不可兼得的逻辑。本来全国大学体育协会中甲级联盟的成员必须是各种体育比赛项目中的强队,而学术精英汇聚的常青藤大学显然无法招到智体双全的学生球员。于是乎,他们只能以声誉和传统为凭借组成"常青藤联盟"并维持其甲级联盟的身分。这一点理所当然地引起了其他大学的不满。随着电视转播时代的来临,球迷及一般社会大众对大学体育的影响已经势不可挡,而全国大学体育协会中甲级联盟的资格必须与收视率及其收入挂钩。作为甲级联盟成员,美式足球队在主场比赛四年平均起码要能吸引 1.7 万球迷或在至少能容纳 3 万观众的球场比赛。换言之,全国大学体育协会已经无法以大学对校际体育的重视程度来决定他们在协会中的地位,而必须以观众及收入来衡量。结果是,1981 年秋在圣路易斯市召开的全国大学体育协会大会上,代表们以投票方式将八所常青藤和其他 29 所大学从全国大学体育协会的甲级联盟中(NCAA Division IA)驱逐出去,给了他们一个次等的联盟地位:甲级乙等(Division IAA)。[①] 这一事件标志着由哈佛和耶鲁发起并主导近 130 年的美国大学校际体育至此画上句号,而一个更加商业化、非学术化的校际体育新模式早已启动,并已设定新的游戏规则。

体育在很多国家都是全民关注的大事,在美国也不例外;但大学体育或体育在大学成为全民关注的大事,美国独一无二。关于美国大学我们不陌生,美国体育我们也不陌生,但是关于美国大学体育我们却知之甚少,恐怕连最狂热的球迷或美国高等教育的专家也未必知道美国的大学与体育为何走得如此之近,如何成为一个利润丰厚的产业,又怎样为大学、为教练、为球员带来巨大

[①] M. F. Bernstein(2001), *Football: The Ivy League Origins of an American Obsession*. Philadelphia: University of Pennsylvania Press, pp.247-248.

的经济利益。更让人不可思议的是，多年来美国很多体育顶尖的大学似乎也稳稳地坐在学术的顶峰，时常有惊却难得有险。本章有关美国校际体育的叙述仅是冰山一角，相信水面之下的景色更加迷人。

第十四章　权力通道：秘密社团的魔力

　　隐秘性被用来造就并强化友谊。众所周知，一个共同保守的秘密具有约束力：它激发忠诚与荣誉，让（秘密的）拥有者画地为牢自成一体，或多或少地凸显其特质……秘密的分享成为一种纽带，但这种纽带与广结善缘式的友谊全然不同。正如两个战士可以从内心讨厌对方，但外在的力量将他们连在一起成为战友。

——爱德华·E. 艾肯

　　A. Robbins（2002），*Secrets of the Tomb: Skull and Bones, the Ivy League, and the Hidden Paths of Power*. Boston, New York, and London: Little Brown and Company, pp.196-197.

　　从这个意义上看，兄弟会的确培养领袖：一群年轻人专注于朋辈之间的忠诚、渊博的学识和成功的领导技能，通过亲密无间的交往、社区服务、慈善捐款和其他关怀社区的努力来锻炼这些通向成功之路的能力。

——玛丽亚·康尼科娃

　　M. Konnikova（2014），"18 U.S. Presidents Were in College Fraternities: Do frats create future leaders, or simply attract them?" *The Atlantic*. See https://www.theatlantic.com/education/archive/2014/02/18-us-presidents-were-in-college-fraternities/283997/.

耶鲁大学兄弟会"骷髅会"会所。"骷髅会"创建于1832年。1856年,骷髅会成员吉尔曼(后来成为约翰·霍普金斯大学首任校长)以骷髅会创办人之名成立罗塞尔信托基金会,并购置了一栋房产,从此成为今后骷髅会的固定聚会地点,号称"坟墓"(据William L. Kingsley ed. (1879), *Yale College, a Sketch of Its History*. New York: Henry Holt & Co.)。

一

2001年4月23日傍晚六点半，美国三大广播公司之一ABC电视台的晚间新闻正在播出。著名主播詹宁斯（Peter Jennings）在播完头条之后语调突转，有点淘气，有点神秘，也无意掩饰其调侃和挪揄：

> 今晚节目的最后，我们要好好冒犯一下常青藤大学了。那八个绝对是自命不凡的古老学院，平日展现在世人面前的是他们那些青藤缠绕的大楼和对其他学院与大学时时流露的不屑一顾的神情，经常让那些另有高就的人们感到冒犯。今年是耶鲁大学300年校庆，你若有幸光临校园的话，还能看到外面看去像是坟墓的诡异的会所，这是充满传奇色彩的耶鲁秘密社团的聚会场所。他们的声誉和地位虽然已经蒸发了不少，但其各种仪式依然神秘。所以，当我们听说有些探险家居然将探头伸到了著名的"骷髅会"（Skull and Bones Society），好吧，我们也仍不住好奇，（要来凑一下热闹喽）。[1]

这个热闹的起因是著名记者罗森鲍姆（Ron Rosenbaum）2001年4月在《纽约观察者》（*New York Observer*）杂志上发表的一篇关于"骷髅会"的文章。[2] 罗森鲍姆多年追踪耶鲁大学这个神秘的社团，虽然也抖搂出一些"骷髅会"的秘密，却始终不得要领。终于有一天，一位知情人和罗森鲍姆的助手秘密接触，愿意帮助他取

---

[1] A. Robbins（2002）, *Secrets of the Tomb: Skull and Bones, the Ivy League, and the Hidden Paths of Power*. Boston, New York, and London: Little, Brown and Company, p.102.

[2] R. Rosenbaum（2001）, "At Skull and Bones, Bush's Secret Club Initiates Ream Gore." *New York Observer*, April. See http://observer.com/2001/04/at-skull-and-bones-bushs-secret-club-initiates-ream-gore-2/.

得"骷髅会"入会仪式的录像。2001年4月14日，罗森鲍姆在线人引导下潜入"骷髅会"的"坟墓"（即会所），运用高科技的夜视摄像镜头，成功地录制了一段令人恐怖的入会仪式，将这个被刻意保存了170年的秘密公诸天下。

仪式在"坟墓"中间的庭院举行。从录像上看，当15名新会员被赶进庭院后，一位身穿白袍的"骷髅会"会员装扮成小布什（George W. Bush）的样子，喋喋不休地对着新人们宣讲着什么，可以听到他模仿小布什的得克萨斯口音，喊道："我要像干掉戈尔（Al Gore）那样干掉你们！"[1] 新人们面对面站着，一个老会员挥舞着一把屠刀，穿着动物毛皮作"野蛮人"状，脚下躺着一个似乎是浑身布满血迹的女人。新人们然后一一跪下，亲吻一个骷髅头。最后那位"屠夫"挥刀假装砍下了躺在地上的女人的头。[2]

罗森鲍姆在文章中对当夜探险的描述事无巨细，到了令人厌烦的程度。他自比麦尔维尔（Herman Melville）的小说《白鲸》（Moby-Dick）中的亚哈船长，为追逐白鲸可以上穷碧落下黄泉。唯一不同的是，亚哈船长失败了，他却成功了。而他之所以执着，是因为入会仪式"将外交家、媒体大亨、银行家和间谍绑进一个终身的、跨代的团伙，其影响远远超越任何兄弟会"。从这个意义上看，入会仪式本身虽然重要，但更重要的是曾经参加过这个仪式的人、他们在这个仪式中用"鲜血凝成的友谊"，以及他们毕业后对美国以至世界格局所产生的影响。"骷髅会"会员包括《时代周刊》（Time Magazine）创始人（Henry Luce）、国务卿、中央情报局局长、国家安全顾问、美国总统，等等，这个名单可以变得

---

[1] 小布什在前不久的大选中刚刚击败民主党候选人戈尔，成功当选美国总统。

[2] R. Rosenbaum (2001), "At Skull and Bones, Bush's Secret Club Initiates Ream Gore." *New York Observer*, April. See http://observer.com/2001/04/at-skull-and-bones-bushs-secret-club-initiates-ream-gore-2/.

很长。这些日后家喻户晓的重要人物曾经在用原子弹轰炸广岛、出兵古巴猪湾、卷入越南战争等重大历史决策中起过关键作用。他们常常看似不经意地透露自己"骷髅会"会员的身分，但又对这个秘密组织的各种活动守口如瓶，让本已神秘分分的大学社团在公众心目中变得更加扑朔迷离。难怪连詹宁斯这样的大主播和 ABC 这样严肃的新闻台在得到罗森鲍姆的录像后都如获至宝，兴奋不已。

然而，同是耶鲁大学毕业并亲历耶鲁大学秘密社团入会仪式的罗宾斯（Alexandra Robbins）却对罗森鲍姆的描述不以为然。作为记者，罗宾斯也对"骷髅会"及其他秘密学生团体研究多年。她认为"骷髅会"的入会仪式当然包含恶作剧的成分，但他们更加注重通过仪式将这个秘密团体的文化、仪式、团歌、历史等全部知识传给新人。因此，罗森鲍姆所拍摄到的场景，或者是"骷髅会"事先知道他们在偷窥而故意摆设的，或者纯粹是他们关起门来做的一个游戏，应当和正式的入会仪式无关。[1] 但是，一群大学生在其社团内部的一场胡闹居然得到全国首屈一指的晚间新闻主播的关注，个中意义，不容小觑。

耶鲁大学在其建校后很长一段时间里，学生中并未形成学生会之类的精英组织。因此，有些出身优越的学生感到有必要通过某种方式凸显自己的与众不同。1806 年耶鲁大学的学生与学校所在地纽黑文市民之间爆发冲突，其中一位学生被市民冠以"学院霸凌"（the College Bully）的恶名。谁知耶鲁学生得知这个绰号后欣喜若狂，索性在学校举行一年一度选举，胜者将荣获"年级霸凌"的称呼，而毕业班的胜者则自动成为"学院霸凌"。这就相当于耶鲁最早的年级主席（Class President）和校学生会主席。但很快有

---

[1] A. Robbins（2002），*Secrets of the Tomb: Skull and Bones, the Ivy League, and the Hidden Paths of Power*. Boston, New York, and London: Little, Brown and Company, p.103.

学生对于把自己选出的学生领袖叫做"霸凌"感到有点掉价,于是在 1830 年代末他们开始正式选举年级主席。可是当选的年级主席和当年的"年级霸凌"互不相认,只好通过械斗解决问题。最后校方只得宣布"年级主席"和"年级霸凌"均为非法。①

也许拉帮结派本属人类深层需求,选举既不可能,学生们便发明其他途径来满足这种需求。于是,文学社团(literary societies)便成为耶鲁早期校园生活中最为靓丽的一道风景:它们既不秘密也非霸凌,而是学生们讨论问题、练习演讲的社交团体。最早的社团 Crotonia 在 1750 年之前就已经存在,虽然关于它的活动我们今天已经不得而知。1753 年,校长克拉普(Thomas Clap)推动成立了"荣誉学者俱乐部"(Honorable Fellowship Club,后改名为 Linonia Society),旨在帮助学生提高文学和修辞水平。而这些文学社最吸引学生的是它们的图书馆,因为那时大学的图书馆很少开放,也不许学生自由借阅,所以文学社的图书馆为学生提供了广泛阅读的选择与轻松阅读的可能。②

在接下来的 80 年中,耶鲁校园围绕文学、诗歌、音乐、宗教、讲演、着装等各类主题的学生社团不断涌现,不仅丰富了学生的课外生活,而且给他们带来了一种归属感。可以这么说,耶鲁学生的这些社团开了美国大学生学术结社的先河。有意思的是,1869 年毕业的巴格在他那本著名的回忆录《耶鲁四年》③ 中用了大量的篇幅描述耶鲁的社团生活,大有攻其一点、不计其余之势。连后来成为哥伦比亚大学校长的巴纳德(F. A. Barnard)在回忆大学生活时都这么说:

---

① A. Robbins(2002), *Secrets of the Tomb: Skull and Bones, the Ivy League, and the Hidden Paths of Power*. Boston, New York, and London: Little, Brown and Company, pp.34-35.

② Ibid., pp.36-37.

③ L. H. Bagg(1871), *Four Years at Yale*. New Haven, CT: C.C. Chatfield & Co. See https://archive.org/details/fouryearsatyale00baggrich.

在我看来，我在所属的文学社里从写作和讲演练习中得到的收获，远超我在耶鲁学院受到的所有训练。这些文学社对所有学生开放，每一个都能吸引一两百名成员，主持人为此倾注巨大热情。①

但是，进入1830年代，耶鲁校园里的文学社已经开始走向式微。门庭冷落居然不是这些社团式微的原因；恰恰相反，是从者如云让自诩的精英感到自己"被大众"了。

二

1776年12月5日，威廉与玛丽学院五位学生在威廉斯堡建立菲贝卡学会（the Phi Beta Kappa Society，希腊字母ΦBK），推举希思（John Heath）为第一任会长。这是美国大学最早的以希腊字母命名的学生社团之一，后来美国大学的兄弟会（Fraternity）和姊妹会（Sorority）便因此统称"希腊社团"（Greek societies或Greek life）。菲贝卡三个字母代表 Φιλοσοφία Βίου Κυβερνήτης，意即"以热爱智慧为人生之指引"。作为一个秘密社团，菲贝卡学会从建立之初就包含了诸多为后来秘密社团所仿效的元素：保密宣誓、徽章、希腊或拉丁语的训言、学会章程、精心安排的入会仪式、印章，甚至一种特殊的握手方式。因为是秘密组织，所以会员聚会时可以讨论任何问题而无需有所顾忌。②

1781年威廉与玛丽学院在美国独立战争期间被迫关闭，菲贝

---

① C. F. Thwing（1897），*The American College in American Life*. New York and London: G. P. Putnam's Sons, pp.140-141.
② 关于菲贝卡学会的历史取自该会网页：https://www.pbk.org/WEB/PBK_Member/About_PBK/PBK_History/PBK_Member/PBK_History.aspx?hkey=44391228-bb7c-4705-bd2e-c785f3c1d876。

卡学会的活动也随之中断。幸运的是，学会的创立者们早前已经同意在新英格兰的学院建立分会，于是，曾经先后就读于耶鲁和哈佛的帕米勒（Elisha Parmele）就将这个决议付诸实施了。在他的主持下，菲贝卡学会的耶鲁分会在1780年成立，哈佛分会在1781年建立：菲贝卡学会得以延续。

然而，浴火重生的菲贝卡学会在1820年代末被卷进一场看似完全不相干的风波，命运再起波澜。1826年纽约一位名叫摩根（William Morgan）的泥瓦匠神秘失踪。搜寻无果之余社会上突然谣言四起，说他本是秘密兄弟会共济会（Freemasonry或Masonry，亦称石匠工会、美生会、规矩会；英文的字面含义是自由石匠工会）会员。据说他准备违背入会誓言，并写书揭露共济会的秘密，为此惨遭灭口。谣言很快从纽约向新英格兰以至整个东部各地蔓延，在社会上掀起一股反共济会、反秘密兄弟会的浪潮（Anti-Masonic Movement）。是年正逢总统大选，有候选人以反共济会为竞选平台，谴责共济会的神秘性、排外性及其非民主的本质。他们组成第三党派并在巴尔的摩成功召开全国代表大会，并推出自己的总统候选人沃特（William Wirt）。[①]

反共济会的候选人虽然没有当选，但反秘密结社的思潮却早已深入人心。这股思潮对于菲贝卡学会这样的大学秘密社团的打击是致命的。1831年哈佛的菲贝卡分会决定改变其秘密社团的性质，向社会公开其组织和活动。此举虽然挽救了社团，却也深刻地改变了创建者的初衷。今天的菲贝卡学会已经成为美国大学本科学院中最高的学术荣誉机构（也有人将其译为"美国大学优等生协会"），现有283所大学是它的成员。美国大学本科生中成绩最优秀的10%才有可能当选其会员。该协会现有超过60万名会员。此为

[①] https://www.britannica.com/event/Anti-Masonic-Movement.

后话。

将时钟再拨回到1830年代，耶鲁学院有一位名叫拉塞尔（William H. Russell）的学生去德国游学一年，其间结识了一位德国秘密社团的领袖，并迷上了这个以骷髅为标识的团体。他回到美国时，正逢反共济会思潮甚嚣尘上，他心爱的菲贝卡学会也被剥夺其秘密特征。拉塞尔一气之下召集了一批志同道合的同学，组成自己的秘密社团，将之命名为"死神兄弟会"（Brotherhood of Death），并采用了一个通俗的名字——"骷髅会"（Order of Skull and Bones）。他们以322这个数字为标志，32代表该会成立于1832年，最后的2则代表他们是德国秘密社团的第二个分会。他们崇拜女神尤萝嘉（Eulogia），颂扬海盗，志在通过秘密阴谋统治全世界。[1]

"骷髅会"成立至今所取得的巨大成功，从本章开头的叙述中可以窥见一斑。这个小小的大学社团通过严守秘密、职场提携、子承父业、相互通婚等手段，将触角伸向政府、金融、商业、智库、媒体等许多重要决策机构。据罗宾斯统计，有20多个美国最为显赫的家族在控制着"骷髅会"，其中包括布什（Bush）、邦迪（Bundy）[2]、哈里曼（Harriman）[3]、洛德（Lord）[4]、洛克菲勒（Rockefeller）、塔夫脱（Taft）[5]、惠特尼（Whitney）[6]，等等。每年"骷髅会"从耶鲁大三学生中挑选会员，每届15人。他们偏好来自

---

[1] A. Robbins（2002），*Secrets of the Tomb: Skull and Bones, the Ivy League, and the Hidden Paths of Power*. Boston, New York, and London: Little, Brown and Company, pp.3-4.

[2] 邦迪兄弟（William P. Bundy 和 McGeorge Bundy）都是肯尼迪与约翰逊总统政府高官。

[3] 哈里曼（William Averell Harriman）是商人、政治家和外交家。曾任杜鲁门总统的商务部长和纽约州长。

[4] 洛德（Charles Edwin Lord II）是投资银行家；他的亲戚 Winston Lord 曾任美国驻华大使。

[5] 塔夫脱（William Howard Taft）是第27任美国总统。

[6] 惠特尼家族的 John Whitney 在17世纪从伦敦来到美国，成为最为显赫的家族之一，在商业、慈善等许多行业中成就卓著。

美国东部的富家子弟,特别是"骷髅会"会员的子孙。性格叛逆或缺乏献身精神的学生不被"骷髅会"看好。

"骷髅会"的会所号称"坟墓",是一栋黑暗无窗的地穴般的建筑。外界对"骷髅会"的日常活动知之甚少,连追踪该会多年的罗宾斯在她的书中也语焉不详。倒是他们的入会仪式,坊间流传不少。据说,入选的新会员第一次进入"坟墓"必须宣誓保守秘密,永远不能承认自己"骷髅会"会员的身分、永远不能透露任何关于协会的信息。为了让他们能够保守秘密,入会仪式包括了一系列看似让人难以忍受的程序。首先新人会被推进泥潭,受到殴打,以此象征从那个他们所熟悉的世界死去;然后新人被迫全身赤裸躺进棺材,当众手淫并袒露最为隐秘的性经历。当这一切都结束后,新人披上长袍,并被赋予一个新的名字,以此象征他们将以新的身分出现在这个世界上。[①]

罗宾斯将"骷髅会"的入会仪式娓娓道来,让我们一度相信,这个保存完好的秘密今天终于大白于天下了。但是,作为记者的诚信却迫使她不得不用这样一句话来为以上的叙述作小结:"总之,这就是关于'骷髅会'的传奇。"[②] 传奇者,未经证实之事也。

尽管如此,我们还是可以从中看到一些"骷髅会"成功的秘诀。这个学生社团的魅力之所以历久不衰,首先得益于会员们日后在事业上的成功,而这种成功的背后是忠心耿耿的会员间的相互提携。[③] 有趣的是,"骷髅会"会员都曾宣誓保守协会秘密,因而他们对于协会运作(从入会仪式到日常活动)的保密工作的确做得不错(不然社会大众的偷窥欲望不致被撩拨到如此地步)。但是,他

[①] A. Robbins(2002), *Secrets of the Tomb: Skull and Bones, the Ivy League, and the Hidden Paths of Power*. Boston, New York, and London: Little, Brown and Company, pp.4-5.
[②] Ibid., p.8.
[③] 顺便一提,假如有人仍然认为"关系"是中国特产,那他们应当了解一下"骷髅会"在美国社会的网络关系。

们宣誓保密的会员身分却似乎毫无隐秘可以；历届"骷髅会"成员的名单中在互联网上只是一"键"之遥。

当排他性（exclusiveness）成为学生结社的一个重要理由，大众化（popular）的文学社走向衰落便成为必然。至19世纪后期，耶鲁的校园生活几乎是由三个高年级秘密社团所主导：骷髅会、卷轴和钥匙协会（Scroll and Key）、狼首会（Wolf's Head）。得到这些声名卓著的秘密社团青睐并在大三时被吸收入社，成为耶鲁学院学生四年大学生涯中所能取得的最高成就。事实上，这种排他的风气并非耶鲁独有。哈佛的坡斯廉俱乐部（Porcellian Club）、普林斯顿的常青藤俱乐部（Ivy Club）、达特茅斯学院的斯芬克斯俱乐部（Sphinx Club）等学生团体都以排他闻名。小罗斯福（Franklin D. Roosevelt）因在哈佛念书时未被邀请参加坡斯廉俱乐部而一辈子耿耿于怀，事情过去多年后还对一位亲戚说道，这是他"一生中所经历的最大的失望"[1]。

在原本已经非常精英的一群"天之骄子"中间建立更加精英的秘密组织：大学社团显然已经不再关乎大学生活。作为耶鲁校友，哥伦比亚大学校长巴纳德对此极为反感：

> 我听说（文学社团）现在纽黑文已经全军覆没，代之而起的，我想，是各种各样以希腊字母冠名的小型秘密社团，虽然这些社团看来还算识文断字——对此我存疑，却永远无法（像以前的文学社那样）感染更大的群体。我对这种改变深感遗憾。在我看来，耶鲁的荣耀起码有一半已经随着文学社的消失而一去不返。[2]

---

[1] F. R. Keller (2002), *Fictions of U. S. History: A Theory & Four Illustrations*. Bloomington, Indiana: Indiana University Press, p.116

[2] C. F. Thwing (1897), *The American College in American Life*. New York and London: G. P. Putnam's Sons, p.141.

三

作为哥伦比亚大学校长，巴纳德对于那些"以希腊字母冠名的小型秘密社团"如此反感事出有因。姑且不论他将母校"荣耀"的消失（如果真的消失的话）归咎于几个小小的学生社团有多么荒唐；假如他真对文学社团情有独钟的话，那么他应当为菲贝卡学会这样的希腊社团的存在叫好才对啊。俗话说，屁股决定脑袋。可见在此，问题的关键既非"希腊"亦非"秘密"，而是巴纳德作为校长的身分。

如前所述，菲贝卡学会成立之初是一个秘密组织，是学生对当时学院古板苛刻、缺乏自由的学术环境的一种反动：会员希望在聚会时可以无所顾忌地讨论任何问题。从这个意义上说，希腊社团从本质上说是反校方、反官方的。特别是当菲贝卡学会在社会压力下转而成为公开的学术荣誉团体，其会员资格由教授根据学生成绩提名而定，这样的组织已经完全背叛其创始者的初衷。从另一个角度看，菲贝卡学会其实是被校方"招安"了。因此，历史学家在追溯美国大学希腊社团的起源时往往不再将菲贝卡学会当成始作俑者。[1]

1825年11月25日成立于联合学院的卡帕阿尔法协会（Kappa Alpha Society）是最早以社交为目的而成立的希腊社团，[2] 也是最早有意识、有目的地在其他大学设立分支协会的社团。此时的联合学院在学术水准上与哈佛、耶鲁和普林斯顿并驾齐驱，其学术

---

[1] 关于希腊社团起源的争议，见 N. L. Syrett（2009），*Company He Keeps: A History of White College Fraternities*. The University of North Carolina Press, pp.310-311。

[2] N. L. Syrett（2009），*Company He Keeps: A History of White College Fraternities*. The University of North Carolina Press, p.13.

环境的自由度较之这些顶尖学院有过之而无不及。与菲贝卡学会相比,卡帕阿尔法协会的创始者亨特(John Hart Hunter)和他的朋友们更加关心自身作为学生社团的建设,而不是如"骷髅会"那样为毕业生和校友所掌控。在社团内他们鼓励各种异想天开、无法无天的想法自由交流,却并未抛弃对文学、音乐和辩论的爱好,因而保存了当时文学社的许多特征。[1] 然而,即便爱好文学,卡帕阿尔法协会也处处与校方的观点相左。当时学院教授偏好古希腊罗马文学,而学生在协会里津津乐道的却是美国当代作家霍桑(Hawthorne)、坡(Allan Poe)和朗费罗(Longfellow)。

在卡帕阿尔法协会的影响下,联合学院其他学生也开始结社。西格玛菲(Sigma Phi)和戴尔塔菲(Delta Phi)在接下来的两年中相继成立,并开始向其他大学扩张。他们与卡帕阿尔法一起号称"三合帮会"(Union Triad),开始向美国各地的大学进行渗透与扩张。1831年西格玛菲在汉密尔顿学院(Hamilton College)建立分支;次年汉密尔顿学院学生建立了阿尔法德尔塔菲(Alpha Delta Phi),以此对抗舶来品西格玛菲的影响。1833年卡帕阿尔法在威廉姆斯学院成立分部;其后不久阿尔法德尔塔菲在俄亥俄州的迈阿密大学建立分部。这是希腊社团第一次离开东岸向美国中西部和西部的大学拓展。[2] 至1861年美国内战爆发,总共有22个不同的兄弟会及其299个分会分布在25个州的71所学院里。[3]

希腊社团为何发展如此迅猛?北科罗拉多大学教授赛瑞特(Nicholas L. Syrett)在一本关于兄弟会历史的书中对当时学院的作息时间作如此描述:学生在早晨五点或六点必须起床参加早祷仪

---

[1] R. S. Tarleton(1993),"The Spirit of Kappa Alpha". https://www.ka.org/public2.asp.

[2] H. Bonzo(2014),"History of Greek Life in American Higher Education." *Rehoboth Journal*. See http://www.rehobothjournal.org/history-of-greek-life/.

[3] N. L. Syrett(2009), *Company He Keeps: A History of White College Fraternities*. The University of North Carolina Press, p.26.

式,然后开始背诵前一天老师规定要熟记的希腊文或拉丁文文本。接下来在学校餐厅集体共进早餐。做完晚祈祷后学生必须在九点回到房间,晚上十点熄灯睡觉。一天中唯一可以锻炼、互访、集会的时间是下午接近傍晚的那段时间。此外,他们还需要参加学校教堂的晚间仪式及周日教堂的礼拜。[①] 学院的课程也好不到哪儿去:除了反复操练拉丁文、希腊文和数学之外,科学的科目只是一带而过。前三年的课程每天都有考试或测验,而第四年的课一般由校长担任。一般学校只有两个学生社团,学生只能两者选一。

当时学校的风气是,学习好固然受到敬重,但绝不是以牺牲课外活动作为代价。事实上,学习太用功的学生会被冠以"蛆虫"(grubs)、"碾子"(grinds)等绰号。敬而远之似乎是学生与教授之间的一种默契。经常向教授请教或与助教套近乎被叫做"钓鱼"(fishing),这样的学生会得到"渔夫"(Fishers, Fishermen 或 Piscatorians)的称号。而教训和戏弄新生(hazing)更是大二学生乐此不疲的游戏。新生初进校门,大二学生便不请自来,担当起"教导"(hazing)新生的责任。他们的教导包括挑逗和辱骂、从钥匙孔中往房间里灌烟雾将新生熏出来、将新生绑手蒙眼、脱光、在身上涂鸦、扔进坟场,等等。那些自己在去年刚受过教训的大二学生变本加厉地在新生身上"报仇雪恨"。[②]

1776-1860年间,新英格兰的学院几乎无一例外地经历了某种程度的学生暴乱,包括毁坏校产、羞辱教授,乃至凶杀、纵火等极端暴力行为。[③] 由于早期学院的学生入校时一般年龄较小,大致十五六岁,所以校方对待学生的方法与寄宿学校无异,设定诸多清

---

① N. L. Syrett(2009), *Company He Keeps: A History of White College Fraternities*. The University of North Carolina Press, p.16.
② Ibid., pp.18-19.
③ Ibid., p.22.

规戒律,而且动不动就传唤家长。这样的高压管理引发了学生的反弹,因此秘密兄弟会星火燎原般的发展不妨看作是学生对校方和教授有组织的对抗活动。

直到 19 世纪中叶,秘密社团在绝大多数学院属于非法;有的学院对秘密兄弟会的禁令直到 19 世纪末才开始松动。布朗大学校长维兰(Francis Wayland)的态度极其强硬:"我宁可辞职也不能允许这些年轻人在教授们全不知晓的情况下秘密集会。"1847 年 3 月,普林斯顿大学一口气开除了 36 名学生,理由是他们未经许可参加了一个大二学生的集会。①

然而,对于这个年龄段的孩子来说,希腊社团最大的魅力恰恰就在于它们的隐秘性。试想,一群志同道合的兄弟宣誓终身保守组织秘密,共同策划明知不能见容于校方的活动并以身试法:谁能抵挡这样的诱惑!谁能不为之怦然心动!难以忽略的是,希腊社团在美国校园扩张最为迅猛的时期正是社会上反共济会浪潮最为汹涌的时刻。这不是巧合,其背后深刻的心理学、社会学原因值得所有大学学生事务管理者深思。

四

人类学家通过对人类行为的研究得到这样一个共识,即当一群人在他们所共享的某种特性征召下结成团伙,那么不具备这种特性的人便成为嘲弄的对象,遭到非人化。而这个团伙一旦权力在手,经过非人化处理的异己便会成为他们虐待的对象。在此我们可以找到三个关键词:特性、权力和虐待。

在美国早期学院里,兄弟会对这群介于未成年与成年之间的

---

① N. L. Syrett(2009), *Company He Keeps: A History of White College Fraternities*. The University of North Carolina Press, p.32.

大学男生最大的吸引力便是所谓的"男人气概"（manliness）。在这个迷茫的年龄段，第一次远离家乡，远离亲人，来到一个陌生、冰冷的校园环境，他们需要关爱。不幸的是，社会早已将这种需求贴上"不够男人"的标签，让这群大男孩避之唯恐不及。于是，以打造"男人气概"为宗旨的兄弟会便顺理成章地成为大学新生心目中的圣地。以"男人气概"这个特性来解读兄弟会和其他大学秘密社团，一切从校方和教授的角度看来难以理解的行为便迎刃而解了。

其实，随着时代的变迁，"男人气概"这个概念的内涵不断发生变化；为了吸引新人，兄弟会也相应地调整他们的"营销策略"。兄弟会虽然是以反文学社起家的，但早期的兄弟会却吸纳了很多文学社的特征，比如说，卡帕阿尔法就以其对当代文学的兴趣吸引会员；而在赛瑞特教授所搜集的兄弟会记录中就有许多关于文学探讨和辩论，因为在那个时代，"兄弟会会员和学校其他人一样，将能言善辩（oratorical skill）视为具有男人气概的先决条件。"[①] 至19世纪后半叶，通过运动练就一身肌肉成为展示所谓"男人气概"的重要途径。于是乎，运动员，特别是美式足球队员，成为各个兄弟会的新宠。罗格斯大学德尔塔艾比西隆协会（Delta Upsilon）成员在学校球队与美式足球强队耶鲁交锋时成功触地（touch down）得分，成为协会最大的骄傲。而斯坦福大学的寨塔晒协会（Zeta Psi）在吸收了一位校队球员后欣喜若狂，为此举行新闻发布。[②]

同理，那个让学院管理者和教授最为头疼的"隐秘性"，也是"男人气概"的一种表现方式。唯其隐秘，兄弟会才能保持与校方的

---

① N. L. Syrett（2009），*Company He Keeps: A History of White College Fraternities*. The University of North Carolina Press, p.28.

② "Semi-Annual Report of Rutger's [sic.] Chapter", 1884, box 4, Delta Upsilon Papers, Special collections, Astor, Lenox and Tilden Foundation, New York Public Library；Zeta Psi "Delta's Journal," 53, Zeta Psi Fraternity, Mu Chapter Records, 1893–1911, Special Collections, Stanford University.

距离以至对立,才能显示其独立性,也才能获得一种很"男人"的感觉。而"入会仪式"便成为"周瑜打黄盖"式的行动:一个愿打一个愿挨。挨打者自然将之视为自己"男人气概"的体现,而打人者则从其中得到一种使用"权力"的快感。正是这种对于"权力"的欲望及其通过"虐待"得到的释放,许多兄弟会从诞生那天起就丑闻缠身,陷于酗酒、毒品、暴力、强奸等反社会的泥潭难以脱身。

兄弟会会员一旦经过秘密宣誓,忠诚便成为他们之间相处的最高原则。既然兄弟们地位最高,其他人便被分为三六九等,本来社会地位就不高的女性则等而下之成为"亚人类"。对于兄弟会成员来说,征服女人不仅可以提高自身地位,更能彰显其"男人气概"。杜克大学(Duke University)的波佐(Beta Phi Zeta,又称Bozo)协会在1982年2月的一个聚会上要求希望入会的新人找一个"最丑"的女孩带到宿舍,供会员们玩"火车"游戏,即大家排队和这个女孩性交。两位新人果然找到一个醉得不省人事的杜克女生。结果起码有两人和这个女孩发生了性关系,其他人则在门口高喊"火车!火车!"起哄。[①] 类似的性丑闻在各个时期各个大学的兄弟会都时有所闻,而对于女性的非人化是这些兄弟会员敢于以身试法的原因之一。

与酗酒相伴的暴力是兄弟会的另一种常态。1949年3月18日晚上,达特茅斯学院的兄弟会"三重卡帕"(Kappa Kappa Kappa,又称Tri Kap)在他们的会所举行饮酒派对,另一个兄弟会"德卡"(Delta Kappa Epsilon,又称Deke)也赶来助兴。酒酣耳熟之际,不知谁提到了一位和这两个兄弟会都不沾边的人物西罗塔(Raymond J. Cirrotta),一位意大利裔、经过"二战"炮火洗礼的老兵,战后回到达特茅斯完成学业。不知是因为他那受到当时社会歧视的种族背景,还是口无遮拦的性格,学校很多人不喜欢他。六位"德卡"和两位

[①] N. L. Syrett(2009), *Company He Keeps: A History of White College Fraternities*. The University of North Carolina Press, p.285.

"三重卡帕"决定去找西罗塔,给他一点教训。经过一阵搜索,他们在宿舍找到正在酣睡的西罗塔,把他从床上拽起来后发现他身穿一件印有学校美式足球队标志的球衣,而西罗塔本不属于球队,于是两名兄弟会成员开始殴打西罗塔。室友发现倒在血泊中的西罗塔,立即将他送到医院,可是已经太晚。西罗塔于次日凌晨被宣告不治。[1]

尽管这个案件成为美国各大报纸的头条,但法庭宣判的结果却让人大跌眼镜:只有两名打人者被判缓刑并罚款数百美元。原因何在?从控方律师、辩护律师,到州总检察长和新罕布什尔州州长,都是达特茅斯学院的校友;更有甚者,控方律师是"三重卡帕"会员,辩护律师是"德卡"会员。至于法官自己,"不久前刚在一个打猎事故中因过失杀人而被宣判无罪",其辩护律师与西罗塔案件的辩护律师同为一人。[2]

没有人能够证实校友、兄弟会会员的身分及其所拥有的"权力"在这起虐杀案的审判过程中起了什么样的作用。对于这个案件的解读,我们当然可以仁者见仁,智者见智。

五

隐秘、排他、歧视、暴力:惹是生非的秘密社团在美国大学存在至今近二百年,不仅没有被取缔,反而生生不息,繁盛有加。原因何在?

假如我们能够向美国大学过去二百年所有的校长发放问卷,让他们回答一个问题——"我有一个梦想",估计很多人会将在校园

---

[1] A. Cooperman (2009), "The Dartmouth Letter Sweater Case", See http://voices.washingtonpost.com/shortstack/2009/03/sixty_years_ago_this_week.html.

[2] N. L. Syrett (2009), *Company He Keeps: A History of White College Fraternities*. The University of North Carolina Press, p.231.

里铲除兄弟会列为首选。普林斯顿大学就是最早也最坚决禁止秘密希腊社团的学院。[1]1843年贝塔塞塔皮（Beta Theta Pi）协会在普林斯顿建立分会，随后的几年内希腊社团在校园里急剧增加到12个。校方对这些社团在学生群体中产生的分化力量极为警觉，1853年校董会和教授经过投票通过对秘密社团的禁令，并在1855年开始要求每一个本科生宣誓绝不加入任何希腊社团。尽管如此，还是有一些社团通过地下招募继续活动。1875年校方宣布查处50名希腊社团秘密成员，兄弟会在普林斯顿从此绝迹，而校方要求的宣誓直到1930年代才从校规中被删除。

然而，禁止学生参加秘密社团并未能阻止学生结社，更无法改变学生因家庭、社会、财富或种族等背景不同而产生的分化。普林斯顿大学从1855年起不再提供餐饮服务，学生必须自行安排一日三餐，加上学校对兄弟会的禁令，学生不得不自行成立"餐饮俱乐部"（Eating Club）。1879年"常青藤俱乐部"（Ivy Club）的成立标志着一个独立于大学、自负盈亏的餐饮俱乐部系统最后形成。一百多年来，大约20个左右的餐饮俱乐部沿着前景大街（Prospect Avenue）此起彼落，见证了校园各族群间的互动与张力。

讽刺的是，因兄弟会禁令而生的餐饮俱乐部，其最为人诟病的问题居然和兄弟会同出一辙：志同道合者通过设定俱乐部的入会门槛排斥异己。普林斯顿校友、著名作家菲茨杰拉德（F. Scott Fitzgerald）在他的小说《尘世乐园》（This Side of Paradise）中如此描述各个餐饮俱乐部的特点：

> 常青藤（俱乐部）：远离尘嚣、令人窒息般的贵族气息；村舍（俱乐部）：才华横溢的冒险家和衣冠楚楚的风流才子的令

---

[1] 以下关于普林斯顿秘密社团和饮食俱乐部的叙述取自：President's Working Group（2010），*Report of the Working Group on Campus Social and Residential Life*. See http://www.princeton.edu/reports/2011/campuslife/docs/Working-Group-Report-FINAL.pdf.

人叹为观止的融合；老虎客栈（俱乐部）：肩宽体壮，预科学校的出身经过提升让他们更有活力；方帽长袍（俱乐部）：滴酒不沾，宗教背景模糊但政治背景强硬；……

在此，餐饮俱乐部毫无歉意地展示其男人至上、贵族优先的氛围。和兄弟会一样，普林斯顿的餐饮俱乐部也经常因为酗酒、性丑闻和狂野的聚会而成为报纸头条，这种情况甚至在普林斯顿实行男女同校之后仍然有增无减。例如，有记者混进村舍俱乐部的一个聚会，看到里面挤满衣着裸露的男女。聚会进行到午夜，几个浑身赤裸的男生突然冲进人群，他们唯一的遮羞物是挺直的阴茎上挂着的礼盒；一个男生当着女生的面将礼盒打翻在地，引得满堂喝彩。如此场景在餐饮俱乐部里实在是家常便饭。[①]2014年老虎客栈俱乐部的副会长给全体会员的电邮里不仅公开侮辱女性和亚裔，而且还传播男女性交的照片；另一个俱乐部的干事接着副会长的电邮公开号召成员们参加一位女性嘉宾的讲演，为她喝倒彩，因为这位嘉宾曾因餐饮俱乐部拒绝女生加入，将普林斯顿告上法庭。[②]

行文至此，一些规律性的东西开始呈现。菲贝卡学会因被官方"招安"而刺激了耶鲁"骷髅会"的兴起；文学社因为过于"大众"而导致秘密兄弟会的兴起；兄弟会在普林斯顿遭遇禁令而促成了餐饮俱乐部的兴起。大学生需要一种身分认同，这种认同似乎必须基于特殊的、排他的、能给个人带来自信的品性。社会心理学家塔基菲尔（Henri Tajfel）指出："只有当一个清晰的认知结构能够分辨'我们'和'他们'时，个人的主导行为才能服从群组（的要

[①] S. Morgan（2007），"Undercover at Princeton's Eating Clubs". *Observer*, 02/26/07, See http://observer.com/2007/02/undercover-at-princetons-eating-clubs/.

[②] A.Kaminerdec（2014），"Princeton Eating Club Ousts 2 Officers Over Emails Ridiculing Women". *New York Times*. See https://www.nytimes.com/2014/12/02/nyregion/princeton-eating-club-ousts-2-officers-over-emails-ridiculing-women.html?_r=0.

求）而非个人（的冲动）。"[1] 骷髅会、兄弟会或是餐饮俱乐部，它们给成员们带来的正是这种特殊的、排他的、能给个人带来自信的品性，使得分辨"我们"和"他们"成为可能。而隐秘性是这些学生社团用以维系"我们"以区别于"他们"的一把钥匙。19世纪美国著名传教士、"骷髅会"会员艾肯（E. E. Aiken）写道：

> 隐秘性被用来造就并强化友谊。众所周知，一个共同保守的秘密具有约束力：它激发忠诚与荣誉，让（秘密的）拥有者画地为牢，自成一体，或多或少地凸显其特质……秘密的分享成为一种纽带，但这种纽带与广结善缘式的友谊全然不同。正如两个战士可以从内心讨厌对方，但外在的力量将他们连在一起成为战友。[2]

从这个意义上看，美国大学的骷髅会、兄弟会、餐饮俱乐部，以及其他类似的秘密社团本为一丘之貉，它们并不仅仅是我们今天所理解的大学生课外活动俱乐部，而是美国社会的精英团体为了延续其精英地位、培育未来社会的领袖、维护现存的社会秩序而设置的一条权力通道。为了保证这条通道畅通无阻，这些秘密社团先在入会程序上下足功夫：骷髅会、兄弟会、餐饮俱乐部都设有严格的会员挑选标准——外形帅气、体格健美、性格外向、大胆自信[3]，大概是秘密组织候选会员首先必备的最大公约数。而有幸获选的新人还需通过入会仪式的所设定的种种考验，包括肉体的折

---

[1] H. Tajfel（1974）, "Social Identity and Intergroup Behaviour". *Social Science Information,* 13（2）, p.89.

[2] A. Robbins（2002）, *Secrets of the Tomb: Skull and Bones, the Ivy League, and the Hidden Paths of Power.* Boston, New York, and London: Little, Brown and Company, pp.196-197.

[3] M. Konnikova（2014）, "18 U.S. Presidents Were in College Fraternities: Do frats create future leaders, or simply attract them?" *The Atlantic.* 见 https://www.theatlantic.com/education/archive/2014/02/18-us-presidents-were-in-college-fraternities/283997/.

磨和精神的摧残。至于协会日常的运作,除了常常见于报端的狂野聚会,外界其实知之甚少。人们津津乐道的那些与性相关的活动与丑闻,其背后深藏不露的含义也许更值得我们关注。比如说,骷髅会要求新人赤身裸体躺在棺材里当众手淫,并袒露内心最为隐秘的性经历:这样的过程让会员之间完全没有秘密可言,却保证了协会内部的忠诚、强化了会员之间的纽带。

那么,兄弟会及其他秘密组织究竟如何打造未来社会的领袖?作家莫里森(Elting Morison)在美国国务卿和战争部长史汀生的传记中如此解释骷髅会对其传主的影响:

> 有证据显示,课堂上没有多少东西可以激励、训练心灵,使之能够有效支撑一个健全的原则。因此,大学生只得独辟蹊径,另找出路,凭着自己的感觉去发掘合适的能量源头。他们以令人钦佩的洞察力,在高年级协会中建立一种机制,使得经过挑选的少数人能够调适他们的情感以达到更高的目的……如此特殊的选拔过程无疑会产生一种责任重大的感觉,而保守秘密则能激发巨大的能量。不管怎么说,这个方法对于参与其中的大多数人是有效的。这些协会通过对青春的能量进行重组以强化其对生命的热爱、对成功的信心,以及热切的信仰和健康的理想。……(参与)耶鲁高年级协会的经验使得会员们相信,作为协会成员并做他们该做的事,远比做一名普通学生做别人认为他们该做的事要好得多。[①]

当然,也有人对此不以为然。作家康尼科娃(M. Konnikova)认为,正如流行的东西愈加流行,与其说是兄弟会造就领袖,不如说是有志成为领袖的人们造就了兄弟会。特别是当早期的兄弟会

---

① E. E. Morison(1960), *Turmoil and Tradition: A Study of the Life and Time of Henry L. Stimson.* Boston: Houghton Mifflin.

产生了杰斐逊和麦迪逊这样杰出的领袖之后,希望参与秘密协会的学生本身就是一个对成功孜孜以求的自选的群体。兄弟会只是为他们走向成功提供了一条通道而已。[1]

兄弟会及其他秘密组织精心营造的这条权力通道究竟有多畅通？据肯塔基大学教授德桑提斯（Alan DeSantis）统计,1877年以降,18位美国总统是兄弟会成员；1910年以降,美国最高法院85%的大法官是兄弟会成员；1900年以降,63%的总统内阁成员为兄弟会成员；在美国二百多年的历史上,76%的联邦参议员、85%的"财富五百强"（Fortune 500）公司的CEO是兄弟会成员。以113届国会为例,100位参议员中38位、1/4的国会议员是兄弟会或姊妹会成员。[2]

心理学家哈尔姆斯（P. D. Harms）等学者在一份研究报告中指出,兄弟会会员身上所展示的成功职业生涯所必备的个性特征的确高于一般群体的水平。这些特征包括社交才能、良知与道义之心,以及远大的志向。[3] 康尼科娃总结道："从这个意义上看,兄弟会的确培养领袖：一群年轻人专注于朋辈之间的忠诚、渊博的学识和成功的领导技能,通过亲密无间的交往、社区服务、慈善捐款和其他关怀社区的努力来锻炼这些通向成功之路的能力。"[4]

---

[1] M. Konnikova（2014）, "18 U.S. Presidents Were in College Fraternities: Do frats create future leaders, or simply attract them?" *The Atlantic*. See https://www.theatlantic.com/education/archive/2014/02/18-us-presidents-were-in-college-fraternities/283997/.

[2] A. D. DeSantis（2007）, *Inside Greek U.: Fraternities, Sororities, and the Pursuit of Pleasure, Power, and Prestige*. University Press of Kentucky.

[3] P. D. Harms, Dustin Woods, Brent Roberts, Dan Bureau, and A. Michelle Green（2006）, "Perceptions of Leadership in Undergraduate Fraternal Organizations," *Oracle: The Research Journal of the Association of Fraternity/Sorority Advisors*, Vol. 2, Issue 2, p.81.

[4] M. Konnikova（2014）, "18 U.S. Presidents Were in College Fraternities: Do frats create future leaders, or simply attract them?" *The Atlantic*. See https://www.theatlantic.com/education/archive/2014/02/18-us-presidents-were-in-college-fraternities/283997/.

第十五章　走进历史现场：纠结、烦恼与成长

美国大学的演进其实并没有一个事前拟定的草稿，更不遵循任何假想的逻辑作线性的延伸。相反，很多历史事件的发生，包括那些对于今天大学产生深刻影响的事件，还常常带着一些偶然性。这些看似偶然的事件往往是当时诸多社会力量各自按照自己的意愿进行角力的结果。

——本书作者

美国大学的成长在《小史》中不再秩序井然，而是一个充满喧嚣与骚动、有时甚至有点随心所欲的过程。

——本书作者

现代研究型大学以其无与伦比的创造力,成为美国人在20世纪献给人类最伟大的礼物之一。美国顶尖大学至少到今天为止还是我们建设一流大学的征途上无法绕行的丰碑。对于丰碑,我们常常不自觉地会去仰视,因而看到较多的是轮廓。然而,任何丰碑都是由一块块砖石砌成的,每一块砖石都有其纹理线条,有其来龙去脉。

(摄影:程黛曦)

一

按照我在本书"前言"中所设定的"专题为经、时间为纬"原则,这部《小史》本可无限延伸,因为美国大学在其三百多年成长史上有过太多的"专题"、数不清的"issue"、剪不断的"纠结"。无尽的烦恼在这座丰碑的每一块砖石上都留下了深浅不一、形状各异的纹理、线条。但是,天下没有不散的筵席,《小史》也不能事无巨细,悉究本末,更不能一叶障目,不见泰山。于是乎,14 个专题之后,我们就此停车观枫,梳理一下思路。

关于美国大学的成长史,坊间已经有太多学术性的和非学术性的叙述,当然大多数可以纳入"编年史"的范畴。[①] 其中以科恩教授的《美国高等教育通史》历史脉络最为简单、清晰。他把美国大学的成长分为五个阶段:殖民地时期古典学院的建立(1636-1789)、美国建国时期小型学院的发展(1790-1869)、工业化时期大学的转型(1870-1944)、美国霸权时期的高等教育大众化(1945-1975)、当代高等教育体制多元化时期(1976-1998)。科恩对每一个阶段的考察与描述都是从社会背景、院校、学生、教师、课程、管理、财政和成效等八个方面展开。[②] 时间为经、专题为纬:科恩是也。

为什么美国高等教育史非要从殖民地时期讲起呢? 平心而

[①] A. Cohen(1998), *The shaping of American higher education: Emergence and growth of the contemporary system*. San Francisco: Jossey-Bass;J. R. Thelin(2004), *A History of American Higher Education. Baltimore*. MD: The Johns Hopkins University Press;F. Rudolph & J. Thelin(1990), *The American College and University: A History*. Athens, GA: University of Georgia Press.

[②] 亚瑟·科恩著、李子江译:《美国高等教育通史》,北京大学出版社 2010 年版。

论，除了因为九所殖民地时期建校的学院①都以欧洲大学为蓝本、其课程都多少可以追溯到"七艺"——文法、修辞、逻辑、天文、算术、几何和音乐，之前五百年欧洲大学的经验并未在今天的美国大学留下多少痕迹。因此，过度解读殖民地时期古典学院对于了解美国大学日后的辉煌并无太多裨益，有时还会产生误读。倒是这九所古典学院的毕业生对于新生共和国的建立贡献良多。具体地说，它们在建国前一共毕业了不到 5000 名学生，其中包括最初六位总统中的五位：两位亚当斯总统（John Adams、John Quincy Adams）毕业于哈佛，杰斐逊（Thomas Jefferson）和门罗（James Monroe）毕业于威廉与玛丽学院，麦迪逊（James Madison）毕业于新泽西学院。光是威廉与玛丽学院就培养了大陆会议（Continental Congress）的第一任主席、一位《独立宣言》的主要起草人、一位制宪会议（Constitutional Convention）代表、几位大陆军（Continental Army）高级将领，等等。假如以今天"成果导向"（outcome-based）的方法来评估，古典学院可算业绩非凡，尽管其毕业生的成就在多大程度上可以归功于他们的大学教育仍可商榷。

从建国到南北战争结束，这段时间是美国大学成长发展的关键时期，其间有两件事情值得我们特别关注。其一，美国宪法没有提及教育事宜，没有规定建立全国性的教育管理部门，更没有设立国立大学的条款。虽然前六届总统都支持建立国立大学，②而且其中四位总统还向国会提交了设立国立大学的议案，但其努力最终付

---

① 这九所学院是：哈佛学院（Harvard College, 1636, 现哈佛大学）、威廉与玛丽学院（The College of William and Mary, 1693）、耶鲁学院（Yale College, 1701, 现耶鲁大学）、新泽西学院（College of New Jersey, 1746, 普林斯顿大学前身）、国王学院（King's College, 1754, 哥伦比亚大学前身）、费城学院（College of Philadelphia, 1755, 宾夕法尼亚大学前身）、布朗学院（Brown College, 1764, 现布朗大学）、皇后学院（Queen's College, 1766, 罗格斯大学前身）、达特茅斯学院（Dartmouth College, 1769）。

② 亚瑟·科恩著、李子江译：《美国高等教育通史》，第 59 页。

诸东流，发展公立高等教育的重任落在了各州政府身上。其二，联邦政府的放手为私立团体留下一片辽阔的天空，各色宗教团体尤其热衷于建立学院，培养学生。一时间各种学院如雨后春笋般涌现，争奇斗艳，到1960年代美国新建学院达到500多所。[①]然而，这些私立学院甫一诞生就被扔进了鲨鱼池——它们必须争生源、争资源，更需在强大的政府权力面前争自己的生存空间。

在这样一个历史背景下，将马歇尔大法官对于达特茅斯一案判决作为这部《小史》的起点，其合理性应当不言自明。马歇尔通过这个案例的判决不仅为美国私立大学的生存打造了一具护身符，也为在接下来二百年内所有大学（包括公立大学）的发展编织了一张保护网。最有意思的是，马歇尔的判决并没有直接针对大学事务，而是巧妙地将他的论证建基于契约问题，通过建立契约神圣的观念，赋予了私立大学一种许可，使得他们有可能在得到法人特许状之后在自己的董事会下运行，不用担心政府、立法机构或其他权力当局通过指派董事、撤回特许状或是其他危害学校自治的行为来进行干预，也不用考虑大学会因为冒犯了政府官员而受到惩罚。同样重要的是，最高法院对于达特茅斯案从宪法的高度进行论证，为日后各级法院审理涉及大学纠纷的案件开了先例。大学的象牙塔高深莫测，一旦发生法律纠纷，法院的地位极其敏感：它既要保证大学的独立和自治不受到损害，又要为受到不公正待遇的一方伸张正义，因此马歇尔大法官以其谨慎的态度和严密的推理，为后来法院审理同类事件树立了榜样。

然而，大学的健康发展不仅需要坚实的法理基础，而且还需要一个可持续发展的经济基础。当联邦政府将建设与管理大学的重任推给各州政府时，它同时也失去了为大学建设注资的合法渠道，

[①] 亚瑟·科恩著、李子江译：《美国高等教育通史》，第56页。

成为高等教育的一个爱莫能助的旁观者。但是在高等教育这件事上,再无为的政府也耐不住寂寞,因为在任何社会里,大学的命运都是关乎国家长治久安的百年之计。只要有一点可能,没有一个政府会心甘愿地将培养下一代的任务外包出去,交由他国代培。于是乎,美国高等教育的先行者在手脚已被宪法捆死的情况下突发奇想,创造性地提出通过联邦赠地的方法间接资助州立大学的建设与发展。这个想法历经周折,终于在1862年7月2日由林肯总统签署立法,让各州将出卖联邦赠地所得款项通过投资设立永久基金,为建立和发展州立的农工学院提供资金。《莫里尔法案》使得建国后一直在大学教育领域袖手旁观的联邦政府终于有了一个出钱出力的机会。

但是,出钱出力可以,指手画脚还是不可以。通过《莫里尔法案》,联邦政府的确开始为各州大学,特别是农工大学,提供资助,但并未直接干预大学的管理,甚至没有对赠地学院的发展提出任何直接的要求。比如说,《莫里尔法案》要求各个州通过联邦赠地建立学院为劳工阶级提供教育机会,但当时在南方各州仍然实行种族隔离政策,非裔美国人根本无法进入这些赠地学院,当然也就无法从联邦政府的政策中得益。虽然联邦政府有意为刚刚获得自由的黑人提供高等教育,但它并无意通过行政手段逼迫赠地学院改变招生政策。因此,1890年国会通过第二个《莫里尔法案》,要求联邦政府停止资助任何以种族为由拒绝录取非裔学生的赠地学院,但可以用赠地款项建立单收白人或黑人的学院,条件是联邦赠地款项必须在州内的白人和黑人学院之间平均分配。结果是,共有17个州利用新的赠地法案建立了一批"1890赠地学院",专门服务黑人及其他有色人种。

从美国大学发展的角度看,《莫里尔法案》至少具有两个里程碑式的意义。其一,它开辟了小型文理学院之外的大学发展模式。这种新的模式要求在以培养精英为目的的古典学院之外,为社会中下层所有成员包括劳工提供接受高等教育的机会。其二，它强调教学内容的"应用性"，对州立大学在农业、机械和军事等方面的课程设置提出具体要求。可以毫不夸张地说，这个法案启动了美国高等教育大众化的进程，塑造了现代公立研究型大学的雏形，为美国高等教育从传统的精英学院向以应用为导向的教学和研究大学转型铺平了道路。

二

1869年是一个极具象征意义的年头。5月10日，横贯北美大陆的中央太平洋铁路（The Central Pacific Railroad，CPRR）在犹他州的普罗蒙托利（Promontory）接通。中午12时30分，当铁路公司老板斯坦福（Leland Stanford）将一枚纯金的道钉用银制的大锤砸进枕木，锤声即刻传遍美国。据说，那天美国举国欢庆：芝加哥举行了长达7英里的游行；纽约街上挂满了彩旗，鸣炮100响；费城敲响了古老的自由钟。[1] 从纽约到旧金山的行程从6个月缩短为7天，美国工业化的列车从此进入快车道，一个连接太平洋和大西洋的世界超级大国从这里崛起。

这年10月19日，艾略特就任哈佛大学校长，开始了他长达40年的任期，带领这所美国最古老的学院成功实现向现代研究型大学的转型。艾略特的贡献是，他率先打破古典课程在哈佛学院的垄断地位，代之以选修制度；他还通过研究生院的建设和对医学院、法学院和神学院等专业学院的改造，将研究和研究型的教授引进大学，为教研并重的综合性、研究型大学塑造了一个沿用至今的模型。追随艾略特、吉尔曼、怀特等一批先驱者的脚印，约翰·霍

---

[1] http://blog.sina.com.cn/s/blog_61b418470102wgne.html.

普金斯、康奈尔、耶鲁、哥伦比亚、克拉克、斯坦福、芝加哥等一批世界级的研究型大学在19世纪后半叶的建立或转型。美国大学在20世纪称雄世界的格局在这个阶段大体形成。

1869年还发生了一件大学史家不太注意的事情。11月6日，罗格斯大学与普林斯顿大学在新泽西州进行了一场足球比赛。这场比赛除了被视为美式足球之滥觞之外，更重要的是，美式足球以其激烈对抗的游戏规则成为最具观赏性、娱乐性的项目，因而问世不久便风靡美国。风靡可以带来声誉、金钱，也能造成伤害——对球员身体的伤害，对社会道德水准的伤害，甚至是对大学学术声誉的伤害。这就是为什么美国学界乃至社会大众对校际体育至今仍爱恨交加。当代大学商业化的趋势虽然不能完全归咎于校际体育的兴起，但大学能否抵挡金钱的诱惑，在商业利益面前坐怀不乱，的确是他们对学术的追求究竟有多执着的一块试金石。

非要在这些发生于1869年的大事之间寻找因果关系，不但勉强而且徒然，其间大概连相关系数都不会太高。但是，这些同年发生的事件之象征意义却不容小觑——它为我们理解美国大学日后的发展提供了线索。中央太平洋铁路的贯通为方兴未艾的美国工业革命注入兴奋剂，但殖民地时代留下的诸多古典学院，显然无法担当起为经济起飞提供所需的专业人才、应用技术和科研发明的重任。在《莫里尔法案》资助下建立的一大批农工学院，虽然能够暂时满足许多新兴行业对于职业技术人才的需求，但一个经济强国的崛起需要面向未来的科研、发明和创新，也需要法学、医学、工程学、新闻学等许多专业人才。正是这样的社会发展需求催生了艾略特带领下的哈佛从小型文理学院向研究型大学的转型实验，为其他类似学院的转型树立了楷模，也促使以约翰·霍普金斯为代表的一批新建大学从建校之始就不遗余力地推行教授科研与研究生教育。这样看来，艾略特1869年开始他长达40年的校长任期，实在是天降大任于斯人也！

对于成长中的美国大学来说，1869年美式足球的诞生是商机，也是困扰。在世界上绝大多数国家，办大学、为大学提供教育经费都是国家和政府的责任，大学的管理者没有太多找米下锅的焦虑。因此，在欧洲大学发展史上我们较少听到关于大学参与商业运作、争"钱"夺利的故事。美国则不同。且不说私立大学从诞生那天起就得为生计发愁，连州立大学都必须看着本州纳税人的脸色行事。古人云，穷则思变，这样的体制下成长起来的大学，生命的DNA里就包含了竞争的片断。而美式足球几乎就是美国大学精神的完美阐释：从不畏惧激烈的竞争，又无时不在寻求利益与回报。因此，当纽曼大主教还在鼓吹大学的目的是传授普遍知识而非从事科学研究，美国的大学似乎早已将自己绑在了经济与社会发展的战车上，用科研来回应市场对大学的需求与期待。他们学习德国模式，将科研引入大学，却从未像欧洲的同仁那样在一个针尖上能站多少天使这类问题上徘徊，而是伴随着共和国的成长，以科研造福社会作为大学的终极追求。

做研究就无法回避科研经费问题。1920年代初凡尼瓦尔·布什在担任助理教授时参与研究无线电真空管，也许并未想到自己的研究成果会在市场上大红大紫。但凭借其科研成果创办"雷神公司"之后，他开始意识到"学（或研）而优则富"的可能性。这时，布什完全可以为财富而放弃学术，但他却一头扎进母校麻省理工学院，从副教授一直干到副校长。不是布什不爱钱；在他心目中，为大学聚财远较为一己聚财来得重要。再说，他的眼睛早就盯上了联邦政府那深不可测的钱袋子。

历史的进程中其实充满机遇，能否把握这些机遇、如何把握，却有赖于个人的资质。20世纪前半期发生两场世界大战，对于人类来说是惨绝人寰的灾难，但对于美国大学来说则是百年不遇的发展良机,而这个良机所垂青的恰是布什那有早有准备的头脑。1938年布什辞去麻省理工副校长的职位,来到首都华盛顿担任卡内基研究院院长。在这个位置上,他得以接触到美国最为顶尖的科学家和工程师,并在联邦政府、军队和大学科研人员之间穿梭往来,为学富五车的大学教授找到报国之途,为捉襟见肘的大学财政找到滚滚财源,更为此前一直在大学事务上鞭长莫及的联邦政府找到了进入象牙之塔的大门。可以这么说,布什在"二战"期间为美国联邦政府资助大学科研所建立的模式,一劳永逸地解决了之前宪法让联邦政府远离大学的窘境。而战后"国家科学基金会"及其他联邦资助机构的成立,不仅让联邦政府可以堂而皇之地为大学开展应用研究买单,而且也为基础学科的教授们永远地解除了后顾之忧,让他们有可能顺着自己的好奇心来探索自然的奥秘。

三

其实,将两次世界大战说成是美国大学百年不遇的发展良机,听上去有欠厚道,好像有点指责人家大发战争之财的味道。但是,假如能够排除情绪因素,聚焦当时美国大学的处境,我们应当不难看出:两次大战的确给美国大学带来许多求之不得的机遇,只是有的结果需处心积虑、孜孜以求方能得逞,而另一些则属于机缘巧合、水到渠成。1944年《军人复员法案》引发战后美国大学的急剧扩张,当属后者。

《军人复员法案》并不是一项教育法案,它的起草者充其量可以算作一帮"杞人忧天"之徒,生怕战后大批复原军人打道回府之后会大量失业,导致社会动荡,让1930年代经济大萧条的噩梦重现。有趣的是,国会最后通过的法案其实包括了为退伍老兵建立医院等各种服务设施、提供就业指导、支付失业补助、提供商业贷款,等等,再加上上大学的学费。连起草人都不认为会有很多老兵利用这笔教育资助去念大学。然而,让政治家们跌破眼镜的是,《军人复员法案》给老兵支付的失业补助成为国会吵得最凶、老兵用得最少的一项福利,而大学学费补助却成为国会估算最低却被用最多的一项福利。光是1946年《军人复员法案》授权的2268所大专院校学生就猛增了三倍;1947年美国在校的230万大学生中将近一半是"二战"老兵。可以毫不夸张地说,《军人复员法案》是美国高等教育大众化的前奏和推手。

当然,这个前奏的缘由虽然有点歪打正着的意思,其结果却充满必然性。战后经济的起飞以及随之而来的大众对大学教育的需求,使得马丁·特罗所说的"高等教育大众化"成为不可阻挡的趋势。然而,如何"大众化",却让政府头疼不已。创办新大学或在已有大学的基础上扩大招生当是绝大多数政府的第一反应,但由于公立大学是政府买单,所以任何扩张除了引发教育质量的担忧之外,最终都会让纳税人不堪重负。从这个角度看,《加利福尼亚高等教育总体规划》无疑是个创举,堪称美国公立大学发展史上的一个里程碑。它的意义在于,在州议会的授权下完成总体规划,第一次将公立大学的管理置于州宪法的保护之下,在建立加州高等教育的三层次管理框架的基础上,使得有限的财政资源最大限度地得到合理的分配与使用。

最难能可贵的是,克尔通过《加利福尼亚高等教育总体规划》的设计,为他的"多元巨型大学"在 excellence 和 access 之间找到一个平衡点。在管理机制上,它避免了由政府主导的超级董事会,但允许出钱出力的政府任命董事;给纳税人有一定的发言权,但最终大学管理的权力仍然还归大学。这是妥协,更是创新。这个三层次的管理框架以多元的体制来管理多元巨型的大学,为高等教育大众化时代其他各州设计州立大学体系树立了典范。

两次世界大战为美国大学创造的另一个重要机遇是军工研发。布什领导的科学研究与发展局资助顶尖大学科研人员研发武器装备,帮助美国和盟军赢得反法西斯战争的最后胜利。到"二战"结束,从布什手中发出的军工研发资金达到4.5亿美元,其中一部分成为科研人员所属大学的教育经费。而军工研发与其他科研项目最大的区别在于,它必须在政府、企业和大学三方合作的条件下才能完成;这样的合作模式可以看作是战后美国大学"产学研"结合的一个成功预演。

因此,我们不妨这样推定:要不是"二战",美国联邦政府也许永远也无法如此肆无忌惮地进入大学的实验室,要求那些象牙塔中深居简出的物理学家、化学家、数学家去研究武器,特别是大规模杀伤性武器;要不是"二战",战后美国大学的研究人员也无法从军工向和平时代的产业转型中得到如此巨大的经济利益,从联邦政府的科研经费和与企业的合作中得益最多的,就是以斯坦福为代表的一批顶尖私立精英大学。

1980年国会通过"拜杜法案",将在政府科研经费支持下得到的知识产权划归研究者所在的大学所有,进一步调动了大学与企业合作的热情,扩大了教育经费的来源,也弥补了政府在推广技术创新方面的短板。更重要的是,大学通过与企业合作取得的巨大收益转而投入那些没有这类收入的院系,如人文与社会科学专业,从而造就了一批教研并重、文理兼长的一流综合性大学。可见,办大学虽为超凡脱俗之事,却不能也不应该免俗,正如常人所言:钱不是万能的,但没有钱却是万万不能的。

四

美国大学虽然诞生于殖民地时期,但其成长却与共和国同步。这就注定了他们成长过程中烦恼不断,因为其命运与共和国绑在一起了。南北战争、经济起飞、两次大战、民权运动:美国历史进程中的每一次折腾都是大学无法逃避的大考,既无先例可循,也无标准答案可依。"应试"的大学管理者不仅需要面对背景复杂的考官——从联邦法官、国会议员、政府官员、商贾巨头、退伍军人、宗教势力到纳税的平民百姓,而且还需时时防范来自大学内部的挑战——在汹涌的时代大潮下,大学课程似乎总想与时俱进却又常常顾此失彼,桀骜不驯的学者无时不在测试学术自由的底线。

1828年发表的《耶鲁报告》拉开了美国大学课程改革的序幕。[①] 起因是耶鲁教授关于"其他科目"是否应当取代"死的语言"的争论,但话题很快就被提升到美国高等教育的性质与使命的高度。《耶鲁报告》为古典课程存在的合理性作出强力辩护,认为学生的心智训练较之知识积累来得更为重要:"我们认为,我们指定的课程包括了有意接受完整教育的每一个人都必须懂得的科目。"[②] 这样的陈述为一个世纪后美国大学核心课程或通识教育的形成埋下了伏笔。但是,《耶鲁报告》也没有完全排斥学生学习其他现代课程的必要性,因此它又为后来的课程改革作了铺垫,以至这个报告不断被引用和解释,成为许多学院课程设置的基础。

1869年艾略特出任哈佛校长,古典课程遭遇严重挑战。他一方面承诺增加选修课程不会取代任何古典课程,另一方面却不遗余力地在哈佛推行选修课程制度。艾略特将大学选修制度与高等教育中的民主与自由的理念挂钩,认为受到良好教育的人们并不需要获取同样的知识,也没有任何一个领域的知识比其他领域具

---

① Committee of the Corporation and the Academic Faculty(1828), *Reports on the Course of Instruction in Yale College*. New Haven: Hezekiah Howe.

② Ibid., p.46.

有更高的价值。他先是将希腊语从入学要求中剔除,步步为营,至1897年,哈佛新生唯一的必修课程是一年的修辞学。

1919年哥伦比亚大学开始打造核心课程,标志着美国大学课程改革的又一次反转。这门被称为"现代文明"的新课意在为所有哥伦比亚学院的本科新生提供一个基本的、广泛的历史文化知识背景,而不是按照哈佛的方式由他们在大学伊始便放任地自由选修。加上后来开发的"人文经典"系列课程,哥伦比亚大学成为"包括了有意接受完整教育的每一个人都必须懂得的科目"——通识教育课程的发源地。

1945年哈佛大学《红皮书》发表,美国大学课程改革再次反转。假如说哥伦比亚教授设计的"现代文明"和"人文经典"系列旨在通过通识课程让学生建立起基本的文化认同与知识底蕴,那么哈佛《红皮书》的关注焦点已经转移:他们仍然关心学生的知识结构问题,但他们更加关注民主制度和公民社会的建设,希望大学教育能够为毕业生准备一些未来社会所必需的素质。哥伦比亚的核心课程要求学生上同样的课,念同一张书单,以此取得共同的大学经验,而哈佛的通识课程则对学生在人文、社科和自然科学这三大领域都有要求,但并不要求他们上同样的课、做同样的事。

尽管今天关注通识教育的人们往往言必称《红皮书》,但事实上这份报告的影响并没有想象的那么大。美国大学的课程改革就像一部交响曲的主旋律,在"二战"后跟随时代的演变不断出现新的变奏。连哈佛自己都早已超越《红皮书》,几度推出通识教育的新版本。

与课程改革一样需要识时达变的还有学术自由问题。在艾略特和他的同仁将学术研究引入大学之前,古典学院教授的本职工作就是教书;那个年代的教授既然无学术可做,当然也无学术自由可言。南北战争之后美国古典学院向研究型大学转型,学术研究成为教授在大学的安身立命之本,言论自由问题便开始从大学管理的边缘走向中心。

1819年马歇尔大法官在达特茅斯一案中动用宪法为大学护航,却未能一劳永逸地解决大学教授的学术自由问题。19世纪下半叶古典学院搭上工业革命的快车向研究型大学转型,学术成为教授们入职和升迁的重要考量。然而,当教授们坚持将言论自由从学术追求推及更加广泛的社会与政治领域,冲突就变得不可避免。大学教授因口无遮拦遭校方解雇,这样的事件成为1915年美国大学教授协会成立的直接动因。这个协会通过发布《关于学术自由和教授任期的原则声明》,试图向公众解释学术自由的必要性:正因为"人类尚未在任何教育的领域里穷尽所有的知识",发现者必须具有足够的勇气进入未经开发的领域,而这样的领域里潜藏的危险也不是任何人可以预见的。宪法能够保障的是探险的自由,而不是其结果。因此,大学必须为研究者提供避难天堂,保证研究和探索都不受到迫害与责难,不管这样的迫害或责难来自政府、校董会还是公众舆论。

问题是,美国大学教授协会及其发布的文件至多是只没有牙齿的老虎。当国内政治遭遇动荡,特别是在国家面临战争威胁的时候,社会上言路收窄,其结果必然影响到大学的学术自由。"一战"期间美国国内以《间谍法案》和《煽动叛乱法案》为名对于言论自由的钳制,冷战期间麦卡锡参议员和非美活动调查委员会协同联邦调查局对知识分子的整肃,等等,都凸显了大学面对外来强大政治势力时的软弱与无奈。因此,当教授们因言获罪时,法庭就成为他们最后的避风港。联邦最高法院通过阿德勒诉教育局、斯威齐诉新罕布什尔州、凯西安诉纽约州立大学案等案件的审理,从法理上阐明学术自由的意义,提供保护学术研究不受州议会和低级法院侵犯的工具与方法,并最终确立了学术自由受宪法和法律保护的基本原则。

五

无疑，课程改革和学术自由已经给成长中的美国大学带来了足够的烦恼，但对大学管理者来说，更大的烦恼也许来自学生。对于学生，高等教育研究者的首要关注常常是他们在课堂上学到了什么，但大学管理者的体验却截然不同。古人云："水可载舟，亦可覆舟。"以大学为舟、学生为水，那么覆舟之狂澜往往来自课外而非课内。因此，任何有关学生的问题都从这里开始：在完成或厌倦了课程要求的内容时，学生如何打发课外时光？体育、社团和学生运动是最为常见的答案。但是，这些"课外活动"所积聚和释放的能量之大却超出常人的想象——它们不仅直接影响大学发展，甚至对社会历史的进程都是一股巨大的冲击波。

在美国，用"爱恨交加"来形容体育与大学的关系当不为过。殖民地时期的古典学院课程死板乏味，因此将大学体育溯源至修道院一般严肃的校园里那堆过剩的荷尔蒙寻求发泄，不难理解。而早期大学管理者对学生体育活动所持的否定态度从反面证实了体育与学术的格格不入。然而，两场著名的赛事——1852年哈佛与耶鲁的赛艇和1869年罗格斯与普林斯顿大学的美式足球赛，似乎一夜之间改变了体育与大学的关系：从冷淡上升到热恋。不是因为教授对学生参与体育活动的态度有任何改变，而是大学从校际比赛中感受到了名与利的召唤：战无不胜的球队是大学最好的广告，而如痴如醉的球迷则能给大学带来滚滚财源。体育与大学热恋的结果？世界上大概没有第二个国家，其代表国家以至世界最高学术水平的大学，居然是一个私立大学的校际体育联盟——常青藤；而代表公立大学最高学术水平的"十大联盟"，他们之间的赛事能让万人空巷，举国欢腾。

第十五章 走进历史现场：纠结、烦恼与成长　329

其实，弗莱克斯纳早在1930年就对大学体育作了严厉批评："对于校际运动过分的热衷其实证明了大学毕业生在文化上的平庸，也是大学生一届比一届更加堕落的根源所在。"[①] 类似的声音从校际体育诞生至今，一百多年来不绝于耳，为此全国大学体育协会（NCAA）也尝试过一次又一次的改革。校际体育给大学带来的商业化倾向让所有关心高等教育的人们感到困扰和不安，但是一个无法解释的现象是，多年来很多体育顶尖的大学似乎也稳稳地坐在学术的顶峰，时常有惊却难得有险。体育与大学的关系，实在耐人寻味。

和体育活动一样，学生社团的产生也可以追溯到早期学院对学生课外生活高压管理的反弹，而且大学官方对希腊社团的反感程度其实远甚于体育活动。从1776年菲贝卡学会成立至今，美国大学学生社团的命运可谓一波三折：有希腊社团被官方招安成为荣誉社团，有文学社团随着发烧友的离去自生自灭，也有秘密社团以身试法被大学永久关闭。令人费解的是，作为社交团体，生命力经久不衰的恰恰是带有一些"反社会"元素的团体：隐秘、排他、歧视、暴力是这些社团共同的特征。耶鲁的"骷髅会"、哈佛的"坡斯廉俱乐部"、普林斯顿的"餐饮俱乐部"等社团以今天的观点来看并没有多少"政治正确性"可言，但他们对大学生来说简直魅力无穷。一个功利、也比较方便的解释是，这些社团之所以吸引学生是因为他们的成员在毕业后成就非凡，名人辈出。这个解释最大的缺陷是让人难以分辨先有鸡还是先有蛋——究竟是先有成功的成员还是先有成功的社团。

作家莫里森对"骷髅会"的描述为我们提供了一个尚能自圆其说的解释："课堂上没有多少东西可以激励、训练心灵，使之能够有效支撑一个健全的原则。因此，大学生们只得独辟蹊径，另找出

[①] A. Flexner（1930）, *Universities: American, English, German.* New York: Oxford University Press, p.64.

路，凭着自己的感觉去发掘合适的能量源头。……这些协会通过对青春的能量进行重组以强化其对生命的热爱、对成功的信心，以及热切的信仰和健康的理想。"[1] 按照这个逻辑，参与秘密社团的学生本身就是一个对成功孜孜以求的自选的群体，而社团只是为他们走向成功提供了一条通道而已。但领悟了这一点的大学管理者却面临着一个巨大的道德困境：为了政治正确性，他们应当毫不犹豫地取缔这些秘密社团，但这样做的结果只能是有效地掐断一条通往成功之道，而后者正是大学特别是精英大学存在的理由之一。理想的逻辑与现实的考量在这里似乎没有调解的余地。

尽管如此，我们还是可以这样说，在美国大学发展史上，管理者在不同时期就校际体育和学生社团这两大难题交出的答卷基本合格，有的堪称成绩斐然。比如说，"十大联盟"院校在学术上的成就和"骷髅会"成员对母校及对美国社会发展的贡献，就足以证明"水可载舟"。然而，纽约城市学院的兴衰却为我们提供了一个相反的例证："水可覆舟"还真不是一个假设，学生运动一旦处理不当，即便是名牌大学也能毁于一旦。

也许，纽约城市学院从诞生那天起就承载了太多的理想以至梦想。哈里斯让全体人民的孩子接受高等教育的理想，曾经鼓舞了几代来到美国寻梦的青年人，使得这个资源贫乏的学院在一个世纪内跻身名牌大学的行列，成为名符其实的"穷人的哈佛"。或许正因为这个梦想太过美丽，让 1960 年代受到民权运动洗礼的青年学生误以为高等教育也可以如选举权一样，属于社会的每一个成员。当城市学院的学生将这个美丽的误会付诸行动时，悲剧发生了。他们以学生运动的方式逼迫校方敞开大门，让所有的寻梦者免试入学，却忘了大学的发展有其自身的规律，学术决策必须独立

---

[1] E. E. Morison (1960), *Turmoil and Tradition: A Study of the Life and Time of Henry L. Stimson*. Boston: Houghton Mifflin.

于任何外在的政治压力,更不能用运动的方式将大学变成实现社会公平与正义的简单工具。在此,热血沸腾的青年学生犯的是一个常识性的错误:高等学府一旦拆除入学门槛就不再"高等"。他们将城市学院从名牌大学降格为中学补习班,却也未能提升非裔、波多黎各裔及其他弱势群体的教育水准与社会地位。三十年后,昔日的学生领袖们痛悔当年的无知与轻率,试图通过政府行为重振城市学院的荣光,结果证明是回天乏术了。

六

　　走笔至此,我希望诸位看官和我一样,开始对美国大学的来龙去脉有了一点粗浅的了解。在当代追星一族眼中,美国大学堪称丰碑,尽管碑身上下满布岁月留下的沧桑,其纹理脉络须平视、近视,乃至追踪方才得见。就像一位沉默的大师,满腹经纶却无意开课授徒。因此,带着敬畏之心走近丰碑的人们必须放慢脚步,静心聆听,方能读懂大师。

　　然而,这部《小史》的使命并非为美国大学树碑立传,我甚至无意对美国大学是否堪称丰碑这个问题作任何辨析。与一般编年史不同,我给自己的任务是通过细节的追踪,将读者带回历史的现场,让大家有可能从一个更高的角度来审视今天美国大学所作所为的缘起。我当然清楚,在当今这样一个言必称大数据的时代,对历史细节如此计较与高等教育研究的主流有点格格不入。特别是对那些鼓吹大数据思维的人们来说,所谓研究就是"一切皆用数据来观察,一切都用数据来刻画,人们以数据的眼光来观察、思考、解释这个纷繁复杂的世界"[①]。而在历史的细节中,许多案例都是个

[①] 黄欣荣:《大数据时代的思维变革》,《重庆理工大学学报(社会科学版)》2014年第5期,第13—18页。

案,数据点之少、样本之小,根本无法支撑任何有意义的统计分析,更不用提什么大数据分析。从研究方法论的角度看,高等教育研究者面临的挑战根本不是缺乏大数据思维,而是缺乏大数据。没有大数据,哪来的大数据思维? 因此,大数据时代,我们首先必须解决的难题不是大数据,而是小数据或没数据。[①]

难道,没有数据就不做研究了? 当然不是。其实,大数据也好,统计分析也好,这些都是我们研究问题时所用的方法或工具,但我们不能因为研究方法的改变而忘却研究的初衷。教育研究的实践性质决定了我们的工作必须提供某种实践性的智慧,而这种智慧有相当大的一部分来自历史经验的叙述。阅读者从叙述中追寻先行者的脚印,并通过自己的实践经验加以诠释,进而上升到理论。因此,历史的节点本身其实就是数据,对之加以分析后我们才会发现,原来那些数据点极少的历史事件能够为我们提供很多可供借鉴的智慧。正因为美国大学的演进并没有一个事前拟定的草稿,更不遵循任何假想的逻辑作线性的延伸,所以当历史事件发生时,它们常常带着偶然性。而这些看似偶然的事件往往是当时诸多社会力量各自按照自己的意愿进行角力的结果。这就是为什么美国大学的成长充满纠结与痛苦,因为偶然性导致不确定性,而后者才是烦恼的根源。比如说,美国大学最为人称道的所谓学术自由,在其演进的过程中有不少令人扼腕的错误,许多人为之付出高昂的代价。今人眼中宏观的辉煌丝毫不能减轻个人在历史前进的巨轮下所承受的深刻的痛苦。在此,我们虽然无法找到太多的数据点,更无法对学术自由的问题进行大数据分析,以

[①] 著名可靠性研究专家、香港城市大学郭位校长在一次讲演中指出,我们今天面对的大危机实乃小数据甚至无数据所带来的风险:"9・11"事件如此,"3・11"事件如此,雾霾、环保、国安等等一系列问题莫不如此。http://www.ac.tku.edu.tw/news2/news.php?Sn=1042。

求得出一个避免未来痛苦的公式。但是,历史经验的叙述所提供的是前车之鉴,哪怕由此只产生了一个防止重蹈覆辙的案例,这样的研究也就值了。

参考文献

Altschuler, G. C. & Blumin, S. M. (2009). *G.I. Bill: The New Deal for Veterans*. Cary, GB: Oxford University Press.

Bagg, L. H. (1871). *Four Year at Yale*. New Haven, CT: C.C. Chatfield & Co., https://archive.org/details/fouryearsatyale00baggrich.

Ballard, A. B. (1973). *The Education of Black Folk: The Afro-American Struggle for Knowledge in White America*. New York: Harper & Row.

Batterson, S. (2006). *Pursuit of Genius: Flexner, Einstein, and the Early Faculty at the Institute for Advanced Study*. Wellesley, MA: A K Peters.

Bernstein, M. F. (2001). *Football: The Ivy League Origins of an American Obsession*. Philadelphia: University of Pennsylvania Press.

Bilgrahmi, A. & Cole, J. R. (ed.) (2015). *Who's Afraid of Academic Freedom*. New York: Columbia University Press.

Bok, D. (2003). *Universities in the Marketplace: The Commercialization of Higher Education*. Princeton, NJ: Princeton University Press.

Bonner, T. N. (2002). *Iconoclast: Abraham Flexner and a Life in Learning*. Baltimore, MD: The Johns Hopkins University Press.

Bowen, W. G. & Levin, S. A. (2003). *Reclaiming the Game: College Sports and Educational Values*. Princeton and Oxford: Princeton University Press.

Brooks, S. (2015). *The First Twenty Years: A History of the National Association of Student Financial Aid Administrators 1966–1985*. Washington, DC: National Association of Student Financial Aid Administrators (NASFAA).

Bush, V. (1990). *Science: Endless Frontier*. Washington, DC: National Science

Foundation.

California State Department of Education (1960). *A Master Plan for Higher Education in California, 1960–1975*. Sacramento, CA: California State Department of Education.

Campbell, J. R. (1995). *Reclaiming a Lost Heritage: Land-Grant and Other Higher Education Initiatives for the Twenty-first Century*. Ames, IA: Iowa State University Press.

Cappon, L. (ed.) (1959). *The Adams-Jefferson Letters: The Complete Correspondence between Thomas Jefferson and Abigail and John Adams*. University of North Carolina Press.

Childs, F. L. (1957). "A Dartmouth History Lesson for Freshmen". *Dartmouth Alumni Magazine*, December. See https://www.dartmouth.edu/~library/rauner/dartmouth/dartmouth_history.html.

Cohen, A. (1998). *The Shaping of American Higher Education: Emergence and Growth of the Contemporary System*. San Francisco: Jossey-Bass.

Cole, J. (2009). *The Great American University: Its Rise To Preeminence, Its Indispensable National Role, Why It Must Be Protected*. New York: Public Affairs.

Columbia University (1946, 1954, 1960). *Introduction to Contemporary Civilization in the West: A Source Book*. New York: Columbia University Press.

Committee of the Corporation and the Academic Faculty (1828). *Reports on the Course of Instruction in Yale College*. New Haven: Printed by Hezekiah Howe.

Cross, T. P. (1995). *An Oasis of Order: The Core Curriculum at Columbia College*. New York: The Office of the Dean of Columbia College, Columbia University.

De Groot, G. J. (2006). *Dark Side of the Moon: The Magnificent Madness of the American Lunar Quest*. New York and London: The New York University Press.

Delbanco, A. (2012) *College: What It Was, Is, and Should Be*. Princeton, NJ: Princeton University Press.

Denby, D. (1996). *Great Books: My Adventures with Homer, Rousseau, Woolf, and Other Indestructible Writers of the Western World*. New York: Simon & Schuster. (严韵译本:《华丽的探险:西方经典的当代阅读(上、下册)》,麦田出版2004年版)

Denham, T. J. (2002). *The Elective System or Prescribed Curriculum: The Controversy in American Higher Education*. Unpublished doctoral dissertation, Nova Southeastern University. ED 471 740.

DeSantis, A. D. (2007). *Inside Greek U.: Fraternities, Sororities, and the Pursuit of Pleasure, Power, and Prestige*. University Press of Kentucky.

Dickson, P. (2001). *Sputnik: The Shock of the Century*. New York: Walker & Company.

Douglass, J. A. (2000). *The California Idea and American Higher Education: 1850 to the 1960 Master Plan*. Palo Alto, CA: Stanford University Press.

Douglass, J. A. (2007). *Conditions for Admission: Access, Equity, and the Social Contract of Public Universities*. Palo Alto, CA: Stanford University Press.

Eliot, C. W. (1869). *Addresses at the Inauguration of Charles William Eliot as President of Harvard College,* Tuesday, October 19, 1869. Cambridge. https://archive.org/details/addressesatinaug02harv.

Eliot, C. (1898). *Educational Reform*. New York: Century. See https://archive.org/details/educationalrefor00elioiala.

Elliott, C. A. & Rossiter, M. W. (1992). *Science at Harvard University: Historical Perspectives*. Lehigh University Press.

Etzkowitz, H. (2002). *MIT and the Rise of Entrepreneurial Science*. London and New York: Routledge.

Ferrier, W. W. (1930). *Origin and Development of the University of California*. Berkeley: Sather Gate Book Shop.

Findlay, J. M. (1992). *Magic Land: Western Cityscapes and American Culture After 1940*. Berkeley, University of California Press.

Flexner, A. (1908). *The American College*. New York: The Century Company.

Flexner, A. (1910). *Medical Education in the United States and Canada: A Report to the Carnegie Foundation for the Advancement of Teaching*. New York: Carnegie Foundation for the Advancement of Teaching.

Flexner, A. (1930). *Universities: American, English, German*. New York: Oxford University Press.

Flexner, A. (1939). "The Usefulness of Useless Knowledge", *Harper's Magazine*, October, Issue 179. See https://library.ias.edu/files/UsefulnessHarpers.pdf.

Friday, W. C. and Hesburgh, T. M. (1991). *Keeping Faith with the Student-Athlete: A New Model for Intercollegiate Athletics*. Knight Foundation, Charlotte, NC. Commission on Intercollegiate Athletics.

Gajda, A. (2010). *The Trials of Academe: The New Era of Campus Litigation*. Cambridge, MA: Harvard University Press.

Geiger, R. L. (1993). *Research and Relevant Knowledge: American Research Universities since World War II*. New York: Oxford University Press.

Glazer, N. & Moynihan, D. P. (1963). *Beyond the Melting Pot: The Negroes, Puerto Ricans, Jews, Italians and Irish of New York City*. Cambridge, MA: MIT Press.

Goodheart, E.(2017). *Confessions of a Secular Jew: A Memoir*. New York: Routledge.

Graham, H. D. & Diamond, N.(1997). *The Rise of American Research Universities: Elites and Challenges in the Postwar Era*. Baltimore, MD: The Johns Hopkins University Press.

Gwynne-Thomas, E. H.(1981). *A Concise History of Education to 1900 A.D*. Washington, DC: University Press of America.

Harvard University Committee(1945). *General Education in a Free Society: Report of the Committee*. Cambridge, MA: Harvard University Press.(李曼丽译:《哈佛通识教育红皮书》,北京大学出版社2010年版)

Hawke, D.(1971). *Benjamin Rush: Revolutionary Gadfly*. Indianapolis: Bobbs-Merrill.

Hawkins, H.(1972). *Between Harvard and America: The Educational Leadership of Charles William Eliot*. Oxford University Press.

Humes, E.(2006). *Over Here: How the G.I. Bill Transformed the American Dream*. Orlando, FL: Harcourt.

Hutchins, R. M.(1931). *The New College Plan*. Chicago: University of Chicago Press.

Johnson, L. B.(1971). *The Vantage Point: Perspectives of the Presidency, 1963–1969*. New York: Holt, Rainhart and Winston; Dickson.

Karabel, J.(2006). *The Chosen: The Hidden History of Admission and Exclusion at Harvard, Yale, and Princeton*. Boston and New York: Houghton Mifflin.

Katz, B.M., Maeda, J. and Antonelli, J.(2015). *Make It New: The History of Silicon Valley Design*. Cambridge, MA: MIT Press.

Keller, P. & Keller, M.(2001). *Making Harvard Modern: The Rise of America's University*. Oxford University Press.

Kerr, C.(2001). *The Uses of the University*. Cambridge, MA: Harvard University Press.

Kernan, A. B.(1999). *In Plato's Cave*. New Haven: Yale University Press, p.4.

Kriegel, L.(1972). *Working Through: A Teacher's Journey in the Urban University*. New York: Saturday Review Press.

Lacy, T.(2013). *The Dream of a Democratic Culture: Mortimer J. Adler and the Great Books Idea*(Palgrave Studies in Cultural and Intellectual History). New York: Palgrave Macmillan.

Leslie, S. W.(1993). *The Cold War and American Science: The Military-Industrial-Academic Complex at MIT and Stanford*. New York: Columbia University Press.

Levin, D., Alba, R. D., & Silberstein, R. (1981). *Right versus Privilege: The Open-Admissions Experiment at the City University of New York.* New York: The Free Press.

Levine, D. O. (1986). *The American College and the Culture of Aspiration, 1915–1940.* Ithaca, NY: Cornell University Press.

Lichtman, R. M. (2012). *The Supreme Court and McCarthy-Era Repression: One Hundred Decisions.* Baltimore: University of Illinois Press.

Lowen, R. S. (1997). *Creating the Cold War University: The Transformation of Stanford.* Berkeley, CA: University of Californian Press.

Lucas, C. J. (1994). *American Higher Education: A History.* New York: St. Martin's Griffin.

MacIver, R. M. (1955). *Academic Freedom in Our Time.* New York: Columbia University Press.

Madsen, D. B. (1966). *The National University, Enduring Dream of the USA.* Detroit, MI: Wayne State University Press, p.17.

McCaughey, R. A. (2003). *Stand, Columbia: A History of Columbia University in the City of New York, 1754–2004.* New York: Columbia University Press.

Mettler, S. (2006). *Soldiers to Citizens: The G.I. Bill and the Making of the Greatest Generation.* Cary: Oxford University Press.

Metzger, W. P. (1955). *Academic Freedom in the Age of the University.* Columbia University Press.

Midgley, Graham (1996). *University Life in Eighteenth-Century Oxford.* New Haven and London: Yale University Press.

Mieczkowski, Y. (2013). *Eisenhower's Sputnik Moment: The Race for Space and World Prestige.* Ithaca, NY: Cornell University Press.

Morison, E. E. (1960). *Turmoil and Tradition: A Study of the Life and Time of Henry L. Stimson.* Boston: Houghton Mifflin.

Nevins, M. (2010). *Abraham Flexner: A Flawed American Icon.* Bloomington, IN: iUniverse.

Newman, J. H. (1947). *The Idea of a University.* New York: Longmans Green and Co.

O'Connor, J. A. (1970). Charles Eliot: An Historical Study. *Dissertations.* Loyola University Chicago Paper 1046, http://ecommons.luc.edu/luc_diss/1046.

Olivas, M. A. (1997). *The Law and Higher Education: Cases and Materials on Colleges in Court, 2nd edition.* Durham, NC: Carolina Academic Press.

O'Neil, R. (2008). *Academic Freedom in the Wired World: Political Extremism,*

Corporate Power, and the University. Cambridge, MA: Harvard University Press.

Pusey, N. M. (1978). *American Higher Education, 1945–1970: A Personal Report*. Cambridge, MA: Harvard University Press.

Robbins, A. (2002). *Secrets of the Tomb: Skull and Bones, the Ivy League, and the Hidden Paths of Power*. Boston, New York, and London: Little, Brown and Company.

Roff, S. S., Cucchiara, A. M. & Dunlap, B. J. (2000). *From the Free Academy to CUNY: Illustrating Public Higher Education in New York City, 1847–1997*. New York: Fordham University Press.

Rudolph, F. (1991). *American College and University: A History*. Athens, GA: University of Georgia Press.

Rudy, W. (1996). *The Campus and a Nation in Crisis: From the American Revolution to Vietnam*. Madison and London: Associate University Press.

Schmidt, B. C., et al. (1999). *City University of New York: An Institution Adrift*. Report of the Mayor's Advisory Task Force on the City University of New York, June 7, 1999. 见 http://home.nyc.gov/html/records/rwg/cuny/pdf/adrift.pdf.

Schrecker, E. (1986). *No Ivory Tower: McCarthyism and the Universities*. Oxford University Press.

Shin, E. (2015). *VERITA$: Harvard's Hidden History*. Oakland, CA: PM Press.

Smith, R. A. (1990). *Sports and Freedom: The Rise of Big-Time College Athletics*. New York: Oxford University Press.

Smith, R. A. (2010). *Pay for Play: A History of Big-Time College Athletic Reform*. Urbana, IL: University of Illinois Press.

Smith, R. N. (1986). *The Harvard Century: The Making of a University to a Nation*. New York: Simon and Schuster.

Sorin, G. (2003). *Irving Howe: A Life of Passionate Dissent*. New York: NYU Press.

Suberman, S. (2012). *The GI Bill Boys: A Memoir*. Knoxville: University of Tennessee Press.

Syrett, N. L. (2009). *Company He Keeps: A History of White College Fraternities*. The University of North Carolina Press.

Thelin, J. R. (2004). *A History of American Higher Education. Baltimore*. MD: The Johns Hopkins University Press.

Thomas, G. (2015). *The Founders and the Idea of a National University*. New York: Cambridge University Press.

Thwing, C. F. (1897). *The American College in American Life*. New York and

London: G. P. Putnam's Sons.

Traub, J. (1994). *City on a Hill: Testing the American Dream at City College.* Reading, MA: Addison-Wesley Publishing Company, p.23.

Trow, M. A. (1989). American Higher Education: Past, Present, Future. *Studies in Higher Education,* 14 (1), pp.5–22.

Trow, M. A. (2000). *From Mass Higher Education to Universal Access: The American Advantage.* Research and Occasional Paper Series: CSHE.1.00. Center for Studies of Higher Education, University of California, Berkeley.

Woodbury, D. O. (1958). *Around the World in Ninety Minutes.* New York: Hartcourt Brace.

Zachary, G. P. (1997). *Endless Frontier: Vannevar Bush, Engineer of the American Century.* New York: The Free Press.

任东来、陈伟、白雪峰等:《美国宪政历程:影响美国的25个司法大案》,中国法制出版社2004年版。

宋文红:《欧洲中世纪大学的演进》,商务印书馆2010年版。

施晓光:《美国大学思想论纲》,北京师范大学出版社2001年版。

索 引

1924年移民法案 Immigration Act of 1924 249
1965年高等教育法案 The Higher Education Act of 1965 238

阿波罗11号 Apollo 11 225, 229
阿伯特,乔赛亚 Josiah Abbott 268
阿德勒,摩尔泰默 Mortimer Adler 148, 150
阿德勒诉教育局 Adler v. Board of Education 88, 92, 327
阿肯色大学 University of Arkansas 40
阿默斯特学院 Amherst College 54, 61
埃佛里特,爱德华 Edward Everett 53
艾伦,威廉 William Allen 14
艾略特,查尔斯 Charles Norton Eliot 51-53, 62, 66, 73, 122, 143-145, 150, 151, 265, 274-277, 319, 320, 325, 326
艾森豪威尔,德怀特 Dwight David "Ike" Eisenhower 73, 184, 225, 226, 230, 236, 237
爱默生 Ralph Waldo Emerson 54, 151

爱因斯坦,阿尔伯特 Albert Einstein 131
安吉尔,詹姆斯 James R. Angell 285
奥本海默 J. Robert Oppenheimer 168, 169
奥本山街 Mt. Auburn Street 64
奥康纳,桑德拉 Sandra Day O'Cornor 94

巴顿 George Smith Patton, Jr. 184
巴卡斯,艾萨克 Isaac D. Barchas 158
巴基,艾伦 24-27
巴克,保罗 Paul Buck 72, 73, 151
巴纳德,弗雷德里克 Frederick A. P. Barnard 294, 299, 300
巴特勒,尼古拉斯 Nicholas Murray Butler 84, 85, 123, 127, 283
巴赞,雅克 Jaques Barzun 149
白人盎格鲁-萨克逊新教徒 White Anglo-Saxon Protestant(WASP) 63, 158, 191
拜杜法案 the Bayh-Dole University and Small Business Patent Act of 1980, Public Law 96-517 214-216, 218, 220,

324

拜伦爵士　Lord Byron　269

邦伯格，路易斯　Louis Bamberger　130–133

鲍克尔，阿尔伯特　Albert Bowker　209

鲍威尔，科林　Colin Powell　253

鲍威尔，刘易斯　Lewis Franklin Powell, Jr.　24–26, 93, 94

鲍威尔，亚当　Adam Clayton Powell, Jr.　187

贝尔，丹尼尔　Daniel Bell　67, 89, 167, 172, 183, 191, 242, 253, 260

本德，威尔伯　Wilbur Bender　69

比尔和梅琳达·盖茨基金会　Bill & Melinda Gates Foundation　135

比尔德，查尔斯　Charles Beard　84, 85, 89

比亚吉，马里奥　Mario Biaggi　259

宾夕法尼亚大学　University of Pennsylvania　84, 122, 141, 270, 273, 316

波罗斯科夫　Seigei M. Poloskov　223, 224

波莫纳学院　Pomona College　195

波士顿学院　Boston College　196

波斯特，乔治　George Browne Post　243

博雅教育　liberal arts　53, 114

不发表就走人　publish or perish　53, 68

不晋升即出局　up or out　67

布坎南，詹姆斯　James Buchanan　38

布莱克，雨果　Hugo Lafayette Black　88

布拉肯，约翰　John Bracken　77–79, 82, 93

布拉肯诉威廉与玛丽学院监事会　Bracken v. Visitors of William and Mary College　77, 93

布朗，埃德蒙　Edmund Gerald "Pat" Brown, Sr.　109, 110, 316

布朗，弗兰西斯　Francis Brown　13, 14

布朗，约瑟夫　Joseph Brown　277

布朗大学　40, 303

布朗尼，阿瑟　Arthur D. Browne　108

布里格姆，卡尔　Karl Campbell Brigham　69

布林，谢尔盖　Sergey Brin　213, 216

布伦南，威廉　William Joseph Brennan, Jr.　92

布什，凡尼瓦尔　Vannevar Bush　13, 14, 18–21, 62, 72, 89, 90, 93, 106, 161–179, 205–209, 233, 266–267, 292, 297, 306, 321, 322, 324, 327

餐饮俱乐部　Eating Club　307–309, 329

常青藤　Ivy League　156, 191, 205, 214, 268, 284–286, 291, 299, 307, 328

常青藤俱乐部　Ivy Club　299, 307

达特茅斯学院　Dartmouth College　4, 11–15, 18–21, 89, 93, 299, 305, 306, 316

达特茅斯学院诉伍德沃德　Dartmouth College v. Woodward　4, 11, 12, 15, 18, 89, 93

代理父母　in loco parentis　271

道格拉斯，斯蒂芬　Stephen A. Douglas　39

道格拉斯，威廉　William Douglas　88

道格拉斯，约翰　John Aubrey Douglas　107, 111

得克萨斯大学　University of Texas at Austin　195

德尔班柯，安德鲁　Andrew Delbanco　159

德拉普尔，查尔斯　Charles Stark Draper　225

索　引　345

德沃托　Bernard Augustine DeVoto　55, 200
邓尼茨, 卡尔　Karl Dönitz　163
邓斯特, 亨利　Henry Dunster　79
狄金森学院　Dickinson College　33
迪克森, 保罗　Paul Dickson　224
东方人文　Oriental Humanities　156
东方文明　Oriental Civilization　156
东京（大学）　University of Tokyo　28, 45
杜克, 华盛顿　Washington Duke　143, 305
杜克大学　Duke University　305
杜兰, 亨利　Henry Durant　100, 101
杜鲁门, 哈利　Harry S. Truman　72, 86, 175-176, 297
杜威, 约翰　John Dewey　83, 120, 145
多元巨型大学　Multiversity　97, 113, 114, 116, 323

俄亥俄州立大学　Ohio State University　40, 277, 283
厄尔斯金, 约翰　John Erskine　148, 149

范德堡（大学）　Vanderbilt University　128, 195
非裔和波多黎各裔学生联盟　the Black and Puerto Rican Student Community（BPRSC）257-261
菲贝卡学会　the Phi Beta Kappa Society　295-297, 300-301, 308, 329
菲茨杰拉德, 弗朗西斯　Francis Scott Fitzgerald　307
腓力二世　Philip Augustus　16
费城学院　College of Philadelphia　141, 270, 316

费罗, 戴维　David Filo　213, 301
费米　Enrico Fermi　168
分布领域　distribution　62
冯·布劳恩, 韦恩赫尔　Wernher von Braun　229
弗吉尼亚大学　University of Virginia　45, 67
弗莱克斯纳, 西蒙　Simon Flexner　121, 122
弗莱克斯纳, 雅可比　Jacob Flexner　120
弗莱克斯纳, 亚伯拉罕　Abraham Flexner　113-115, 117-136, 281-282, 329
《弗莱克斯纳报告》　125-129
弗兰克福特, 菲利克斯　Felix Frankfurter　91, 93
弗雷迪, 威廉　William C. Friday　275
佛罗里达农工大学　Florida A&M University　43
福尔德夫人　Caroline Bamberger Fuld　130
福克斯, 克劳斯　Klaus Fuchs　87
辅修　minor　62
富勒, 朱利叶斯　Julius Augustus Furer　164

戈尔丁, 丹尼尔　Daniel S. Goldin　224
哥欣, 约翰　John Goheen　209
哥德尔, 库尔特　Kurt Friederich Gödel　133
哥伦比亚（学院、大学）　Columbia（College, University）　1, 36, 57, 59, 83, 84, 123, 127, 128, 129, 139, 140, 145-157, 159, 169, 172, 189, 205, 209, 216, 243-245, 249-251, 271, 273, 285, 294, 299, 300, 320, 326
哥廷根（大学）　University of Göttingen

131

葛莱泽,内森 Nathan Glazer 251

格鲁特诉鲍林杰 Grutter v. Bollinger 26,94

葛罗夫,安德鲁 Andrew Grove 253

公民社会 civil society 134,147,152,154,326

古德里奇,乔安塞 Chauncey A. Goodrich 12

谷歌 Google 213,217

硅谷 Silicon Valley 212-214,218

国防教育法案 National Defense Education Act 222,230,231,236-238

国防研究委员会 National Defense Research Committee(NDRC) 72,163,166

国家科学委员会 National Science Board 176

国家卫生研究院 National Institute of Health 176

国家研究基金会 National Research Foundation 173-176

国王学院 King's College 36,270,271,316

哈佛(学院、大学) Harvard(College, University) 1,4,5,15,29,36,53-64,66-74,79,88,89,90,99,104,113,122,123,129,132,140,143-147,150,151,152,154,155,166,169,172,178,187,189,191,192,205,206,207,211,214,218,220,224,236,243,245,250,253,264,267,268,270-274,276,277,278,283,284,286,296,299,300,316,319,320,325,326,328,329,330

哈佛大院 Harvard Yard 64

哈佛深红报 *Harvard Crimson* 89

哈克尼斯,爱德华 Edward Harkness 64

哈奇法案 the Hatch Act 41,49

哈珀,威廉 William Rainey Harper 276,281

哈钦斯,罗伯特 Robert Maynard Hutchins 150-151,188-190,198,265,282-285

海德堡(大学) Ruprecht-Karls-Univeisität Heidelberg 28,45

海军研究处 Office of Naval Research 176,209

海曼,西摩 Seymour H. Hyman 260

海斯伯格 Reverend Theodore M. Hesburgh 275

海特,亨利 Henry H. Haight 100,221

汉密尔顿,亚历山大 Alexander Hamilton 184

汉密尔顿学院 Hamilton College 301

豪,欧文 Irving Howe 251

和平问题 Peace Issues 147

核心课程 core curriculum 138-140,146,147,149-157,159,285,325,326

红皮书 Redbook 140,151-153,326,338

洪堡,威廉 Wilhelm von Humboldt 17,18,21,61,113,114

洪堡大学 Humboldt-Universität zu Berlin 46,48

胡佛,赫尔伯特 Herbert Clark Hoover 86,184,203

华盛顿,布什罗德 Bushrod Washington 12

华盛顿,乔治 George Washington 33,35

华盛顿大学 University of Washington

索　引

45

华兹华斯，威廉　William Wordswprth　270

怀特，安德鲁　Andrew D. White　143，272，319

怀特海，阿尔弗雷德　Alfred North Whitehead　66

霍根，詹姆斯　James Hogan　278

惠洛克，艾利扎尔　Eleazar Wheelock　13-14

惠普（公司）　Hewlett-Packard Development Company, L.P.　211-212

基尔戈，哈里　Harley Martin Kilgore　174，175，178

基廷，肯尼斯　Kenneth Keating　228

基辛格，亨利　Henry Kissinger　253

基于好奇心的研究　curiosity-based research　211

吉尔曼，丹尼尔　Daniel Coit Gilman　57，97，99，100-104，107，120，121，131，143，290，319

加拉格尔，比尔　Buell Gordon Gallagher　257-260

加利福尼亚高等教育总体规划　A Master Plan for Higher Education in California　98，104，110，116，323

加州大学　University of California　4，5，23-25，40，45，87，93，94，97-114，191，203，204，207，273

加州理工学院　California Institute of Technology　4，5，172，204，206

加州学院　College of California　100

加州州立大学　California State Universities　105

剑桥　University of Cambridge　4，16，28，45，46，53，61，79，113，114，218，250，269-271

教育自治　educational autonomy　94

杰斐逊，托马斯　Thomas Jefferson　66，67，78，144，184，311，316

杰伊，约翰　John Jay　184

金，恩斯特·约瑟夫　Ernest Joseph King　164

金色海岸　Golden Coast　64，65

卷轴和钥匙协会　Scroll and Key　299

军人复员法案　Serviceman Readjustment Act of 1944　106，114，183，184，186-190，192-200，230，231，322，323

卡拉贝尔，杰罗姆　Jerome Karabel　191

卡尔顿学院　Carleton College　236

卡内基，安德鲁　Andrew Carnegie　143

卡内基基金会　Carnegie Foundation for the Advancement of Teaching　124，131，134，275，281

卡内基研究院　Carnegie Institute　168，206，322

卡姆，约翰　John Camm　78

卡帕阿尔法协会　Kappa Alpha Society　300，301

凯西安诉纽约州立大学案　Keyishian v. Board of Regents of the University of the State of New York　92，93，327

考利，威廉　William Cowley　151

考斯，约翰　John Coss　147

科尔，乔纳森　Jonathan R, Cole　169，179，201

科尔梅里，哈利　Harry W. Colmery　183，185-186，193

科特勒, 苏珊 Susan Cottler 227
科学研究与发展局 Office for Science Research and Development 164, 166, 168-173, 177, 206, 209, 233, 324
柯伯兰, 约瑟夫 Joseph John Copeland 260
柯南特, 詹姆斯 James Bryant Conant 51, 65, 66-74, 88, 150-154, 169, 173, 189, 190, 198
克尔, 克拉克 Clark Kerr 98, 104, 106, 107, 109, 111-116, 139, 209, 323
克拉普, 托马斯 Thomas Clap 294
克里格尔, 莱昂纳德 Leonard Kriegel 254
康奈尔大学 Cornell University 40, 81, 143, 144, 272, 320
康普顿, 卡尔 Karl Taylor Compton 206
柯尔盖特大学 Colgate University 150
克罗齐 Benedetto Croce 2
课程对接 articulation 105, 112
肯尼迪, 查尔斯 Charles Kennedy 285
肯尼迪, 罗伯特 Robert "Bobby" Kennedy 225
肯尼迪, 约翰 John Fitzgerald Kennedy 224, 236, 237
孔斯, 阿瑟 Arthur G. Coons 107, 108, 112
骷髅会 Skull and Bones Society 290-293, 297-299, 301, 308-310, 329, 330
库克, 乔赛亚 Josiah Cooke 55

拉塞尔, 威廉 William Russell 297
拉什, 本杰明 Benjamin Rush 33, 35
蓝戴尔, 克里斯托弗 Christopher Langdell 59
蓝金, 约翰 John Elliott Rankin 187-190, 193
狼首会 Wolf's Head 299
朗格, 休伊 Huey Pierce Long, Jr. 279, 280
劳伦斯, 欧内斯特 Ernest Orlando Lawrence 56, 204, 207
雷神公司 Raytheon Corperation 168, 206, 321
理事会 Board of Trustees 68, 78, 131, 176
联邦紧急救济署 Federal Emergency Relief Administration 203
联合学院 Union College 54, 273, 274, 300, 301
猎巫行动 Witch Hunt 87, 90
林肯, 亚伯拉罕 Abraham Lincholn 39, 43, 100, 103, 121, 144, 318
林肯实验室 Lincholn Laboratory 207
路易斯安那州立大学 Louisiana State University 279, 281
路易斯维尔男生高中 Louisville Male High School 121
伦斯勒理工学院 Rensselaer Polytechnic Institute 141
伦威克, 詹姆斯 James Renwick, Jr. 243
罗格斯大学 Rutgers,The State University of New Jersey 272, 304, 316, 320
罗森堡夫妇 Julius and Ethel Rosenberg 87
罗森鲍姆, 罗恩 Ron Rosenbaum 291-293
罗斯, 爱德华 Edward A. Ross 81, 82
罗斯福, 富兰克林 Franklin Roosevelt 51, 70, 72, 106, 161, 163, 164, 166,

索 引 349

168, 170-172, 174, 182-186, 188, 194, 195, 203, 206, 299

罗斯福, 西奥多　Theodor Roosevelt　273

罗威尔, 阿伯特　Abbott Lawrence Lowell　61-66, 74, 192

洛夫乔伊, 阿瑟　Arthur O. Lovejoy　82, 87

洛克菲勒, 纳尔逊　Nelson Rockefeller　257, 258

洛克菲勒, 约翰　John Rockefeller　143

洛克菲勒大学　Rockefeller University　122

洛克菲勒基金会　Rockefeller Foundation　128, 131, 134, 204

洛斯阿拉莫斯武器实验室　Los Alamos Weapons Laboratory　207

麻省理工学院　Massachusetts Institute of Technology　40, 56, 124, 163, 164, 167, 168, 172, 178, 225, 321

马尔堡大学　University of Marburg　56

马歇尔, 约翰　John Marshall　4, 10, 11, 12, 15, 19-21, 27, 29, 76-79, 82, 93, 317, 327

麦迪逊, 詹姆斯　James Madison　78, 311, 316

麦尔维尔, 赫尔曼　Herman Melville　292

麦卡锡, 约瑟夫　Joseph Raymond McCarthy　86, 87, 89, 90, 327

麦考什, 詹姆斯　James McCosh　145

麦科恩, 理查　Richard McKeon　150

麦克阿瑟, 道格拉斯　Douglas MacArthur　184

麦克法兰, 恩斯特　Ernest William McFarland　193, 194

麦克格拉斯, 厄尔　Earl McGrath　188

麦克亨利　Dean E. McHenry　107, 108

麦克拉肯, 亨利　Henry M. MacCracken　273, 274

曼哈顿计划　Manhattan Project　72, 86, 87, 168, 171, 228

梅西百货店　Macy's　130

美国大学教授协会　American Association of University Professors　83, 84, 87, 89, 94, 327

《美国大学运动员》American College Athletics　275, 281

美国退伍军人协会　the American Legion　185, 194

美国无线电研究公司　American Radio and Research Corp　167

美国校际运动协会　Intercollegiate Athletic Association of the United States　274

《美国学院》The American College　123-125, 129, 134

美国学院协会　Association of American Colleges　83

美式足球　American football　226, 271-276, 278, 280-283, 285, 286, 304, 306, 320, 321, 328

门罗, 詹姆斯　James Monroe　34, 73, 253, 316

蒙罗　Monro　17

米勒, 乔治　George Miller　109, 296

密歇根大学　University of Michigan　5, 26, 45, 145, 203, 272, 277, 283, 284

免试入学　Open Admission　258, 260-264, 330

名著　Great Books　148-151, 159, 251, 285

明尼苏达大学　University of Minnesota

196, 277
摩根，威廉 William Morgan 296
莫里尔，贾斯丁 Justin Smith Morill 38
莫里尔法案 Morill Act 39–43, 45, 46, 48, 49, 100, 103, 197, 230, 233, 243, 245, 318, 320
莫伊尼汗，丹尼尔 Daniel Patrick "Pat" Moynihan 251

纳德，拉尔夫 Ralph Nader 224, 265, 294, 299, 300
奈特基金会 John S. and James L. Knight Foundation 275
尼尔林，斯科特 Scott Nearing 84
牛津 University of Oxford 4, 16, 28, 46, 53, 61, 79, 113, 114, 250, 269–271
纽曼 John Henry Newman 46, 61, 113, 114, 321
纽约城市学院 City College of New York 224, 243, 244, 247, 254, 330
纽约市教育董事会 New York City Board of Education 244
纽约市立大学校长联席会议 CUNY Council of College Presidents 262
纽约市立学院 College of the City of New York 248
诺克斯，弗兰克 Frank Knox 72
诺特丹大学 University of Notre Dame 275

帕克，查尔斯 Charles Park 210, 211
帕罗奥托 Palo Alto 203, 211, 214
帕姆克 Ferit Orhan Pamuk 159
佩吉，赖利 Larry Page 213, 216
喷气推进实验室 Jet Propulsion Laboratory 206
皮尔斯，本杰明 Benjamin Peirce 58
皮尔斯，富兰克林 Franklin Pierce 268
平权法案 Affirmation Action 93, 94
坡斯廉俱乐部 Porcelian Club 299, 329
普渡大学 Purdue University 40, 277
普里切特，亨利 Henry Smith Pritchet 124, 125, 127
普林斯顿（大学） Princeton University 33, 59, 69, 131, 145, 189, 191, 250, 272, 273, 278, 285, 299, 300, 303, 307, 308, 320, 328, 329
普林斯顿高等研究院 Institute for Advanced Study 118, 119, 121, 131, 134, 135
普鲁默，威廉 William Plummer 13
普罗卡奇诺，马里奥 Mario Procaccino 259
普塞，内森 Nathan Pusey 236

奇比，罗伯特 Robert Kibbee 263
乔安赛，亨利 Henry Chauncey 69, 70
丘吉尔，温斯顿 Winston Churchill 72, 163
全国大学体育协会 National Collegiate Athletic Association 274, 278, 284–286, 329
全国大学田径锦标赛 National Collegiate Tack and Field Championships 274
权利法案 Bill of Rights 185, 188, 195

人文经典 Humanities 148, 149, 152, 326
荣誉退伍 honorable discharge 187
荣誉学者俱乐部 Honorable Fellowship Club 294
瑞德，威廉 William T. Reid, Jr. 276, 277

索　引

萨缪尔森，保罗　Paul Anthony Samuelson　89

塞基，亨利　Henry Williams Sage　81

塞摩尔，查尔斯　Charles Seymour　87

赛瑞特，尼古拉斯　Nicholas L. Syrett　301，304

三层次框架　tripartite framework　105

瑟夫，文顿　Winton Gray Cerf　164，213

社会流动　social mobility　49，181，192，193，258，279

社会思想委员会　Committee on Social Thought　232

社区学院　community college　105，254-256，261

生源学校　feeder schools　63

圣公会教徒　Anglican　77

十大联盟　Big Ten　268，277，278，281，283，284，328，330

史密斯-莱福法案　Smith-Lever Act　42，49

史密斯，理查　Richard Smith　53，61，65，270，283，284

史密斯，詹姆斯　James Monroe Smith　280

史汀生，亨利　Henry Lewis Stimson　72，310

斯芬克斯俱乐部　Sphinx Club　299

斯普罗，罗伯特　Robert Gordon Sproul　105，106

斯普尼克1号　Sputnik 1　221-230，237-239

斯塔格，阿莫斯　Amos Alonzo Stagg　276，278，281-283

斯坦福，简　Jane Lathrop Stanford　82

斯坦福（大学）　Stanford University　4，81，87，140，157-158，201-205，207，209，211-214，216-218，304，320，324

斯坦福电子实验室　Stanford Electronics Laboratories　208

斯坦福工业园区　Stanford Industrial Park　212

《斯特雷耶报告》　Strayer Report　252

斯特林，约翰　John Ewart Wallace Sterling　87，208

斯瓦斯莫尔学院　Swarthmore College　5，61，273

斯威齐，保罗　Paul Sweezy　76，89-91，93，95，327

斯威齐诉新罕布什尔州　Sweezy v. New Hamshire　90，93，327

塔夫茨大学　Tufts University　167

塔斯科奇学院（大学）　Tuskegee Institute University　41

探索教育、提升与知识项目　Search for Education, Elevation and Knowledge（SEEK）　256

唐纳休，多萝西　Dorothy Donahoe　106，109，110

特别关注　special concern　92，93，246，316

特朗巴尔，利曼　Lyman Trumball　38

特劳博，詹姆斯　James Traub　249，250，253

特里林，莱昂内尔　Lionel Trilling　149

特罗，马丁　Martin Trow　110，114，323

特曼，弗雷德里克　Frederick Emmons Terman　201，202，205，207，208，210-214，217-220

特纳，乔纳森　Jonathan Baldwin Turner　31，37-39，46-48

特设专案委员会　ad hoc committee　68

特许状　Charter　13, 14, 16, 19, 20, 100, 317
通识荣誉　General Honor　148, 149
同行评审　peer review　177, 178, 208
土星5号　Saturn V　229
退伍军人管理局　Veterans Administration　195
托克维尔　Alexis de Tocqueville　190–192, 194
托马斯，艾尔伯特　Elbert Thomas　78, 117, 128, 184, 188

威尔伯，雷　Ray Lyman Wilbur　203
威尔逊，厄尔　Earl Wilson　228
威尔逊，伍德罗　Thomas Woodrow Wilson　42, 70, 120
威廉与玛丽学院　College of William and Mary　15, 77, 93, 295, 316
威廉姆斯学院　Williams College　5, 301
维布伦，奥斯瓦尔德　Oswald Veblen　131, 133
维顿，詹姆斯　James Whiton　267
维兰，弗朗西斯　Francis Wayland　303
维曼，路易斯　Louis Crosby Wyman　90
韦伯，亚历山大　Alexander Stewart Webb　247
韦伯，詹姆斯　James Watson Webb　247
韦伯斯特，丹尼尔　Daniel Webster　9, 11, 12, 14, 15
韦伯斯特，霍勒斯　Horace Webster　241, 247
温特沃斯，约翰　John Wentworth　13
文化、思想与价值　Cultures, Ideas and Values
文理学院　Faculty of Arts and Sciences　5, 37, 47, 53, 59, 146, 153, 283, 318, 320

文学人文　Lit Hum　149, 156
沃尔克，詹姆斯　James Walker　56
乌德贝里，大卫　David O. Woodbury　227
伍德罗，詹姆斯　James Woodrow　80
伍德沃德，威廉　William Woodward　4, 11, 12, 14, 15, 18, 89, 93

西北大学　Northwestern University　195, 273, 277
西点军校　the United States Military Academy（West Point）　141, 228, 247
西方学院　Occidental College　107
西弗吉尼亚州立大学　West Virginia State University　43
西罗塔，雷蒙　Raymond Cirrotta　305, 306
希尔斯，爱德华　Edward Shils　221, 232, 234, 235
希特勒，加布里埃尔　Gabriel Heatter　227
现代文明　Contemporary Civilization　147–149, 152, 155, 156, 326
校际体育比赛　intercollegiate sports　266, 268, 270, 271, 274, 275, 284, 285
效忠誓言　Loyalty Oath　236, 237
谢菲尔德科学学院　Sheffield Scientific School　40, 99
谢帕德，阿伦　Allan Shepard　224
《新学院计划》The New College Plan　282
新泽西学院　New Jersey College　33, 316
兄弟会　Fraternity　253, 289, 290, 292, 295–297, 301, 303–311
熊彼特，约瑟夫　Joseph Schumpeter　89
休谟，大卫　David Hume　17
休姆斯，爱德华　Edward Humes　184
学生住宿系统　the House System　64

学术才能测试　Scholastic Assessment Test
（SAT）
学务副校长　Provost　72-73，151，169，
　　202，205，208，212，216
学院霸凌　the College Bully　293

雅虎　Yahoo　213
亚当斯，亨利　Henry Carter Adams　81
亚当斯，昆西　Quincy Adams　316
亚当斯，约翰　John Adams　66，316
亚拉巴马农工大学　Alabama A&M University　43
研修领域　concentration　62
扬，约翰　John Young
杨致远　Jerry Yang　213
耶鲁报告　The Yale Report of 1828　
　　137，139，141，142，145，325
《耶鲁四年》　Four Years at Yale　294
耶鲁（学院、大学）　Yale（College, University）　12，15，36，37，47，59，87，
　　99，100，102，104，128，129，141，187，
　　189，191，203，250，267，268，270，
　　271-274，276-278，284，286，291，
　　293-297，299，300，304，308，310，
　　316，320，325，328，329
叶芝，理查　Richard Yates　38
伊利诺伊大学　University of Illinois　196，
　　277，283
伊利诺伊教师学院　Illinois Teachers Institute　37
伊利诺伊州工业联盟　Illinois Industrial League　37
艺术人文　Art Hum　149
音乐人文　Music Hum　149
应用电子实验室　Applied Electronics Laboratory　207

犹太大出逃　Exodus　249
宇宙俱乐部　Cosmos Club　150
原子能委员会　Atomic Energy Commission　87，176，207
约翰·霍普金斯（大学）　Johns Hopkins University　29，46，53，57，58，61，
　　82，103，104，120-122，128-131，135，
　　143，172，206，290，320
约翰逊-里德法案　Johnson-Reed Act　
　　25，237-239，249，297
约翰逊，林顿　Lyndon B. Johnson　25，
　　237-239，249，297

赠地学院　Land Grant Colleges　39-43，
　　45，46，49，197，318
赠海学院　Sea Grant Colleges　43
赠空学院　Space Grant Colleges　43
詹姆斯，威廉　William James　17，51，54，
　　78，145
战争问题　War Issues　138，147
镇与礼服　Town and Gown　16
芝加哥（大学）　University of Chicago　
　　4，46，128，129，148，150，151，188，
　　232，276-278，281-285，319，320
殖民地学院　colonial colleges　36，141
终身教职　tenure　22，68
忠诚调查委员会　Loyalty Review Board　86
众议院非美活动调查委员会　the Un-American Activities Committee（HUAC）　86
州教育委员会　State Board of Education　
　　106，108
州宪法　State Constitution　98，110，323
朱利安尼，鲁道夫　Rudolph "Rudy" Jiuliani　263
主修　major　62

卓越的塔林　Steeples of excellence　202,
　　208,209
姊妹会　Sorority　295,311
自由教育　liberal arts education　151,
　　152,245,246,248,250
自由学校　Free Academy　242,245-248,
　　264
租借法案　Lend-Lease Program　163
佐治亚大学　University of Georgia　195

[附录] 美国历史与美国大学发展大事记

美国历史大事记	美国大学发展大事记
1607年　史密斯船长在弗吉尼亚詹姆斯敦建立英国第一个北美洲殖民地	
1620年　英国清教徒乘"五月花号"到达马萨诸塞普利茅斯殖民地	
1626年　荷兰在曼哈顿岛南端建立新阿姆斯特丹殖民地	
1629年　英国建立马萨诸塞湾殖民地	
	1636年　哈佛学院（现哈佛大学）建校
1664年　英国征服新阿姆斯特丹，改名为"新约克"（纽约）	
	1693年　威廉与玛丽学院建校
	1701年　耶鲁学院（现耶鲁大学）建校
	1746年　新泽西学院（普林斯顿大学前身）建校
	1754年　国王学院（哥伦比亚大学前身）建校
	1755年　费城学院（宾夕法尼亚大学前身）建校

续表

美国历史大事记	美国大学发展大事记
	1764年　布朗学院（现布朗大学）建校
1765年　英国颁布印花税条例，因遭到抵制而在次年3月被废除	
	1766年　皇后学院（罗格斯大学前身）建校
1767年　英国颁布唐森德税法	1769年　达特茅斯学院建校
1770年　废除唐森德税法，只保留对茶叶征税	
1773年　波士顿发生倾茶运动，抗议茶叶条例	
1774年　第一届大陆会议在费城召开	
1775年　列克星敦和康科德人民与英军冲突，打响了美国独立战争的第一枪	
1776年　托马斯·潘恩发表小册子《常识》	1776年　秘密社团菲贝卡学会在威廉与玛丽学院成立
7月4日大陆会议通过杰斐逊起草的《独立宣言》草案	
1787年　制宪会议在费城召开，草拟了新宪法	
1789年3月4日，美国宪法正式生效乔治·华盛顿就任第一届美国总统、最高法院成立	
	1790年　马歇尔法官审理"布拉肯诉威廉与玛丽学院监事会案"
1791年　美国宪法增列十条修正案，即权利法案	
1800年　首都从临时所在地费城迁往华盛顿特区	
1812年　美英爆发第二次战争	
	1818年　最高法院审理"达特茅斯学院诉伍德沃德案"

续表

美国历史大事记	美国大学发展大事记
	1828年 《1828年耶鲁报告》发表
	1832年 耶鲁大学秘密社团"骷髅会"成立
1835年 托克维尔《论美国的民主》出版	
	1847年 哈里斯在纽约筹建"自由学院或学校",即后来的纽约城市学院
1848年 加利福尼亚发现金矿	
	1852年 哈佛与耶鲁举行赛艇比赛,成为美国大学校际体育比赛之滥觞
1861年 林肯总统宣布召募75000名志愿者,南北战争爆发	
	1862年 国会通过、林肯总统签署《莫里尔法案》
1863年 林肯签署《解放宣言》	
1865年 南部邦联军投降,南北战争结束	
	1868年 加州大学建校
1869年 中太平洋铁路与联合太平洋铁路接通,成为第一条横贯大陆的铁路	1869-1909年 艾略特任哈佛校长,开始在哈佛推行选修课程
	1869年 罗格斯大学与普林斯顿大学进行的足球比赛成为美式足球诞生的标志
	1872年 吉尔曼担任加州大学校长
	1885年 斯坦福大学建校
	1887年 国会通过《哈奇法案》,为联邦增地学院提供资金建立农业试验站
	1890年 国会通过第二个《莫里尔法案》
	艾略特建立"文理学院",让同一班教授兼顾本科教学和研究生教育
	芝加哥大学建校
	1900年 斯坦福大学教授罗斯因言得罪,被大学解雇

续表

美国历史大事记	美国大学发展大事记
	1905年　美国校际运动协会成立；1910年改名为"全国大学体育协会"（NCAA）
	1909-1933年　罗威尔任哈佛校长
	1910年　弗莱克斯纳发表《美国和加拿大的医疗教育》（简称《弗莱克斯纳报告》）
	1915年　洛夫乔伊和杜威一起发起成立美国大学教授协会（AAUP），公布《关于学术自由和教授任期的原则声明》
1917年　美国对德国宣战，参与第一次世界大战，国会通过《间谍法案》	
1918年　国会通过《煽动叛乱法案》	
	1919年　哥伦比亚大学开设"现代文明"课，核心课程由此开始，亦开通识教育之先河
1929年　纽约股票行情猛跌，美国最严重的经济萧条从此开始	1929年　卡内基教育促进基金会发表报告《美国大学运动员》
	1932年　弗莱克斯纳建立普林斯顿高等研究院
1933年　富兰克林·罗斯福就任美国第32届总统	1933-1953年　柯南特任哈佛校长
	1934年　哈佛采用SAT，先用于奖学金的选拔，然后推广到大学录取
1938年　斯坦福大学电机系毕业生惠列特和帕克特在帕罗奥托开始创业，租来的小车库后来成为"硅谷诞生地"	
1940年　布什向罗斯福总统建议设立国防研究委员会（NDRC），得到总统批准并被任命为主委	1940年　美国大学教授协会和美国学院协会发表《关于学术自由与教授终身制原则的陈述》

续表

美国历史大事记	美国大学发展大事记
1941年 罗斯福总统批准建立科学研究与发展局（OSRD）并任命布什为局长	
1941年12月7日日本偷袭珍珠港，次日美国对日宣战，正式参加第二次世界大战	
1944年 罗斯福总统签署《军人复员法案》（G.I. Bill）	
	1945年 《自由社会中的通识教育》（《红皮书》）发表
	布什主持撰写的报告《科学：无尽的边疆》发表
1947年 国务卿乔治·马歇尔提出一项恢复欧洲经济的援助计划，即"马歇尔计划"	1947年 教育测试服务社（ETS）成立，乔安赛成为第一位总裁
1947年 杜鲁门总统签署行政命令《忠诚命令》	
	1950年 国家科学基金会成立
	1952年 最高法院在"阿德勒案诉教育局案"中首次提到了学术自由问题
1954年 约瑟夫·麦卡锡参议员组织国会听证会，试图清洗共产主义影响	1954年 常青藤大学联盟成立
	1955年 特曼被斯特林校长任命为斯坦福大学学务副校长
1957年 苏联第一颗人造卫星"斯普尼克1号"升空	1957年 美国最高法院审理"斯威齐诉新罕布什尔州案"
1958年 美国在佛罗里达的卡纳维拉尔角发射美国第一颗人造地球卫星"探险者"一号	1958年 克尔担任加州大学总校校长
	1958年 艾森豪威尔总统签署《国防教育法案》
	1960年 布朗州长签署法案，《加利福尼亚高等教育总体规划》正式生效
	1961年 纽约市立大学成立
1962年 美国和苏联之间爆发古巴导弹危机	

续表

美国历史大事记	美国大学发展大事记
1963 年　20 万美国人在首都华盛顿集会支持黑人平等权利	
1963 年　肯尼迪总统在达拉斯遇刺	
1964 年　国会通过民权法案	
1965 年　约翰逊总统颁布 11246 号总统令，标志着"肯定性行动"正式出台	
1965 年　约翰逊总统签署《高等教育法案》	
	1966 年　最高法院审理"凯西安诉纽约州立大学案"
1968 年　黑人民权领袖马丁·路德·金在田纳西州孟菲斯遭暗杀	
1969 年　"阿波罗"11 号飞船登月成功，人类首次踏上月球	
	1970 年　免试入学政策在纽约城市学院正式实施
1972 年　尼克松访华	1972 年　最高法院审理罗斯案和辛德曼案
1973 年　越南和平协定在巴黎正式签字，美国结束越南战争	
1974 年　尼克松因"水门事件"辞去总统职务	
	1978 年　最高法院审理巴基案
1980 年　国会通过"拜杜法案"	
	1988 年　斯坦福大学以新课"文化、思想和价值"（CIV）来取代"西方文化"课
	1999 年　纽约市长朱利安尼任命的专案小组发布报告《迷途的纽约市立大学》
2001 年　纽约"9·11"恐怖袭击	
	2003 年　最高法院审理格鲁特案和格拉兹案

后　记

　　本书勒口上的肖像是2016年我在香港城市大学商学院的系列讲座"席明纳"上作讲演的截屏，也是本书的缘起。院长严厚民教授学工程出身，却兴趣广泛，博览群书，在学院发起"席明纳"（Seminar），旨在为商学院学生打开一个专业以外的天地。问题在于，他相中的讲者都是各界大咖，找到我，足以证明"智者千虑，必有一失"。为此我以出差频繁为借口，采取拖延战术，希望时间久了他能放我一马。谁知他丝毫不顾朋友情面，不依不饶。于是乎，我只能将喝咖啡的时间拿出来准备讲座。虽然是命题作文，但在提交讲题时还是有欠考虑，结果被自己大得吓人的题目套住了："细读美国大学——从理念到管理"。[①] 为了交功课，我只得硬着头皮，将多年来凭个人兴趣搜集的有关美国大学发展的史料作了一个梳理。讲座是否成功我不得而知，但之后却有了一点欲罢不能的感觉。在接下来的22个月中，这本书占据了我办公室以外的时间和空间，包括长途差旅时在候机室、酒店和途中度过的无聊之时与不眠之夜。大学图书馆丰富的电子版藏书使得旅途写作成为可能。

[①] 有兴趣的读者可以通过下列网站找到讲座视频：https://www.cb.cityu.edu.hk/cityseminar/，https://www.youtube.com/watch?time_continue=17&v=bmjwsIVRcFQ。

潘懋元教授以98岁高龄为拙作写序，让我受宠若惊。潘老德高望重，学富五车，要不是高教学会叶之红副秘书长从中撮合，请他老人家写序根本不敢奢望。但我与潘老结识亦属缘分。1994年他远赴美国新奥尔良市参加院校研究协会年会，我作为一个刚刚参加工作不久的学界新兵接待了这位早已名闻遐迩的大学者。此后一别再未有机会亲聆教诲。2015年末我应邀去珠海参加高教学会年会，在早餐厅里远远看到潘老，便上前招呼。原以为他不会记得我这个二十多年未见的无名小辈。谁知他一眼就认出了我，而且毫不迟疑地说出我们初次见面的时间、地点。这次他老人家不仅一口答应为我写序，而且还在电邮沟通出现问题时亲自给我写短信催稿，让我感动不已。

　　谢仲礼先生是我2004年在商务印书馆出版《细读美国大学》一书的编辑。后来该书屡次增订，他都事必躬亲，将一本普通的随笔打造成"常销书"。十年后他再次成为《大学国际化的历程》一书编辑。他并非高等教育研究科班出身，但他经手的高教领域的著作很多已成为行业中的经典，可见其造诣之深。这次他再次为这部《小史》一书做编辑，我的感激，怎一个"谢"字了得？

　　今天是戊戌年（2018）大年初一，刚刚为这22个月的努力画上最后一个句号。吉日落在节日，可遇而不可求。为此我感谢生命中的每一位贵人，是他们对我的信任、关爱、鼓励、照顾，使得我有可能在平均每年出差二十多次的情况下还能完成这么一项繁重的工程。既然挂一漏万是在此列举贵人名单的必然结果，唯一的选择就是省略。让感激之心永远充满我生命的每一天。

戊戌年正月初一
香港德智苑